EL HOM

QUE

MOVÍA

LAS NUBES

INGRID ROJAS CONTRERAS
El hombre que movía las nubes

Ingrid Rojas Contreras nació y pasó su infancia y parte de su adolescencia en Bogotá, Colombia. Su primera novela, *La fruta del borrachero*, obtuvo la medalla de plata en la categoría de ópera prima en los Book Awards de California, y fue reconocida dentro del listado de libros recomendados del *New York Times*. Sus cuentos y ensayos han aparecido en la revista del *New York Times*, en *The Believer* y *Zyzzyva*, entre otras publicaciones. Reside en California.

También de Ingrid Rojas Contreras

La fruta del borrachero

EL HOMBRE

QUE

MOVÍA

LAS NUBES

MEMORIAS

Ingrid Rojas Contreras

Traducción de Mercedes Guhl

VINTAGE ESPAÑOL

Penguin
Random House
Grupo Editorial

Título original: *The Man Who Could Move Clouds*

Primera edición: agosto de 2022

Copyright © 2022, Ingrid Rojas Contreras
Copyright por la traducción © 2022, Mercedes Guhl
Copyright por la edición © 2022, Penguin Random House Grupo Editorial USA, LLC
8950 SW 74th Court, Suite 2010
Miami, FL 33156

Publicado por Vintage Español,
una división de Penguin Random House Grupo Editorial USA, LLC.
Todos los derechos reservados.

Diseño de cubierta: Adaptación del diseño original
de Emily Mahon por PRHGE

Impreso en México / *Printed in Mexico*

ISBN: 978-1-64473-545-9

22 23 24 25 26   10 9 8 7 6 5 4 3 2 1

A todos los que saben curar

Estas son memorias sobre lo fantasmal: amnesia, alucinaciones y la huella del pasado, memorias que celebran
una cosmovisión netamente colombiana. Las historias que
aquí se narran son experiencias reales de aquellos que las
vivieron, relatadas por mí, tal y como me las contaron. Con
el fin de proteger la identidad de quienes aquí aparecen, los
nombres han sido cambiados a excepción de unos cuantos. Solo en uno de los capítulos de este libro el orden de
los eventos se alteró por razones narrativas.

DESENTIERRO

———

*Conocí a un hombre, un sencillo granjero, padre
de cinco varones,
Y estos, los padres de otros, y estos, padres de otros
hijos.*

—WALT WHITMAN

*No queremos conquistar el cosmos, no. Lo que
queremos es extender la Tierra una y otra vez
(...). No necesitamos de otros mundos; lo que
queremos es un espejo.*

—STANISLAW LEM

LOS SECRETOS

Dicen que el accidente que me dejó con amnesia es mi herencia. No una casa, ni un terreno, o un baúl de cartas, sino unas cuantas semanas de olvido.

Mami también tuvo amnesia temporal, solo que ella tenía ocho años, mientras que yo veintitrés. Ella cayó en un pozo seco, y yo choqué en mi bicicleta contra la puerta de un carro que se abría. Mientras ella casi muere desangrada en Ocaña, Colombia, a oscuras, diez metros bajo tierra, yo me puse en pie casi ilesa y vagué por las calles de Chicago en una tarde soleada de invierno. Mami no supo quién era durante ocho meses, y yo pasé ocho semanas sin memoria alguna.

Dicen que las amnesias eran la puerta que llevaba a esos dones que habríamos debido recibir, pero que Nono, mi abuelo materno, no nos había transmitido.

Nono era curandero. Conocía secretos para hablar con los muertos, ver el futuro, aliviar a los enfermos y mover las nubes. Éramos una gente mestiza. Los europeos habían llegado al continente y allí habían violado a las indígenas, y ese era nuestro origen: ni indios ni españoles, sino una herida. En las montañas de Santander, los padres le habían pasado los secretos a los hijos, quienes los habían transmitido a sus hijos, y estos a sus hijos, siempre entre varones. Pero Nono decía que todos sus niños le habían salido mujercitas, que les faltaban testículos para ser curanderos de verdad. Solo Mami, de carácter fuerte, sin miedo a nada, más hombre que muchos hombres ante los ojos de Nono, a quien él llamaba cariñosamente "mi animal de monte", habría podido recibir los dones. Pero Mami era mujer, y eso estaba prohibido. Se suponía que, si una mujer tomaba posesión de los secretos, la desgracia no tardaría en llegar.

Sin embargo, mientras Mami, de ocho años, se recuperaba de las heridas después de caer en el pozo seco, no solo sus recuerdos iban volviendo a su memoria; también sucedió que de aquel lugar adonde había ido a parar su mente, trajo con ella la capacidad de ver espíritus y oír voces incorpóreas.

La familia decía que Mami estaba destinada a recibir los secretos, y como Nono no podía enseñárselos, le habían llegado directamente.

Cuarenta años después, cuando sufrí mi accidente y perdí la memoria, mi familia observó el evento con alborozo. Las tías se sirvieron sus bebidas y se dijeron una a la otra con aire festivo:

—¡Aquí vamos otra vez! ¡Como la serpiente que se muerde la cola!

Y luego se pusieron a esperar para ver cómo era que los secretos iban a manifestarse en mí.

———

Esta historia sucede en inglés y en español, en un lugar donde Mami y las tías se tratan de "vos", al español antiguo, pero a mí me tutean, de manera más informal y cariñosa. Ellas hablan como se habla en Ocaña, de donde proviene mi familia, y donde el lenguaje puede sonar como un fósil de la colonia. En español, nuestras historias comienzan lentamente y se van apresurando, hasta que van disparadas, y nos reímos todo el tiempo.

A Mami y a mí nos parece espantoso la manera en que mi vida le hace eco a la de ella, así que no solemos hablar de las amnesias. Pero es como un hormigueo que tengo que tantear cada vez con mayor frecuencia. Me trastorna el detallar nuestras amnesias, pero no resisto el deseo de guardar la distancia.

Las tías me piden que les cuente cómo fue eso de vivir desmemoriada. Me propongo explicarles lo irreal que fue, como una película. Las tías ponen los ojos en blanco al oírme, pero lo hacen mirándose entre ellas, como si yo fuera un programa de televisión mediocre que están viendo y pueden comentar sin problema. "Esta sí es mucha gringa, ¿no?". Lo que quieren saber es lo que soñé.

Para Mami y para mí, durante nuestros períodos de amnesia, las horas que pasábamos despiertas fueron plagadas por una confusión continua, pero los sueños tenían lógica. Los de Mami eran secuenciales, y ella era un alma errante en sus sueños. En los míos, yo no tenía cuerpo y, mientras se lo cuento a las tías en voz alta, me doy cuenta: yo también creía que era fantasma.

En español tenemos una palabra para el peregrinar de los muertos: el desandar. El andar en sentido contrario, el recorrer los mismos pasos, hasta que su mismo transito se deshace y se consume. La idea de que los espíritus tienen una forma particular de andar es algo que heredamos de los europeos que invadieron el continente, pero lo nuestro es la idea de porosidad, de que vivimos entre lo irreal y lo real, y que a veces ambas cosas son lo mismo. Así que, para nosotros, los vivos también desandan el camino, como los fantasmas y junto con ellos.

Los grupos indígenas del departamento de Santander, de donde son mis padres, soñaban con los animales que iban a cazar al día siguiente. Al amanecer, salían a buscar eso que habían visto en sueños.

Los sueños también son importantes para nosotros.

Con cuarenta y tres años de diferencia, durante la amnesia de cada una, las dos soñamos con el destierro.

Mami era un espíritu en un pueblo donde la gente hablaba en un idioma que ella no reconocía, pero que podía entender. Adoraban su cadáver, fragante e incorrupto, y por lo tanto milagroso.

Yo me vi frente al mar sin límites, un lugar donde a veces las olas se retiraban, abandonando la tierra y desnudando el lecho marino. Otras veces, la tierra se desvanecía, y las aguas reaparecían de repente, como si jamás se hubieran ido. Y entonces, las olas se estremecían, tosiendo lava y humo, dando a luz islas.

Cuando Nono estaba curando una enfermedad, les pedía a los sueños que lo llevaran hacia las hierbas que iba a necesitar, y al despertarse, salía a caminar hasta llegar al punto en el que el paisaje fuera idéntico al del sueño, y allí recogía la medicina. Cuando Mami era un espíritu en el pueblo al que sus sueños la había llevado, se esforzó por comunicarse con los vivos, y una vez que recuperó la memoria y volvió a afirmarse en sus horas de vigilia, sabía cómo hablar con los muertos. Yo veía la tierra naciendo en mis sueños, y al despertarme, contemplaba con atención la manera en que ese yo en que me iba convirtiendo se creaba a sí mismo.

Me pregunto si, dado que mi vida se hace eco de la de Mami, que a su vez se hace eco de la de Nono, todos nosotros estamos en el mismo desandar, repasando y deshaciendo la vida de cada uno.

Las tías interrumpen el hilo de mis pensamientos. Me han hecho una pregunta, pero yo no estaba prestando atención. Me preguntan de nuevo si mis sueños después de la amnesia tienen aire de presagio. En los largos instantes que pasan antes de que responda, me miran con una mezcla de miedo y esperanza. Saben que los secretos son una bendición, pero también una carga. Han sido testigos de que los secretos suelen venir acompañados de una intoxicación de poder que puede poner una vida patas arriba, trayendo consigo el alcoholismo, la depresión, o el impulso a autolesionarse. Pero a pesar de lo que eso pueda significar, en sus ojos se acumula la expectativa, y leo en sus miradas el deseo de que ojalá sea verdad que yo sea la nueva receptora de los secretos. Por un momento, me entretengo pensando en lo que sería contestar que sí, en lo que sería ser como Mami, a quien todos acuden en busca de consejo y guía. Al final, niego sacudiendo la cabeza: no puedo ver fantasmas como Mami, ni oír hablar a los muertos, y el futuro sigue estando tan lejos de mi alcance como antes.

Las tías asienten lentamente. Miran hacia el suelo. Bueno. Me dan palmaditas en la mano. Están decepcionadas. Tuve la oportunidad de recibir los secretos y de alguna forma, la desperdicié. Esa es la información que esperaban, y ahora que la tienen, retornan su mirada a Mami, anhelantes de una historia diferente, una con muerte y espíritus y venganza… Pero entre ese mirarme a mí y mirarla a ella, me dicen:

—Mejor así, es preferible ser normal. Vivir la vida. Ya verás qué rápido te olvidas, más rápido que pedo de bruja.

En Bogotá, cuando yo era niña, Mami tenía un negocio de clarividente en el altillo de la casa. A todas horas, Mami se sentaba frente a sus clientes, hombres y mujeres de todo tipo y clase, y les hablaba de sus vidas. Pero los clientes que venían a ella para que los curara, o les diera consejos, la sorprendían con su desprecio cuando se presentaba como curandera. A Papi lo despedían del trabajo cuando se enteraban de lo que hacía Mami; a ambos los excluían de reuniones sociales, y los hombres que se decían amigos suyos la acosaban sexualmente cuando estaban a solas con ella.

En nuestra propia casa, los clientes a los que Mami había atendido dejaban que se les hinchara la boca con insultos, y se rehusaban a pagar lo que le debían. Como necesitaba el dinero, Mami permitió que esta hostilidad le enseñara a llamarse clarividente, un oficio que incluso los colombianos de piel blanca y ojos azules podían ejercer. Ese ha sido siempre el privilegio de ser mestizos, afirmar la cercanía con los blancos, incluso al precio de un odio que se dirige a la mitad de nuestro ser. Mami se dijo que estaba orgullosa de ser quien era, y solo se llamaba clarividente por su propia seguridad. Con el tiempo, también dejaría ese rótulo y pasaría simplemente a describirse como alguien capaz de ver.

Mami dice que perdió el don de ver espíritus cuando nació mi hermana, y el de oír voces cuando nací yo; pero en ese decaimiento de su poder, retuvo la habilidad de predecir el futuro, al igual que la misteriosa, pero modesta facultad, de aparecerse en dos lugares al mismo tiempo.

Durante mi adolescencia, una o dos veces al mes, antiguos enamorados de Mami, amigas cercanas, hermanos y hermanas, llamaban a contar de sus visitas. Mientras ella estaba en la casa en Bogotá, su aparición era vista por todo el país: golpeaba puertas en Medellín, recorría pasillos en Cartagena, se arreglaba el peinado en Cúcuta, y se desvanecía en el aire en un instante. Mami festejaba cada uno de esos relatos. En lugar de llamar *apariciones* a sus dobles, los llamaba *clones* y preguntaba por ellos: qué tenían puesto, cómo llevaban el pelo, dónde posaban la vista.

Tan pronto como colgaba el teléfono, su mirada quedaba envuelta en un oscuro e hipnotizante desafío, y decía:

—¿Sabes qué? Si alguien se atreve a hacer un clon mío de verdad, creo que yo la mataría.

Siempre que me encuentro con viejos amigos o enamorados de Mami, me miran como si hubieran visto un espanto, y para precisar, yo soy el espanto.

—No puedo creerlo, es como una máquina del tiempo.

En mi presencia, sus novios de otros tiempos se pierden en un pasado que desconozco. Tras una breve conversación de cortesía, parecen olvidarse de quién soy. Me ayudan a levantarme de la silla, me toman de la mano, me miran a los ojos como si estuvieran enamorados de mí. Las viejas amigas de Mami, por su lado, me chismorrean sobre personas que nunca he conocido y esperan que responda con comentarios ingeniosos que no se me ocurren.

Todos nos miran, primero a la una y luego la otra, incrédulos, mientras comemos o nos tomamos un trago.

—No es que se parezcan, es que a usted le dieron fotocopiadora —nos dice un amigo suyo de infancia.

Mami pone los ojos en blanco, niega con la cabeza, y se estremece, todo en un solo movimiento, como respondiendo "Ni me diga". Yo me río y le doy un sorbo a mi bebida.

Cuando Mami me visita en California, hay momentos en que, de repente, yo estoy en medio del día, haciendo mi vida, poniendo música, bailando, pintándome los labios, tomando té o vino, y ella empieza a arrojarme libros, cojines, revistas, todo lo que tenga a la mano.

—¡Quite de ahí! ¡Todo un clon! Qué feo.

Es cierto que las dos tenemos las mismas cejas gruesas, piel canela, cabello oscuro y rebelde, pero me parece que la mirada de ambas es diferente. La suya es dura e imponente, y la mía es amable, abierta, curiosa. Además, está el asunto de los lunares. Tenemos los mismos lunares, uno pequeño y oscuro arriba en la parte interna del muslo, y el otro es difícil de ver. Queda envuelto entre vellos justo en el arco de la vulva. ¿Qué significan estos signos? Mami una vez los llamó constelaciones, mapas que demuestran que pertenecemos al mismo lugar en la esfera celeste.

Tenemos otro lunar semejante. Es circular, con un diámetro como el del borrador de un lápiz, de un café oscuro. Lo tenemos en un hombro, solo que cada una lo tiene en el lado contrario: el suyo está en el hombro izquierdo, la misma mancha redonda que yo tengo en el hombro derecho. Mami y yo podríamos pararnos espalda contra espalda para mostrar la simetría del lunar, situado exactamente en el mismo punto bajando por la línea nucal y alejándose del hombro, ¡cómo corresponde el tamaño del uno con el del otro, y cuán idéntico es su color!

Pero como el mío está en el hombro contrario, no puedo evitar sentirme como una mala copia, como si en el momento de hacerme, la máquina se hubiera atascado un instante.

La guerrilla y la violencia del narcotráfico llevaron a mi familia a salir de Colombia en 1998, cuando yo tenía catorce años. El exilio creó un desperdicio de aculturación en mi hermana y en mí. A veces imagino cosas: si nada nos hubiera sacado del país, si yo hubiera perdido la memoria en 2007, bajo el techo de Mami en Bogotá, en lugar de en Chicago, adonde había migrado sola, habría recibido los secretos tal como las tías se imaginaban que debía hacerlo. A lo mejor habría empezado a ver y oír a los muertos, y con el tiempo habría llegado a aparecerme en dos lugares a la vez. Mami habría podido pasar a mi lado en el rellano de la escalera de nuestra casa de Bogotá, y sorprenderse, al terminar de subir y encontrarme, en medio de su sala de consultas en el desván, materializada en una columna de aire.

Pero huimos. Tuvimos que rehacer nuestra vida. No sabíamos en ese momento que la seguridad que buscábamos tendría un alto costo. No sabíamos que ese costo sería un abismo ante el cual nos veríamos una y otra vez, y que lamentaríamos todo lo que habíamos perdido.

Justo después de mi accidente, cuando me levanté del sitio donde caí en la calle, como nueva y sin un solo recuerdo, me asaltó la extraña sensación de haberme librado de un bulto.

Olvidar todo por completo era una libertad regalada. La amnesia era pura abundancia. Las horas se alargaban para dejarme fuera del tiempo, y en ese lapso, un rayo de sol que nunca antes había percibido se coronaba de dorado. Me olvidé de mí misma. De rodillas, seguí el rayo que atravesaba mi apartamento. Miré fijamente el punto en que la luz se encontraba con la oscuridad, y en un segundo le di un nombre en mi segunda lengua: *border, grace...* límite, gracia. Todo me resultaba nuevo. Mi oficio era el acto de nombrar. Me recorría una felicidad que no he sentido desde entonces, y que nunca volveré a sentir.

A medida que mis recuerdos volvían, uno a uno, yo guardaba luto. Si la amnesia era la levedad e ingravidez, entonces lo opuesto era cierto: cada camino que había tomado, cada palabra que había dicho, cada conocimiento descubierto, cada emoción vivida, todo volvía a mí con su peso predeterminado. La delimitación de una vida se transmuta a gravedad. La memoria es una carga. Lamenté cada gramo de memoria recobrada.

Cuando pasaron ocho semanas, y finalmente había tenido un reencuentro con los pormenores de quién era, me extravié en semejante maravilla. Recordé las historias de Nono y de Mami, al igual que un pequeño instante: Mami sosteniendo mi mano sobre una vasija con agua, enseñándome a bendecirla. En mi recuerdo de ese momento, no la estoy escuchando, pero estoy cautivada por la manera en que nuestras manos parecían idénticas, si dejaba pasar por el alto el minúsculo detalle de que, por un pelo, mis dedos eran más largos que los suyos.

Bendije el agua cada día lo mejor que pude. En medio de la amnesia, le decía al mundo entero sin inquietud alguna que era mi herencia.

Después, semanas más tarde, como el sonido desfasado de una película que llega demasiado tarde, recordé que se suponía que debía mantener todo eso en secreto, como Mami lo había exigido.

Mi recuerdo más antiguo de Mami es su rostro intimidante mirándome desde arriba, haciéndome jurar que nunca le diría a nadie que ella era curandera, al igual que su padre, y el padre de su padre, y así sucesivamente.

Mientras que, en familia, bendecíamos el agua y las flores acabadas de cortar, y soñábamos con los muertos y teníamos bien presente lo que los antepasados le habían heredado a Nono, ante el mundo nos ocultábamos. Ella decía que era para nuestro propio bien. "Mejor andar ocultas que incomprendidas. ¿Para qué darles armas a los enemigos?". Mami pensaba que, al enterarse, la gente nos marginaría, que nos tacharían de supersticiosos, ignorantes, ingenuos, y que incitaríamos la violencia de los que se creían mejores. Ella lo había vivido en carne propia.

Bajo el yugo de este recuerdo, vi que, de ese llamado a la clandestinidad que me había inculcado Mami, me había quedado un sentimiento de vergüenza. Lo que entendí era que lo que éramos estaba corrompido por algún mal equívoco. Pero ahora que mis recuerdos habían vuelto, aunque podía rememorar la forma y el peso de esa vergüenza, el dolor que me producía se había desvanecido. Perdí el impulso de ocultar que yo era una mestiza nacida de mestiza, nacida a su vez de un hombre pobre que aseguraba ser capaz de mover las nubes.

Cuando los europeos invadieron las tierras que hoy en día son Santander, con sus armas y sus perros, trayendo la enfermedad y la guerra, algunas tribus huyeron. Los barí, cuyo territorio se extendía por el Santander actual, se retiraron hacia Venezuela, y los u'wa se replegaron hacia lo más alto de las montañas, a los bosques de niebla, donde se refugiarían durante los siguientes doscientos años.

Estos son los nombres de las tribus que vivían en la zona de Ocaña y que los españoles reportaron a la Corona como extintas: seytama, buxarema, caracica, borotaré, beuxitaré, xinane, manane, carquima, teurama, cucuriama, ascuriama, burgama, caracaca, esquerama, chama, bisarema, bucurama, anarama, carcoma, tuscuriama, ceqyerama, languxama, saotama, ocama, carates, xergoma, buroma, oracica, buneroma, bisera, ercosa, aytara.

El problema es que no había sucedido una extinción. Los españoles capturaron a los hombres y los niños varones de esas tribus y los separaron, para luego mandarlos a remotas minas de oro, donde trabajaban con otros indígenas que no hablaban la misma lengua. La Corona decretó que los españoles serían amos y señores de cualquier territorio que conquistaran, y, sin la menor supervisión, se repartieron la tierra, sus riquezas y a los pueblos aborígenes entre sí, como si las personas fueran cosas que pueden dividirse y distribuirse entre muchos.

Se decía que los nativos eran "libres", pero debían trabajar sin paga a cambio de la "protección" y el catecismo que les ofrecían. Para 1692, quedaban apenas 576 indígenas atrapados en las encomiendas. Y siglos más tarde, las cosas cambiaron, aunque solo de nombre. Los españoles les arrendaban las tierras que les habían arrebatado, ofreciéndoles comprar lo que produjeran sus parcelas, pero a precio bajo, y el dinero que salían a deber por el arrendamiento siempre excedía lo que la familia lograba ganar.

Los indígenas quedaban atrapados en este ciclo perpetuo de deuda que, si se atrevían a incumplir, desembocaba en la cárcel. Al mismo tiempo, los padres franciscanos establecieron escuelas doctrineras para los niños indígenas, y así fue que los españoles bien podían mirar a su alrededor y concluir que las tribus indígenas de Ocaña habían desaparecido. Y a lo largo de estos primeros tiempos, los conquistadores sometían a las indígenas y las violaban sin temor a ningún castigo, y los pueblos y caseríos se llenaban de mestizos, niños y niñas que heredaban la deuda de sus madres y que pocas veces eran reconocidos por sus padres. Oficiales del cabildo con poderes de inquisidores amenazaban con tortura a estos individuos mitad españoles, mitad indios, si no renegaban de sus tradiciones indígenas —catalogadas por la Santa Inquisición como herejía y brujería—, para acogerse a la Iglesia Católica.

He visto de cerca esos antiguos instrumentos en el Palacio de la Inquisición en Cartagena, donde eran enviados los herejes de todo el país para ser quemados en la hoguera. Cadenas, clavos, grilletes. Me han dolido los senos al percatarme del filo de grandes tenazas mordientes hechas para aplicárselas a los pechos una vez estuvieran al rojo vivo.

En toda Colombia, ante esta violencia, los mestizos tenían que escoger entre desaparecer, casarse con alguien de piel más clara de generación en generación, "mejorando la raza" (refrán que aún usamos para describir esta elección), o amar a quien amaban y tejer a su alrededor un tipo de anonimato tras el cual podían mantener su cultura en secreto y poder sobrevivir. La oscuridad se convirtió en una forma de vida.

Nono y sus antepasados habían nacido en las montañas, y formaron una estirpe que, estando a la vista de todos, ocultaba su secreto. La supervivencia les había obligado a guardar silencio durante mucho tiempo. Los saberes y tradiciones que podían recordar se transmitían en susurros entrecortados, en habitaciones a oscuras, a niños bien elegidos que, mucho después de que se terminaran los castigos en la hoguera, recibieron, junto con las costumbres antiguas, todos esos temores de ser vistos, descubiertos, juzgados y sentenciados a arder.

Durante siglos, los curanderos habían observado este silencio vigilante. Agregaron sus propias historias, inventaron sus propios rezos y cánticos, tejiéndolos con trozos de sabiduría popular española y, al organizar ese mundo naciente según sagradas jerarquías modernas, crearon algo nuevo, ya no indígena ni español, sino una tercera cultura.

Sé que en otras partes de Colombia y a lo ancho del continente, las mujeres pueden recibir la sabiduría y convertirse en curanderas sin que se tema que vayan a atraer una cadena de desgracias. No he podido averiguar si este rechazo a que ellas alcancen ese poder es un rasgo heredado de indígenas o de españoles particularmente en esta región de Colombia.

Cuando le comento a Mami por primera vez que quiero escribir sobre todo esto, se enfurece conmigo. Me grita, aterrada de que al revelar los secretos incite a la gente a juzgarme, y arruine mi propia vida. Le prometo que le entregaré todo lo que escriba para que le dé el visto bueno, y solo quedará lo que ella apruebe. Le ruego que entienda: tengo que escribir sobre lo que me ha pasado, y le ha pasado a ella, a nosotros, a todos nosotros, sin importar lo que resulte de ello. Me cuelga. Vuelvo a llamar, e insisto varias veces. Después de un rato, mi papá contesta y me pregunta qué fue lo que hice: mi madre dice que jamás va a volver a dirigirme la palabra.

Mami y yo hemos tenido nuestras peleas, pero ninguna como esta. Por lo general, nuestras peleas son melodramas en miniatura: Mami grita que ya no me considera su hija, y yo le contesto que más me valdría tener aquella lámpara por madre, o la estufa. Peleamos, inventando insultos que luego nos harán reír. Ella es temperamental y explosiva. Yo soy terca y orgullosa. Nos queremos y nos tenemos la confianza necesaria para saber que podemos mostrar nuestra ira sin que eso altere el amor que nos profesamos.

El hecho de que no me grite por teléfono indica que verdaderamente la enfurecí. Por primera vez en mi vida, me da miedo pensar que de verdad vaya a cumplir lo que dijo.

Existen remedios para el olvido. Uno de ellos es poner un espejo bajo la almohada, en la cama. Lo que hago después de que Mami asegura que nunca me volverá a dirigir la palabra es que saco el espejito de mano que ella solía tener en su mesa de noche, y lo meto bajo mi almohada. Casi siempre tengo ese espejo escondido. No sé si será porque le atribuyo algún poder, pero lo que sí sé es que está colmado de su intención de ver más allá de su propia imagen, cargada con el peso de su almohada y de su cabeza sobre esta, mientras se empeñaba en recordar.

El borde del espejo tiene hilos plateados que se curvan alrededor del pequeño círculo reflectante. En el reverso, unas rosas pálidas se repiten sobre el esmalte negro. El mango es de filigrana de plata, también, y da la impresión de ser muy fina y maleable, como de encaje. Ahora que han pasado cinco años desde cuando recuperé la memoria, y mi cuerpo tiene de nuevo el peso de todo lo que contenía, mi dolor de ya no ser amnésica ha sido reemplazado por un hambre sin límite de más recuerdos con todo su peso. Quisiera estar sepultada bajo capas y capas de memoria, tan pesadas que no me dejaran mover. Anhelo, hambrienta, los recuerdos de mi madre, de mi abuelo, de sus antepasados. Me quedo dormida.

Esa noche, veo a Nono en sueños. Se me aparece vestido de lino blanco, todavía con sesenta y tres años, como estaba cuando murió, y me da miedo que me vaya a decir que no quiere que su historia sea contada, tal como lo hizo Mami. En lugar de eso, me toma de la mano y de inmediato nos vemos transportados a Bucaramanga, Colombia, a la segunda casa en la que vivió mi mamá, y Nono se ríe mientras vamos de un cuarto a otro. Habla tan rápido que es imposible entenderle. Le tiemblan las manos, y de repente estamos en el jardín de atrás y él me señala loma abajo hacia un río resplandeciente, y lo oigo decir con toda claridad: "Este es el sitio y escenario".

Parece que el espejo bajo mi almohada hubiera puesto en marcha algún mecanismo, y le cuento a Papi mi sueño, sabiendo que él se lo repetirá a Mami. Esa semana, Mami me llama. Sin mediar disculpa alguna, me dice que debemos viajar juntas a Colombia. Que eso será lo mejor para el libro en el que estoy trabajando.

Y luego se escucha el silencio.

Mami está esperando a ver si tengo intención de exigirle una disculpa. No lo hago. Escucho el vaivén de su respiración, y luego le pido que me explique lo que se propone.

Además de mi sueño, ha habido otros. Mami y la tía Perla y la tía Nahía han soñado, cada cual, por su lado, que Nono quiere que exhumen sus restos. Es un sueño compartido, y los sueños compartidos son como un evangelio, porque a diferencia de los sueños que experimentas por tu cuenta, los compartidos van asegurados por el rigor de una revisión paritaria.

A raíz de los sueños, por teléfono, nos hablamos con más lentitud y tranquilidad que de costumbre. Junto con las tías, de dos en dos, diseccionamos los sueños, comparamos los detalles, analizamos el entorno de cada uno. Lo que sabemos es que en todos ellos Nono está vestido de blanco. Aunque no podemos llegar al significado de sus ropas, pues en el sueño de una, va con harapos; en el de otra, con un traje impecable; y en el de la tercera, sus prendas parecen confeccionadas más con luz que con tela; tenemos certeza del mensaje principal: en los sueños de todas sus hijas, Nono pidió expresamente que exhumaran su cuerpo.

Debemos retirar los restos de Nono de su sepultura.

Tan pronto como lo decimos en voz alta, nos sentimos obligadas a cumplirlo. Pasamos de imaginar lo que querría decirnos a planear cómo sacarlo de su tumba.

—¿Qué le decimos al cementerio?

—¿Cuánto irá a costar?

—¿Qué hacemos con el cadáver?

No tenemos respuestas, pero Mami dice que así está bien.

—Es lo que sucede cuando uno toma instrucciones de los sueños.

En los días siguientes, despejamos nuestras agendas, nos despedimos de nuestros seres queridos, pedimos plata prestada, compramos pasajes de avión, y hacemos reservaciones de hotel. Mami y yo permaneceremos en Colombia por lo menos tres meses. Nuestra misión conjunta es exhumar los despojos mortales de Nono; mi misión personal es recordar. No se lo digo a nadie, pero lo pienso para mí. El hambre de la memoria es poderosa.

Mami nos da una última instrucción familiar: debemos desenterrar a Nono sin que nadie se dé cuenta.

Al menos hasta que sepamos de quién o de qué pretende escapar.

2

EL HOMBRE QUE
MOVÍA LAS NUBES

Nono era curandero, pero estoy segura de que le hubiera gustado que yo usara la palabra culta: homeópata. Eso es lo que decía su tarjeta de presentación:

RAFAEL CONTRERAS A.
HOMEÓPATA
LE CURA TODA CLASE DE ENFERMEDADES:
DIABETES – OBESIDAD – SINUSITIS – EPILEPSIA –
CÁNCER Y HECHICERÍA
LICENCIADO POR EL CENTRO CIENTÍFICO

Justo a la izquierda del texto hay una foto pequeñita de Nono, en blanco y negro. Se ve despeinado, con la mirada de alguien que trama algo. Tuerce un lado de la boca. Va de saco y corbata.

El último renglón siempre me hace reír. Sé lo que hay detrás, y a pesar de todo siempre pregunto:

—Mami, ¿cuál Centro Científico?

Mami y yo no podemos contenernos.

—Pues, el Centro Científico, ¡obvio!

La historia es que no existe ningún Centro Científico. Nono lo agregó a su tarjeta para que así hasta los incrédulos creyeran en sus talentos. Pero hay algo más: Nono era analfabeto.

Sus talentos eran pocos, pero formidables. Sabía firmar con su nombre, era bueno con un martillo a la mano, sacaba cuentas con facilidad, y sabía echar cuentos.

Era capaz de repetir de memoria un fragmento de un libro o un montaje de teatro, incluso si los había oído solo una vez. Esa era una hazaña que había llevado a cabo una y otra vez para poder convertirse en curandero. Los rezos necesarios y el conocimiento de las plantas eran cosas que oía en momentos esporádicos y aislados, y si no era capaz de repetirlas de inmediato y con exactitud, nunca se le entregaría otro secreto.

Su memoria era prodigiosa. En ella habitaban no solo los secretos, sino también sus historias preferidas, que fue acumulando al tener hijos (que, a excepción de Mami, pasaron por toda la niñez convencidos de que su papá sabía leer y escribir), pues le leían en voz alta.

Le gustaba citar a Shakespeare: "El mundo es un gran teatro, y en él, hombres y mujeres no son más que actores...".

Mami dice que nosotros tres, o sea ella, Nono y yo, nos parecemos en esto, somos adictos a lo mismo: al público cautivo, la trama bien tejida, el sutil movimiento de los hilos.

Dicen que Luis, el hermano mayor de Nono, era el que tenía la magia más potente.

Pero Nono era el que podía mover las nubes.

Todos mis tíos y tías habían sido testigos, pero no lo recuerdan con precisión.

Mami dice que Nono hacía un saludo hacia los cuatro puntos cardinales. Murmuraba un rezo, que pronunciaba, guardándolo entre los dientes. Tía Perla no se acuerda de ese saludo a los cuatro vientos, pero sí que alzaba la mano al cielo, con la palma hacia arriba, trazando el camino que quería que siguieran las nubes. Nono a menudo movía nubes para los campesinos que necesitaban lluvia, y para Mami, que era la preferida entre sus hijos.

Pero no siempre fue así.

Cuando nació, la verdad, es que intentó matarla.

Nono y Nona se conocieron en 1946 en Ocaña, una ciudad pequeña en medio de la Cordillera Oriental. Allí, las casas de adobe se despliegan por las lomas, el suelo relumbra con luces indicando dónde hay guacas de oro, las escobas se guardan con el mango hacia abajo para mantener alejadas a las brujas, y, cuando las calles están vacías, en las noches, el fantasma de un español en su caballo se oye con frecuencia recorriendo las calles empedradas coloniales. Justo en las afueras del pueblo, más arriba en la Sierra, en el cobijo de cuevas, reposan los restos de los orotones, uno de los muchos grupos indígenas autóctonos de la zona. Sus cuerpos yacen amortajados por siglos en mantas de algodón, imperturbables. Sabemos que los orotones construyeron caminos que salían de un importante centro espiritual. Incluso hoy en día, Ocaña es un lugar en el que los muertos conviven con los vivos, y la gente tiene un contacto duradero con sus fantasmas.

En 1946, la primera vez que Nono la vio, Nona tenía veintidós años, y Nono, veinticuatro. Ella subía con dificultad uno de los cerros que rodean a Ocaña, en camino hacia su casa en Cristo Rey. El cerro entero, situado en la escala social a varios niveles por debajo del próspero valle, se consideraba una zona aparte de por sí, y a veces los ocañeros se referían al monte como Cristo Rey, pero también usaban ese nombre para referirse a la empobrecida comunidad que vivía en sus faldas. Nona iba encorvada bajo el peso de dos baldes de agua que llevaba en equilibrio pendiendo de una vara atravesada sobre sus hombros. En una curva pronunciada de la cuesta, Nono se plantó frente a ella y se presentó. Ella no depositó los baldes en el suelo. Miró a Nono. Lo vio quitarse el sombrero y hacerle una venia.

Nono la miró, se fijó en su cuerpo fuerte, la agresividad de sus ojos. Encantado de ser el objeto de su atención iracunda, le dijo que él era un hombre extraordinario, y que un día ella se convertiría en la madre de sus hijos. Volvió a ponerse el sombrero y se dio vuelta para alejarse. En un segundo, Nona pasó de detestarlo a ver cómo el aire delineaba su ausencia. Supo que iba a ser alguien a quien echaría de menos. Sin pensarlo dos veces, lo llamó, le dio su nombre y le dijo dónde y cuándo buscarla.

Nono fue a visitarla a su casa, aunque no de forma oficial. La pretendía a través de una grieta de la tapia exterior del patio. Un día, la mamá de Nona, Mamaría, salió al patio con una pila de ropa para lavar junto a la enorme vasija de barro que rebosaba con agua de lluvia, y descubrió a

Nona susurrándole a la tapia: "Todavía me estremezco por ese beso tuyo".

Al otro lado estaba Nono, ya en plena huida. Mamaría quería que Nona se casara, pero no con un hombre inconstante como Nono, que solo le traería penas y tristezas.

A escondidas, Nona y Nono siguieron viéndose. Se encontraban en el pozo al cual iba Nona por agua. Él le recitaba poemas que había memorizado, y ella le permitía darle un beso por cada poema. El día en que se casaron, Nono arrancó unas flores del jardín de Nona y se las ofreció en la puerta trasera de su casa. Corrieron a la iglesia en secreto. Pronunciaron sus votos. No había nadie en las bancas de la iglesia, y los altos cirios blancos ardían como en un funeral.

Nona paría un año sí y el otro no durante la época inicial de la Violencia, la guerra civil que comenzó en 1948 y que duró diez años, truncando trescientas mil vidas.

La guerra no era ninguna novedad. Políticos e historiadores se esforzaban por establecer diferencias, poniéndole nombres a un conflicto tras otro, pero para la gente no cambiaba mayor cosa entre una guerra y la siguiente, e incluso se referían vagamente a ese constante estado de violencia como "la situación". Sin importar cómo la llamaran las autoridades, ya fuera guerra o paz, la situación dejaba tras de sí cadáveres, desaparecidos, campos calcinados. Ese era el mundo que ellos dos heredaron, y el que recordaban sus padres y sus abuelos. De vez en cuando había masacres en los alrededores de Ocaña, y potreros incendiados que teñían el río de rojo y los cielos de negro. La gente se ocultaba. Pero apenas la violencia migraba, los sobrevivientes reaparecían. Una manera de recordar a los muertos era volcarse a vivir la vida con alegría. Acompañados de canciones y tocadiscos de manivela, los sobrevivientes bebían, bailaban al ritmo de los tambores, y vertían aguardiente en el suelo para honrar a los muertos.

Nono era un alma vagabunda, como muchos durante la guerra. El truco para sobrevivir era saber leer a la gente. Durante la Violencia, uno tenía que acertar al contestar cuando un grupo de hombres armados le preguntaba si era liberal o conservador. "Liberal", decía Nono a veces. "Conservador", otras.

Acordeoneros, poetas, culebreros, todos recorrían el país a pie y a lomo de burro hasta el río Magdalena, para bajar en barco de vapor hacia el puerto de Barranquilla, o en locomotoras que llevaban a los elevados cerros de la costa y al sur, tan lejos como llegaban los trenes y seguían más allá, hasta que se veían obligados a abrirse paso hacia el Amazonas con machetes… hombres itinerantes, buscando un rayo de luz en la vida. También había algunas mujeres entre todos esos viajeros, que recorrían distancias más cortas, llevando una versión oral del servicio de mensajería, llamado "correo de las brujas", que en realidad no tenía nada que ver con ninguna bruja, sino con mujeres indómitas y memoriosas, de paso rápido. Estas mujeres iban de pueblo en pueblo, y se instalaban en las plazas para entregar sus misivas. Los mensajes de amor eran oídos por todo el mundo, al igual que las transacciones de negocios, reportes de asuntos de salud, avisos de todo tipo, y noticias en general. Cuando llegaban al final de su sarta de mensajes, anunciaban cuál sería su siguiente destino, y recogían una nueva ronda de mensajes a cambio de alimento, techo o alguna forma de pago.

Al igual que estas mujeres, Nono se ganaba la vida vendiendo un servicio, pero el suyo era curar y adivinar el futuro. En las plazas de los pueblos se congregaban todos: los curanderos, las bandas de músicos, las mujeres, ofreciendo su correo de viva voz, y los culebreros, que sacaban largas serpientes de canastos y contaban viejas leyendas mientras manipulaban a los reptiles. Los vendedores ambulantes negociaban una cosa a cambio de otra, y los habitantes de los pueblos compraban lo que querían con bienes que ya poseían. De esta forma, vagando de un pueblo a otro, Nono podía pasar cuatro o seis meses lejos de su hogar.

Mi abuelo tenía novias. Regadas por el mapa de Colombia en una ruta serpenteante, marcaban su viaje anual a la costa y al Amazonas, donde visitaba a otros curanderos y a tribus de la región, recolectaba animales y plantas, e intercambiaba conocimientos y posesiones.

Nona pensaba que podía curar a Nono de su espíritu vagabundo con sus embarazos. Diez veces Nona estuvo embarazada, diez veces Nono la dejó.

Cada vez que la abandonaba, Nona se metía en la letrina junto a los limoneros, y cerraba la puerta de madera. Allá se reía histérica, hasta que empezaba a llorar. Hasta que el llanto cumplía su ciclo. Hasta que se reía otra vez.

Sus hijos, cada vez más numerosos, se arrodillaban alrededor de la letrina, atentos. Trataban de reírse con ella.

—¿Qué te parece tan chistoso, Mamá?

Nunca se les ocurrió que su madre estaba enloquecida por el dolor.

Cuando Nona salía de la letrina, se llevaba a todos los niños a la cocina. Allí no tenía nada para darles de comer, así que con gentileza instruía a Mami para que se robara la vaca del vecino y así obtener la leche del día, y le pedía a su hijo Ángel que se metiera a la huerta de los vecinos para sacar algo de hortalizas para preparar una comida.

Mami piensa que Nona no odiaba a Nono tanto a causa de sus infidelidades, como por su rechazo a quedarse a su lado. Cada vez que la abandonaba, Nona se endurecía contra él y juraba que no iba a acogerlo de regreso, pero el corazón siempre se le ablandaba al oír su voz. Tan pronto como lo escuchaba, la rabia y la tristeza se disipaban. Enferma de amor, se lo perdonaba todo, y era feliz con el solo hecho de que hubiera vuelto.

Nono llegaba de sus largos viajes vestido de blanco resplandeciente. Se quitaba el sombrero, un aguadeño de paja toquilla tejido en el departamento de Caldas, y le cantaba a Nona: "Mi negra se me ha ausentado, y a la mar la fui a llorar. Linda es mi negra, ¿dónde andará?". Nono se vestía con bonitos trajes de lino. Nunca se dejaba ver sin su sombrero. Al caer el sol, los vecinos se reunían en la plaza. Caminaban alrededor, se veían y se saludaban, formando ruedas abigarradas en torno al correo de las brujas, a los culebreros o a los músicos y los vendedores ambulantes que andaban en el pueblo. Cada día, Nono y su familia se ponían sus mejores galas para caminar la media hora cuesta abajo desde Cristo Rey, y llegar al valle, donde estaba situada la plaza.

Allí, Nono se llevaba la mano al sombrero y hacía una breve venia a las mujeres del pueblo, con un guiño y una sonrisa deslumbrante. Ellas se sonrojaban entre risas: "¡Ay, ese Rafael! Casado, pero no amarrado". Nona se hacía la que no veía nada. Nono se encasquetaba el sombrero de nuevo y le ofrecía el brazo, y le daban la vuelta a la plaza juntos, dos o tres veces.

Ese era el mismo sombrero que Nono mantenía bien agarrado en una mano al bailar vallenatos o cumbias en las fiestas que a menudo se armaban en Cristo Rey.

Durante la mitad de la vida de Nona, Cristo Rey, la zona indeseable en la que ella había nacido, se conoció como el Cerro de la Horca. Ese nombre tenía su origen en la época colonial, cuando la cima del monte se destinó a la ejecución extrajudicial de herejes. Decían que todo el cerro estaba embrujado. A veces, un olor desagradable e inconfundible a carne chamuscada flotaba en el aire. Había personas que sostenían que manos invisibles las empujaban, o que tropezaban sin motivo. Oían todo tipo de rumores. Cuando Nona cumplió once años, la Iglesia hizo llevar hasta arriba una estatua de más de dos metros de Cristo Rey, y allí, justo en el lugar donde se habían producido las ejecuciones, Cristo abrió sus brazos y el sitio recibió un nuevo nombre. En el cerro, lo único que se necesitaba para armar una fiesta era la luz escasa del anochecer y dos o tres personas que supieran cantar. A veces, los vecinos colaboraban para contratar músicos. Las ráfagas del jolgorio atraían a otros, y al poco tiempo había una multitud alborotada,

Retratos pintados de Nono y Nona, deteriorados por el clima.
Cúcuta, 2012.

todos haciendo su música. Nono agitaba su sombrero detrás de las mujeres que bailaban, lo levantaba hasta el cielo, como tratando de atrapar mariposas invisibles. Era el mismo sombrero que mis tías y tíos quemaron un día porque creían que tenía un maleficio.

El año en que Mami nació, 1956, apenas dos antes de que la Violencia, la guerra civil, se terminara, Nono volvía de su viaje sabiendo que encontraría un bebé. Al irse, no tenía idea de que Nona estaba embarazada, pero luego de ocho meses, los espíritus le revelaron que se hallaba a punto de dar a luz, y que ese bebé "acabaría con todos".

Nono se apresuró a volver. Mientras atravesaba la cordillera de los Andes en canoa y a lomo de burro, se convenció de que ese bebé era maligno y que él era el único que podía salvar a esos "todos". Al llegar a Ocaña, se emborrachó y subió hasta la casa, en Cristo Rey, y persiguió a Nona con un machete.

Nona había parido hacía unos días. Corrió lanzando alaridos por entre las matas de café, alrededor de la casa, y por el camino de tierra hasta la casa donde vivía su madre, aferrada a la bebé y al mismo tiempo agarrándose la entrepierna, temerosa de que la matriz se le fuera a salir por ese tajo que la bebé le había abierto al nacer. Nona cruzó la puerta de la casa de la bisabuela Mamaría, pasó el cerrojo, y arrojó al bebé en manos de su madre.

—¡Escóndanos, Mamá! ¡Rafael nos quiere matar!

Mamaría le dijo a Nona que se escondiera cerca del pozo. Le ayudó a salir por la ventana en la tapia de adobe del patio interior, la misma tapia en cuyo rincón había una grieta por la cual Nono la había conquistado. Mamaría volvió adentro, y en su pieza se quitó el rebozo que siempre llevaba sobre los hombros, y lo usó para envolver a la recién nacida. Era un pañolón que había pertenecido a su madre, y antes a la abuela de su madre. Mamaría pronunció un rezo en voz baja, y echó a rodar a la bebé envuelta debajo de su cama. El bulto frágil se deslizó por el piso y se oyó el impacto amortiguado al detenerse contra la pared. Como la bebé no lloró ni soltó ningún ruidito, Mamaría supo que su rezo surtiría efecto. Se mostró tranquila cuando Nono destrozó su puerta, serena cuando le gritó a voz en cuello, cuando volcó los muebles y se metió a su pieza para arrancar las sábanas de la cama, se puso en cuatro patas y miró bajo de ella, justamente en la dirección en la que estaba el bebé. Al no ver nada, Nono salió como una exhalación de la casa, todavía con el machete en la mano. Mamaría aguardó un poco, y luego recuperó a la bebé, que estaba ilesa. Abrió la puerta del patio y llamó a Nona para que volviera adentro. Tras un rato, Nona salió de entre los árboles. Una vez adentro, ya sentadas, Mamaría le informó que su marido estaba embrujado.

—A vos te dije que ese hombre era mujeriego. Seguro se enredó con una bruja, y ahora mirá lo que ella lo ha obligado a hacer. Seguro que esta bebé va a servir para mantenerlo a tu lado de ahora en adelante.

Nono volvió varias horas después, confundido. Dijo que había perdido la noción del tiempo. No sabía dónde había estado. ¿Por qué tenía los pantalones embarrados?

A lo largo de los años le pregunté a Mami sobre el incidente, pero nunca reconoció sentirse traicionada. Al igual que todos en la familia, creía que, si su papá había tratado de matarla, era porque estaba poseído.

A los siete años, a Mami le gustaba sacarle en cara a Nono siempre que podía lo que había estado a punto de hacer. Le encantaba desafiarlo cuando él no le daba lo que quería:

—Ah, claro, primero me trata de matar, y ahora esto.

Lo que Mami quería era un leoncito bebé. Ella se suponía que Nono podía conseguirle uno con cierta facilidad en alguno de sus viajes. Los animales eran la mejor parte del regreso de Nono, desde su punto de vista. Una vez le llevó un lince atado a una correa, y otras veces un loro capaz de decir vulgaridades, un par de monitos en jaulas de madera, armadillos bajo sus brazos, lagartos de larga cola, y una anaconda enrollada en un canasto enorme.

A nadie le gustaba la anaconda. Nona trató de prohibir que se metiera a la casa, pero Nono le dijo que la serpiente era inofensiva, siempre y cuando se la alimentara suficientemente; además, él era el hombre de la casa, y si nadie la quería, la anaconda se convertiría en su mascota. La anaconda se quedó.

Con sus cuatro metros de longitud, y su piel quebradiza, aceitosa y moteada con círculos café claro, reptaba por la casa, barriendo el polvo y dejando mapas abstractos. Cada siete días, Nono la alimentaba con un pollo o un conejito blanco. Después de comer, la serpiente se hacía más lenta y se adormilaba. Mami podía ver cómo viajaba el pequeño bulto que había sido su presa por el cuerpo de la culebra. La anaconda dormía durante el día, cuando la clientela de Nono —los que sufrían de mal de amor, mujeres que querían interrumpir un embarazo, mujeres que querían concebir, personas atormentadas por convulsiones o enfermedades venéreas o fiebres, y aquellos que estaban poseídos—, formaban una fila que seguía el contorno de la sala y salía por la puerta, y todos esperaban pacientemente ser atendidos. En las tardes calurosas, Mami y sus hermanas y hermanos se sentaban sobre el largo y mullido cuerpo de la serpiente, bien lejos de su cara diabólica y de su cola huesuda y enrollada. Mataban el rato observando las idas y venidas de los pacientes de Nono. Les encantaba oír desde lejos cuál era el problema de cada persona, y verles la expresión en la cara cuando se iban. Cuando estaban fuera del alcance de su voz, a veces Nono se agachaba y les murmuraba breves informes a sus hijos: "Ese hombre no tiene remedio", y "Esa mujer estará mejor en tres días", o "Pobre muchacho, tiene la marca de la muerte".

Mientras esperaban a que salieran nuevos pacientes del consultorio de Nono, las tías y los tíos jugaban cartas, sobre todo un juego llamado guerra. Ponían las cartas sobre el suelo, una por una, siguiéndole la pista a reyes y reinas, peleando, animándose uno al otro, formando alianzas en secreto, e intercambiando cartas cuando nadie se daba cuenta... Hasta que, de repente, el suelo se movía y las cartas en el piso se deslizaban hacia un lado. Cuando miraban hacia abajo, veían que la culebra —esa larga y grande masa de músculos sobre la cual estaban sentados y que, les gustaba pensar, era un mueble— se escurría y arrastraba con ellos. Entonces, gritaban. Corrían, temblando, con la sensación de la anaconda moviéndose, viva, prendida en la piel. En la noche nadie podía dormir. Los niños se despertaban jadeando, imaginando que el reptil se había colado en sus cuartos cerrados. Se imaginaban a la culebra contra las sábanas. Temían por sus vidas. Pero al día siguiente, otra vez se sentaban sobre ella.

La anaconda era voraz. Cuando a Nono solo le quedaba una gallina, y se cansó de cazar para alimentarla, decidió que tenía que deshacerse de ella. Compartió el destino de los demás animales que Nono llevaba a casa, pues la liberaron en la mata de monte detrás de la casa.

Nono era imprudente, pero Nona pensaba que podía hacerlo cambiar.

—Se va a ir otra vez. —Mami le advertía a Nona una y otra vez.

—No es cierto, va a quedarse aquí —decía Nona.

Nona estaba permanentemente embarazada, capturando trocitos de él en su interior, echando anclas y cargando responsabilidades, pero Nono igual se iba reclamándole que fuera tan posesiva. Ya de viaje, sin ninguna atadura con nada ni nadie, se entregaba a la vida con total abandono. Y luego, cuando se sentía agobiado por la soledad y echaba de menos la seguridad y la comodidad que Nona le procuraba al ocuparse de su familia y su casa, regresaba. Ni una sola vez pensó en el sufrimiento que le producía a ella, o en la violencia con la cual él se limitaba a tomar lo que quería cuando sentía el apremio de hacerlo. Al buscar la dicha en su vida, terminaba privando a los otros de su dicha, especialmente la de Nona, a quien acusaba de ser la culpable de su propio sufrimiento.

Nona pensó en dejarlo, pero cambiaba de parecer al ver la manera en que la gente trataba a las mujeres divorciadas. Una divorciada vivía, no lejos de allí, sola en una choza. Nadie le dirigía la palabra. Los hombres se referían a ella como mercancía perjudicada porque no era virgen, y como no tenía ninguna virtud que proteger, se sabía que a veces era víctima de agresiones. De vez en cuando se aparecía a la puerta de Nona y Nono, en busca de ayuda para apagar la vida que crecía en su vientre. Nona le pedía que no le cobrara, y él así lo hacía, y se felicitaba por esta buena obra, considerándose diferente de los demás hombres del pueblo; pero su vida, al igual que la de ellos, estaba construida sobre la ignorancia deliberada y cruel del costo de sus propios estados de ánimo.

—Consígase un arma. —Le rogaba Mami a Nona cuando ella se le confiaba—. Dispárele a cualquier hombre que se atreva a hacerle daño.

Pero Nona no tenía el valor de hacerlo.

—¿Qué va a pensar la gente? Me van a meter en la cárcel. ¿Y quién se ocupará de vos, entonces?

Mami odiaba el hombre que era Nono para su madre, pero adoraba el padre que era para ella. Vivía en medio de este complicado torbellino.

—Mamá es una idiota —le confió a Nono tras su regreso—. No sabe hacerse respetar. Si yo fuera ella, le habría quemado toda la ropa y lo hubiera mandado a la porra hace tiempo.

—Vos harías cosas peores, mi animal de monte —contestó Nono—. ¡Ay! ¿Por qué no naciste hombre? Todos los hombres que me nacieron son unos endebles. Pero a vos... a vos me encantaría llevarte de cacería y enseñarte.

Mami sabía que se refería a enseñarle los secretos, y le pedía que ignorara las reglas. Era más inteligente y feroz que cualquier hombre que él conociera, viejo o joven, y no solo deseaba los secretos, sino que también tenía aptitud para la magia. A veces sus sueños le decían cuándo volvería Nono, o se enteraba del pasado de la gente, y de cosas que no le habían contado, pero que veía en ellos como quien lee un libro. No entendía por qué el haber nacido mujer la excluía de un linaje que era claramente suyo. Nono negaba con la cabeza.

—Este saber no es para mujeres. ¿Quién sabe qué desastre nos podría acarrear? No, mejor que esta línea termine conmigo; y así puedo ocuparme yo de las consecuencias.

Aunque Nono planeaba ser el último, se ocupaba de su negocio con un celo ambicioso. Curó a un dentista que sufría de pena de amor, y este paciente, agradecido por la disipación de aquel peso aplastante que se había anclado en su pecho, le dio a Nono algunos consejos profesionales, que él escuchó con interés.

—¿Sabe qué le serviría para mejorar su negocio? —preguntó el dentista—. Crear una atmósfera.

Y pasó a describirle la decoración de su propio consultorio: diagramas de dientes enmarcados en las paredes, mullidas sillas tapizadas en cuero, y el instrumental propio de su profesión exhibido en frascos transparentes o ya dispuesto y esterilizado sobre bandejas de acero. Mami ya no se acuerda de cómo era el dentista, solo que era alto y blanco. Nono no tenía más que una mesa, sobre la cual había un montón de hierbas, dos sillas una frente a otra, y una ventana abierta, que dejaba entrar un paralelogramo de luz. Ofrecía tinturas y bebedizos sin mayor pedantería, en vasos de agua comunes y corrientes. Era un hombre con el poder de ver y adivinar; no necesitaba nada más.

—¿Qué tal si pone una cortina negra e instala un altar en un rincón, con velas y rosarios, y, ya sabe, todo eso que pueda darles a los pacientes la sensación de un ambiente augural? —le proponía el dentista.

Le decía que, si podía evocar la atmósfera adecuada, seguro podría aumentar su tarifa. Nono tenía muchas bocas que alimentar. Sopesó las palabras del dentista.

—¿Cree que eso podría funcionar?

El dentista asintió.

—Le conseguiré una calavera.

La calavera provenía de la escuela de medicina, de un anónimo que había donado su cuerpo a la ciencia, y que ahora, sin saberlo, lo donaba a la magia. Siguiendo el consejo del dentista, Nono puso un mantel negro en una mesita, y encima, la calavera, en el centro de este altar armado a las carreras.

—¿Y quién es esa calavera? —quisieron saber las tías y los tíos.

Él no respondió.

—Papá, ¿no le parece que tal vez no debería usar esa calavera? —preguntó Mami.

—Mija, en realidad no la estoy usando. Solo está ahí de adorno. Imagínese que es como una mata que tengo en el rincón de mi consultorio —le contestó él en susurros.

El dentista volvía de vez en cuando con otras ideas de decoración para sustentar la atmósfera:

—¿Y qué tal unas muñecas de vudú?

Mami los oyó desde el suelo frente a la puerta del consultorio. Nono le había contado sobre el verdadero origen de la calavera, y le había hecho jurar que guardaría el secreto. Ahora, cada vez que el dentista lo visitaba, ella se aseguraba de espiar las conversaciones.

—En mi consultorio, la atmósfera es lo que le indica a la gente lo poderoso y confiable que soy en mi profesión —siguió el dentista—. ¿No le parece que, si tuviera una ristra de ajo colgando aquí en esta esquina, y además unas cuantas muñecas de vudú dispersas aquí junto al banquito, la gente visitando su consultorio se pondría a pensar: ¡no joda, este señor realmente sí conoce su oficio!?

Las guirnaldas de ajo no tenían nada que ver con sus tratamientos y medicinas curativas, pero Nono igual armó atados con las hierbas que usaba. Hizo que Mami entrara y saliera del consultorio, dándole su opinión, mientras él movía los manojos de hierbas de una pared a otra. Mami no se le rio en la cara, pero después, cuando estaba a solas, soltó una carcajada. A pesar de lo ostentosas y superficiales que eran todas esas arandelas, quizás por medio de ellas, la gente se vió dispuesta a pagar tarifas más altas. Nono jamás había necesitado complemento alguno para sus adivinaciones, pero de vez en cuando, para la entretención de sus clientes y por la cuestión aquella del ambiente, abordaba la calavera y le formulaba la pregunta que le habían hecho: "¡Un momentico! Esta calavera le perteneció a un curandero muy poderoso. En un minuto nos dará la respuesta".

La siguiente vez que el dentista visitó a Nono, le mostró su tarjeta de presentación.

—Mire, don Rafael, este papelito tiene mi nombre, mi ocupación, el sitio de mi consultorio, mis especialidades. Si conozco a alguien, le entrego mi tarjeta; y ahí tengo un nuevo paciente, o esa persona le da mi tarjeta a alguien más, y ya tengo dos nuevos pacientes.

Nono había quedado impresionado con el invento de la tarjeta de presentación. Pasaron una tarde entera reunidos, su padre hablando y el dentista anotando. Mami los oyó planear lo que llegaría ser la tarjeta de Nono, incluso el renglón con lo del Centro Científico ficticio, que, según la opinión de ellos, era una argucia elegante para ganarse a cualquiera que se atreviera a dudar de las capacidades de Nono. Las tarjetas se imprimieron en el mismo lugar donde se las había hecho el dentista, a un precio especial y con descuento.

En 2012, cuando llego al apartamento de mis papás en Ciudad de México, para reunirme con Mami antes de seguir hacia Colombia a cumplir con la exhumación, estoy convencida de que ninguna de las posesiones de mi abuelo se ha salvado de la destrucción. En 1984, el año en que yo nací, los hijos de Nono empezaron a sufrir accidentes, rachas de mala suerte, desórdenes degenerativos repentinos. Una mitad de la familia los asumió como cosas de la vida. La otra, pensó en el supuesto desastre que Nono había presagiado si Mami llegaba a enterarse de los secretos. Se imaginaban una cuadrilla de antepasados furibundos, curanderos todos ellos, que venían a vengar la ofensa del saber ilícito de mi madre. Le encuentro sentido a este raciocinio. Es más sencillo explicar las pérdidas, las pérdidas inimaginables, o la amenaza de ellas, como la consecuencia de una fuerza externa. Luego de la muerte de Nono, en junio de 1985, esa mitad de la familia que culpaba a Mami concluyó que las pertenencias de Nono traían mala suerte, y también Mami, y que la única manera de evitar que la desgracia los visitara de nuevo era romper lazos con ella y con las cosas de Nono. Todo lo que le pertenecía fue quemado.

Me encuentro de pie junto a mi maleta, en el corredor de entrada del apartamento de Mami, jugueteando con las etiquetas del equipaje. No sé cómo comportarme. Han pasado cinco años desde que recuperé la memoria, pero todavía me siento a la deriva. A menudo miro mis manos con terror, como si le pertenecieran a otra persona, y de vez en cuando, cuando advierto mi propio punto de vista, ese ojo de buey limitando mi visión, cuyos bordes se desvanecen en el punto ciego, me siento atrapada. Con frecuencia me imagino como dos personas: la que fui sin memoria, y en la que me convertí con la memoria recuperada. Oscilo entre habitar las dos conciencias. Tengo los nervios desgastados. No es solo el cansancio del vuelo: vivo en una lasitud continua. Dejo que mi mirada se pose en esa área azul y moteada de dorado, de casi un metro, que constituyen las alas de una estatua de la diosa Isis, la protectora de los muertos, que está dispuesta en la mesa de la entrada. Estoy ante Mami, con su pelo renegrido y sus ojos penetrantes café oscuro.

Mami toma mis manos entre las suyas, como si pudiera leer la angustia desbordando mi cuerpo. Me dice:

—Un ciclo se ha cerrado y está empezando uno nuevo, y me guía hacia adentro.

Siguiendo sus pasos, recuerdo la comodidad de ser su hija. Me gusta cuando asume el mando de esta manera. Miro mi mano, agarrada a la suya, y vislumbro el sofá de la sala, donde mi papá ha puesto su colección de películas piratas que van siempre aumentando, algunas de las cuales apenas solo se han estrenado en los Estados Unidos.

En el cuarto de Mami, ella me indica que me siente en la cama. Sonrío, agradecida por no tener que tomar ninguna decisión. Tengo siempre presente la duda de qué fue lo que vivimos durante nuestras amnesias, y quiero preguntarle a ella lo que pensó acerca de perder su memoria y cómo se sintió en aquel momento, pero no tengo el valor ni la energía de pensar en esas cuestiones cuando la estoy mirando. Y así es que pongo mi mente en blanco y trato de volcarme en el mundo ante mí: Mami arrodillada frente a su closet, abriendo las puertas.

No importa dónde viva, el sitio en el que Mami guarda sus cosas secretas es el armario. Es un honor estar ante él, como poder llegar al interior de un templo. Escondidos entre su ropa hay amuletos, cristales, piedras, y probablemente muchas cosas que desconozco. El brazo derecho de Mami desaparece entre la seda y la lana de las ropas colgadas en ganchos. No da con lo que busca, así que abre uno de los cajones y lo pone en el piso. Está lleno de pañoletas y cajitas diminutas. Revuelve entre las pañoletas hasta sacar un pañuelo rojo, doblado en cuatro. Se sienta a mi lado y lo despliega sobre su regazo. No sé bien qué es lo que me va a mostrar y contengo la respiración mientras ella toca los bordes del pañuelo almidonado, que parece llevar muchos años sin que nadie lo toque.

Desdobla el pañuelo, diciéndome:

—Esto era de tu abuelo.

En el centro del cuadrado de tela roja está la tarjeta de presentación de Nono, amarillenta por los años.

Quedo atónita e inclino la cabeza en diversos ángulos, como si estuviera ante una reliquia en un museo. Hay textos, que aún no he llegado a leer, porque tengo la vista fija en la pequeña foto en blanco y negro de Nono en el lado izquierdo. Sus ojos son diminutos trazos de tinta negra. Me pregunto si, cuando se tomó esta fotografía, en los años setenta, él sabía que yo iba a examinar su rostro en 2012, buscando respuestas. Mami levanta la tarjeta, la sostiene un instante y me la presenta.

—¿Me la estás dando? —Me siento agradecida, pero también tiemblo de miedo—. ¿Y si se me aparece para asustarme?

Mami se ríe.

—No te va a asustar. Tu eres hija mía. Pero de pronto te hará visitas.

Le sonrío y me llevo la tarjeta a la nariz, con la esperanza de percibir el olor de Nono, pero solo percibo el de mi madre. Su suave olor a rosas, mezclado con algo levemente penetrante, como leche agria.

Rafael Contreras A.

HOMEOPATA

Le cura toda clase de enfermedades:

Diabetes - Obesidad - Sinusitis - Epilepsia - Cáncer y Hechicería

LICENCIADO POR EL CENTRO CIENTIFICO

Boulevar Santander Calle 15 No. 22-87 - Bucaramanga

3

EL REGRESO

Nono y Nona se pasaron la vida circunnavegando la parte más alta de la Cordillera Oriental. Iban y venían a través de los Andes, entre tres ciudades pequeñas que, al mirarlas en el mapa, forman un triángulo agudo: Ocaña, en el vértice más al norte; Bucaramanga, más al sur y hacia la derecha; y Cúcuta, hacia el oriente. Ocaña es donde nuestra estirpe se extiende hacia el pasado hasta donde sabemos; Bucaramanga es donde Nono murió; y Cúcuta es donde Nona pasó sus últimos años. Nuestro Triángulo de las Bermudas.

Mi tía Perla vive en Cúcuta, y allí también es donde hay un apartamento con todas nuestras cosas. Solíamos pasar vacaciones allá, Mami, Papi, mi hermana y yo. Papi firmó la hipoteca en 1993, el año en que unos francotiradores le dispararon a Pablo Escobar y lo mataron en una azotea en Medellín, y en el que yo cumplí nueve años. Papi soñaba con irse a vivir allá cuando se jubilara. Mes a mes nos desvelábamos para mantenernos al día en los pagos. Siempre estábamos endeudados y a veces no teníamos con qué pagar. Los secuestros eran frecuentes. Los utilizaban los grupos guerrilleros para financiar su guerra contra el gobierno. Cada frente guerrillero tenía una cuota de dinero que debía obtener, y secuestraban a los ricos, a los de clase media, y a los pobres, y, a partir de 1994, también nos perseguían a nosotros. Conocíamos a personas que habían sido liberadas a cambio de un rescate, otras que estuvieron en cautiverio toda una década, y también a los que jamás volvieron.

Salimos de Colombia, huyendo, en 1998. A pesar de nuestros esfuerzos por construir una vida estable en otro lugar, nunca terminamos de aceptar la idea de deshacernos del apartamento de Cúcuta, ese pedacito de tierra que nos pertenecía y al cual le pertenecíamos. Lo mantuvimos durante los años difíciles que vendrían, cuando viajamos de un país a otro por Latinoamérica, en busca de seguridad. La última vez que puse un pie en ese apartamento fue en 2002, justo antes de lanzarme por mi cuenta y sola a los Estados Unidos. Mami y Papi habían ido por última vez en 2003, con la idea de preservarlo todo para el esperado día del regreso a casa, cuando Papi finalmente pudiera colgar una hamaca en el balcón y poner los pies en alto.

Los cuentos de hadas comienzan con "Había una vez" y se refieren a algo que ocurrió en un lugar indeterminado. A diferencia de eso, Mami y yo regresamos en un momento específico, a un lugar real, y no, como dicen los cuentos de hadas, al había una vez de un lugar indeterminado. Llegamos pasada la medianoche, y en las sombras huelo el polvo. Tanteamos a oscuras en busca del interruptor de la luz. Hace tanto tiempo que estuvimos aquí por última vez, que no podemos acordarnos de donde está. Mami busca en la pared detrás de la puerta de entrada, y yo en la pared opuesta del corredor. Ninguna de las dos da con el interruptor. Mami se dirige a la cocina para buscar una linterna que asegura haber dejado en el mesón hace once años. Me burlo de la escasa probabilidad de que acierte. Mientras espero que vuelva, mi vista se acostumbra. Jamás pensé que me tomaría diez años regresar a Cúcuta, y menos que lo haría con la tarea de exhumar los huesos de mi abuelo.

Rayos de luna se filtran por las puertas corredizas de vidrio que hay al fondo del apartamento. Con la luz azulada, empiezo a reconocer las siluetas que todavía me son familiares: el sofá junto al balcón y aquí, a mi derecha, el juego de comedor y el mueblecito del bar justo detrás. Frente a mí está la puerta de la cocina y, a la izquierda, a donde no llega la luz de luna, está el pasillo que lleva primero a mi cuarto, luego al de mi hermana, y, por último, al de mis papás.

Aquí hace calor todo el año, y la temperatura dibuja hilos de sudor que me bajan por la espalda. Un rayo de luz amarilla se agita en la pared. Mami encontró la linterna donde dijo que la había dejado y, aunque parezca increíble, todavía tiene pilas. Recorre las paredes con el rayo luminoso y encuentra el interruptor donde ninguna de las dos lo buscó: en la pared junto a la cocina.

Una luz deslumbrante y fluorescente inunda el cuarto, y de repente todo el apartamento queda blanqueado. Parpadeo unas cuantas veces, y me doy perfecta cuenta de que estoy viendo las cosas tal como son: que cada objeto en el apartamento está forrado de tela blanca.

La mesa del comedor está cubierta de una tela transparentosa, bien templada sobre la superficie y luego retorcida y ajustada alrededor de la base. Los asientos están metidos bajo la mesa, envueltos en la misma tela. A través del tejido puedo ver el espaldar de listones de cada asiento atrapado allí. Hay objetos más pequeños forrados en plástico transparente. Tomo un objeto enrollado en plástico que centellea en medio de la mesa y le doy vueltas entre mis manos. Cabe perfectamente en mi puño. En un punto en el que las capas de plástico son más delgadas, veo el borde cuadrado de vidrio de un recipiente y, apretujados en su interior, arroz y granos de sal. Es nuestro salero.

Esa silueta rectangular junto a la ventana es el sofá, y los gruesos discos en cada una de sus esquinas son los cojines. Los cuadrados blancos que flotan sobre las paredes son cuadros, y esas figuras que parecen árboles en cada rincón son las lámparas de pie. Cada objeto que toca mi mirada: la escultura de mesa en la sala, cada copa de vino colgada del mueble del bar, los adornos en la mesita de la entrada... todo ha sido minuciosamente envuelto por separado, en tela blanca o en película plástica, y depositado en el lugar que le corresponde. Siento como si estuviera buceando por encima de un arrecife de coral blanqueado.

—¿Quién hizo todo esto? —pregunto.

—Tu papá —dice Mami, saliendo de la cocina con una vara forrada en plástico verdemar.

La aprieta y estira hasta que asoma la punta plateada de un cuchillo que perfora el envoltorio. Tira el plástico al piso y empuñando el cuchillo se dirige al corredor a oscuras.

Apenas me lo dice, recuerdo. Cuando estaba en la universidad, en Chicago, en ese pasado remoto de transmisiones telefónicas con pausas silenciosas y ecos, Mami relataba los esfuerzos de ambos para preservar nuestras pertenencias. Papi y Mami seguían en su etapa itinerante en ese momento, trasladándose a donde quiera que la compañía de Papi lo requiriera. A veces estaban en Latinoamérica, a veces en Asia Menor. Permanecían en un país un año, o dos a lo mucho. La compañía de Papi se ocupaba de darles vivienda, y con el dinero extra siguieron pagando el apartamento de Cúcuta. Residían en Venezuela cuando llamé desde Chicago. Hugo Chávez acababa de volver al poder tras un frustrado golpe de estado. El país se había hundido en protestas a todo lo ancho de su territorio, y mis padres andaban una vez más buscando una manera de mudarse. Los llamaba utilizando unas tarjetas prepagadas que implicaban marcar una secuencia ridículamente larga de números para conectarse. Las voces se retrasaban entre seis y ocho segundos. Debido a esas demoras, hablábamos en monólogos. Nos turnábamos para informar novedades y chismes, tratando de encontrar un ritmo adecuado para todo lo que necesitábamos comunicar. Cuando terminábamos de hablar, oíamos la propia voz que se retrasaba, haciéndose hueca, distante, espectral. Y luego de unos cuantos segundos, surgía una respuesta, como de la nada. Fue en este paisaje auditivo que Mami describió la manera en que ayudaba a Papi a extender la tela en el piso, poner los muebles encima y voltearlos poco a poco, tirando, cortando y cosiendo hasta que resultaba un forro que ceñía cada curva y hendidura del objeto envuelto.

Papi siempre había encauzado su ansiedad a través de conductas compulsivas: pulir, limpiar, ordenar objetos del más grande al más pequeño. Y en 2003, cuando supo que no podía quedarse en Venezuela ni tampoco encontrar un trabajo en Colombia, alimentó el sueño de volver un día para retirarse en Cúcuta. Se ocupó del apartamento tal como lo hubiera hecho un conservador en las ruinas de algún hallazgo arqueológico. Compró gigantescos rollos color esmeralda de película plástica autoadherente a través de un hombre en el aeropuerto, y largos rollos de una tela blanca finita y vaporosa gracias a una costurera. Acumuló todo un surtido de tijeras y cinta transparente, y una diminuta máquina de coser de pilas que funcionaba como una pistola, cuando se apretaba el gatillo. La insistencia de Papi en semejante precisión hizo del apartamento un reino intacto y durmiente.

—¡No hay polvo! —exclamé, parpadeando.

Por el pasillo, desde uno de los cuartos, llega el sonido del plástico al rasgarse, seguido por la risotada de estrépito que suelta Mami:

—¿Y tú crees que los fantasmas vinieron a limpiar? ¡Contraté una cuadrilla de aseadores!

Pienso en la manera en que los contornos de cada objeto, hinchados por las capas de plástico o de tela, proporcionan casi tantos detalles como los que yo alcanzo a evocar por mí misma: lo que puedo recordar no es más que esta bruma de siluetas. Camino por el pasillo a oscuras en busca de Mami. La puerta de su cuarto está enmarcada en un aura de luz.

En el apartamento. Cúcuta, 2012.

Adentro, bajo un techo que brilla, ella abrió a cuchilladas el colchón y una pila de sábanas. Un montón de plástico apelotonado está en un rincón. Mami está tendida sobre una sábana, nada más que en ropa interior, ya dormida.

A la luz del día, Mami y yo deambulamos por el apartamento, levantando un inventario de lo que recordamos. Voy hacia los rectángulos blancos que son los cuadros. Los colores de cada uno se filtran a través de los agujeritos infinitesimales de la gasa. El que cuelga sobre la mesa de la entrada es amarillo, más que nada, y el que hay detrás del sofá de la sala, azul. No conseguimos recordar detalles de ninguno. Me deleito contemplando el mueble del bar. ¿Cuántas horas pasó Papi momificando las flautas de champaña o las copas en forma de parábola, cada botella de licor y hasta los mezcladores del plástico por separado? Mi mirada resulta atraída por la única cosa que no está envuelta: una trompetilla de fiesta para el Año Nuevo de 2000, hecha de papel plateado con guirnaldas que cuelgan. La tomo y examino la uniforme capa de polvo que se ha asentado en ella formando una corteza gruesa. Estornudo. Es un objeto que la cuadrilla de aseo de Mami pasó por alto. Voy al cuarto que solía ser el mío y me siento en el colchón forrado en plástico adherente. Deslizo los dedos por la superficie, y me siento como un embrujo.

Por las noches, en donde tía Perla, sacamos las sillas y la mesa de plástico al umbral que lleva de la casa al patio interior. Abrimos las puertas corredizas para que así nos llegue por detrás algo del aire fresco que expulsa el ventilador que gira en el comedor. Queremos organizar la exhumación, pero el esposo de tía Perla, Juancho, está con nosotros, y él no es parte de nuestro círculo de confianza, que solo se extiende a Mami, tía Perla, su hijo Fabián, y yo. Desconocemos la razón en ese momento, pero Mami ha decidido que la tía Nahía, su otra hermana que había tenido el sueño compartido, no era de fiar.

En el patio de la tía Perla, Mami dice:

—¿Ya les conté de aquella vez que pasé toda una hora esperando en fila en la tienda?

Y procede a contarnos con todo detalle. La tía Perla sonríe porque eso le recordaba algo, y nos cuenta cómo una vez terminó quemando un filete de pescado que cocinaba. Este es un juego. Estamos contando las experiencias más aburridas que se nos ocurren, tratando de que Juancho se rinda y se vaya a dormir. Les cuento de una vez que estuve en el aeropuerto, buscando el sitio perfecto para tomar una siesta, que nunca encontré; y Fabián se ofrece a explicarnos cómo se arregla un sanitario, pero comienza enumerando las partes que se ven cuando se destapa la cisterna. Discretamente, me muerdo la palma de la mano. No soy capaz de mirar a Fabián, porque si lo hago, él va a estallar en carcajadas y yo voy a escupir el vino que tengo en la boca.

Fabián es el hijo menor de la tía Perla, y como yo soy la menor de las dos hijas de Mami, Fabián y yo tenemos un vínculo especial. Toda la vida hemos jugado juntos. Solo Mami y tía Perla permanecen inmutables. Finalmente,

Juancho suspira y anuncia que está cansado. Lo vemos ponerse de pie, y aguardamos el sonido de sus pisadas que se alejan. Tan pronto sale de nuestro alcance, sofocamos las risas y empezamos. La tía Perla nos hace señas para que nos acerquemos más.

Justo después de que las tías se contaron el sueño con Nono, un posible comprador llamó a tía Perla desde Bucaramanga. Ella y su marido son dueños de una ladrillera en Cúcuta que no ha resultado muy rentable, así que decidieron aprovechar esa oportunidad de un nuevo negocio. Pero una vez que llegó a Bucaramanga, estaba tan preocupada por Nono, que la tía Perla canceló la reunión y se fue primero a revisar la tumba.

—No van a creer lo que encontré —dice. La miramos y esperamos a que siga—: Había una vela consumida hasta el pabilo, y papelitos doblados y clavados entre el pasto.

—¿En el pasto de la tumba? —pregunto sin pensar.

La tía Perla ha vuelto al cementerio varias veces. Siempre ha encontrado papelitos enterrados entre el pasto. Todo el mundo parece saber qué quiere decir eso, pero yo tardo en comprender que son rezos, y significa que la gente ha decidido que la tumba de Nono es milagrosa.

Hay tumbas milagrosas en toda Colombia. No le pertenecen a nadie en especial. A veces son de niños o de curanderos como Nono, mujeres asesinadas que tal vez simpatizarían con los problemas de otras mujeres, u hombres de ciencia que me imagino se morirían otra vez de mortificación si supieran de su destino de ultratumba.

Hay varias tumbas milagrosas en el cementerio Central de Bogotá. La más reverenciada de todas pertenecía a Salomé, una trabajadora sexual que solía vender velas expiatorias a la entrada del cementerio, y que fue enterrada durante un eclipse. Cuentan que un hombre que ella conocía estaba pasando por un momento difícil. Aunque estaba desesperado y arruinado, le compró unas flores. Rezó pidiendo su ayuda. Al salir del cementerio, frente a las puertas, dio con un billete en el suelo. Con esa plata, compró un billete de lotería, que resultó ser el número ganador.

Así, con el milagro de una persona, el culto a una tumba puede crecer. La popularidad de Salomé llegó a tal punto que los administradores del cementerio decidieron reubicar los restos fuera de la ciudad, pero lo que hicieron los devotos de Salomé fue llevarse sus rezos a la tumba vecina, el mausoleo de una familia de apellido Morales, de la cual nadie sabía nada. Y así, hasta el sol de hoy, la gente se encomienda a las ánimas del purgatorio, inscribiendo frases abigarradas, encabalgadas entre sí y sin puntuación en las paredes:

"Santas ánimas, Ayúdenme a conseguir un puesto
    estable y prometo que les mandaré decir una misa".
"Ánimas del purgatorio, les rezo para que L. G. B.
    termine con Yvonne, la que trabaja en Zipaquirá,
    sepárenlos para siempre, amén".
"Dios mío, te pido con todo mi corazón por favor que
    me venga la menstruación".
"Que mi papá esté bien donde quiera que esté".

Sé que debe haber un milagro original que Nono cumplió, una primera historia como la del amigo de Salomé, que llevó a que la gente lo buscara, pidiendo su ayuda póstuma. Me pregunto qué vidas habrá bendecido, y cómo.

En el patio de la tía Perla, Mami dice que una vela consumida hasta el pabilo es la señal de una petición insistente y probablemente oscura.

—¿Vos leíste los papelitos?

La tía Perla niega con la cabeza.

—No quiero repetir en voz alta lo que decían... por eso fue que los quemé.

La tía Perla cuenta que la exhumación es costosa, y cuando reunimos nuestro dinero, no tenemos suficiente. De regreso en el apartamento, rompo el envoltorio de cualquier cosa que me parezca de valor, la limpio y le saco una foto, la anuncio en línea, y espero que ojalá alguien la compre. Me parece urgente reunir el dinero que falta. Mami se preocupa, y templa su labio superior. Cada noche sigo sin llegar a la suma total, y cada noche, vamos al patio de la tía Perla, donde nos divertimos contando lo más mundano que se nos ocurra.

Fabián y yo casi ni participamos. Disfrutamos del vino, la música, y los murciélagos y sus acrobacias aéreas, mientras que las historias de Mami y tía Perla se tornan cada vez más descabelladas, disparatadas y absurdas. Como si fuera una obra de Samuel Beckett, la tía Perla nos cuenta cómo llegó a una reunión con un banquero que nunca se apareció. Me cubro la cara con los dedos entreabiertos mientras

Mami hace conjeturas de cómo cree que funciona un carro. Juancho se despide cada vez más temprano, hasta que, una noche, ni siquiera viene a sentarse con nosotros.

En libertad absoluta, nos turnamos para preguntarnos uno a otro:

—Y entonces, una vez que lo hayamos sacado, ¿qué vamos a hacer con el cuerpo?

Desde el sueño compartido, hemos estado discutiendo el asunto. ¿Qué es lo que busca Nono con su propia exhumación? Hemos llegado a estar de acuerdo en que está desesperado por liberarse de los rezos de la gente, que está cansado de hacer milagros. Tía Perla dice que deberíamos enterrarlo en un lugar secreto. Fabián dice que deberíamos cremar el cuerpo. Yo digo que podríamos esparcir las cenizas en el mar, donde nunca nadie lo encontrará. Mami no ha dicho qué opina.

Cada vez que uno de nosotros le lanza esa pregunta al grupo, sobreviene un silencio profundo. No se ve mucho en la oscuridad, pero sé que, en el fondo del jardín, en el árbol de guayaba, duerme un halcón pequeño. Hay plantas que crecen en todos los recovecos, y entre las ramas, tía Perla deja vasos de agua para los pájaros, y platos con fruta medio podrida para los colibríes, los pájaros carpinteros, los gavilanes y los azulejos. Pero a esta hora de la noche, los únicos que se alimentan son los murciélagos.

Una noche, Mami al fin nos da una respuesta. Dice que la clave para lo que tenemos que hacer con el cuerpo yace en una historia. Al ritmo del revoloteo de los murciélagos, nos cuenta esa historia que hemos oído cientos de veces, una que Fabián y yo solíamos pedir a súplicas cuando éramos niños, una que hasta nosotros podríamos contar, pero no lo hacemos, porque preferimos la manera en que la cuenta Mami. Ella es la que recuerda como solía contarla Nono y por eso, durante casi una hora, es como si estuviéramos oyéndolo a él de nuevo, aunque Fabián y yo no recordamos su voz. Yo tenía apenas un año cuando él murió, y Fabián, cuatro.

Muy lejos, en la selva, empieza Mami, Nono llegó a un claro en el que apareció un espíritu de la laguna. Había tomado la forma de una mujer bañándose desnuda, hermosa, y lavándose el pelo. La superficie del agua le cubría las caderas. Grandes árboles de caucho se elevaban en las orillas. Cuando Nono la vio, se detuvo en dónde estaba. Sabía muy bien lo que esa mujer era. No era la mujer más hermosa que él hubiera visto, sino una bestia sobrenatural. Los espíritus del agua no se apoyan en el suelo; pero levitan en el agua. Si uno de estos espíritus logra tentar a su presa a que se meta al agua, esta persona se hundiría sin tocar fondo. Una corriente la chuparía, hasta hundirla, y terminaría ahogada. Todo esto lo conocía Nono, así que se quedó en la orilla, aguardando a que el espíritu de la laguna hablara.

—Ven —dijo, tendiéndole una mano espectral—. El agua está bien rica.

Nono se levantó el sombrero.

—¿Cómo está usted? —dijo y siguió por la orilla, tirando de su burro—. Buen día para bañarse —añadió, y se alejó aprisa.

Nono sabía que el espíritu no era más que unas fauces hambrientas, una criatura que quería devorarlo. Se adentró rápidamente en la selva oyendo el alboroto de los pájaros, con el pulso acelerado en el cuello.

Nono entendía que los peligros en la selva no eran las fieras, sino los lugares hechizados por los cuales se colaba esa otra realidad, donde los espíritus se asoman a nuestro plano para arrastrarnos a su morada.

—Nono estuvo a punto de perder su cuerpo en el monte —dice Mami, rematando su cuento.

Siento una placidez cálida gracias a la historia de Mami y a todo el vino que he tomado. Entiendo que ese acercamiento a la muerte es un mapa de lo que se supone debe pasar ahora con su cuerpo.

—¿O sea que debemos llevarlo más bien al mar?

Fabián me sonríe, pero tiene los ojos cerrados, y su cuello reposa en el ángulo del respaldo de su silla. Me muestra un pulgar levantado hacia arriba.

—No —dice Mami, algo exasperada, como si yo, desatinada, no hubiera estado poniendo atención—. Lo llevamos a la selva, pero en forma de cenizas.

—¡Cenizas! —Los ojos de Fabián se abren, triunfantes—. ¡Entonces vamos a cremar el cuerpo! Eso es lo que yo siempre dije —me zarandea la rodilla—. ¿Viste? ¡Yo tenía la razón!

Suspiro, exagerando mi fastidio.

—Entonces, una cremación —dice tía Perla—. Siempre me imaginé algún día enterrada al lado de Papá.

—Tenemos que dejar atrás todo lo que habíamos asumido hasta ahora —dice Mami.

Todos caímos en total silencio. En los instantes que pasan, intento hacer lo que pide Mami. Trato de desprenderme de lo que sé. Procuro imaginarme la línea donde la selva se va haciendo menos tupida, donde el presente puede desgastarse para que allí irrumpa el pasado.

Al cerrar los ojos esa noche, la antigua historia que escuché, sobre una mujer en el centro de una laguna se me viene a la mente.

Sucedió en el reino de Bacatá (la actual Bogotá). Un cacique muisca encontró a su esposa con su amante, y la obligó a comerse un plato preparado con los órganos sexuales de él. La mujer se suicidó, ahogándose junto con su bebé recién nacido en la laguna de Guatavita. Tras su muerte, los muiscas contaban que ella aparecía flotando en medio del agua para anunciar sus profecías. Los caciques se cubrían el cuerpo con polvo de oro, y las mejores ofrendas y figurillas de oro se apilaban en una balsa para ella. El séquito del cacique, remando, se encargaba de llevar la balsa junto con el jefe hasta el centro de la laguna. Allí, rodeados por el bosque y la niebla, arrojaban las ofrendas y figurillas de oro al agua, y el cacique cubierto con polvo de oro se lanzaba a lo profundo, ofreciéndole incluso el oro sobre su cuerpo a aquella mujer y su hambre.

Cuando llegaron los españoles, trayendo muerte, codicia y devastación, se les contó de un lugar en lo alto de las montañas, en el cual se arrojaban ofrendas de oro a las aguas. Los blancos entendieron que, en lo profundo de la selva, la gente poseía tanto oro que tenían la costumbre de botarlo. Llegaron a Bacatá buscando una ciudad hecha de oro, y en lugar de eso encontraron a Guatavita. Los muiscas sabían que la laguna devoraba a aquellos que la hacían enojar. Quienes trataban de llegar hasta el fondo, para quitarle a la fuerza su tesoro, jamás regresaban. Era mejor aproximarse al agua con obsequios devotos que llegar con planes de lucro. Sus aguas se embrujan ante quienes pretenden drenarla, pero no para los que quieren ofrendar su propia hambre.

Guatavita está situada en una concavidad creada por la erosión de la sal, que forma un túnel hacia el interior de la tierra. Hace tiempo que la laguna ha devorado el oro, pero incluso los esfuerzos modernos para desecarla se han interrumpido a causa de terribles accidentes mortales. Ahora es una zona protegida.

Tras la llegada de los europeos, algunos se preguntaron si la mujer de la laguna era la culpable de haber atraído a los hombres blancos hacia el continente y con ellos la ruina de su propio pueblo.

Pero aquí puede haber un lugar en el que el tiempo pierde espesor, y el presente se hace menos denso, permitiendo que el pasado se cuele.

La mayor parte del agua en Colombia nace en lagunas, no en lagos.

El diccionario español sentencia que una laguna es menos profunda que un lago, quince metros o menos, y ese es el parámetro que los europeos trataron de usar a la fuerza en nuestro territorio. En las lenguas ancestrales de Colombia, existía solo una palabra para designar el agua, y siglos después seguimos usando ambos términos de manera subjetiva. Parece que contempláramos cada cuerpo de agua para decidir si es femenino o masculino, si lo habitan espíritus o no. A veces nuestra agua tiene diez metros y la llamamos lago; veinte metros y le decimos laguna. En lengua chibcha, que da origen a muchas de nuestras lenguas indígenas, la palabra para agua es *sie*. Con sufijos y prefijos se delineaba el significado, para dar a entender si el agua en cuestión era caliente, o si todavía había que calentarla; si se había usado para diluir una bebida fermentada; si se había tragado una persona; o si había hecho desaparecer un par de manos.

En los cuentos que contamos como mestizos en Ocaña, mujeres hambrientas viven bajo la corteza de la tierra. Estas mujeres nacen del fuego y tienen escamas. Serpentean a través del vapor que abrasa el interior de la tierra, pero que a ellas las deja intactas. Viven cerca de lagunas, solo de lagunas, y se asoman a la superficie del agua cuando una persona acosada por un hambre profana pasa por ahí. Los hombres vivían con miedo. La lujuria era un apetito que sabían que no podían controlar, y no querían alertar a esos espectros.

Mamaría, la abuela de Mami, se lo contó en secreto: las mujeres también se sabían esas historias.

De generación a generación, algunas mujeres se habían aventurado, solas, de dos en dos, o de tres en tres, hasta lagunas remotas donde nadie las reconocería. Una vez allí, escondían sus ropas, o sea, ocultaban lo que las hacía humanas. Mamaría también lo había hecho. Donde los hombres aseguraban ver una trampa en la que podían caer a causa de sus deseos descontrolados, las mujeres encontraban su refugio.

Las bisabuelas se internaban en el círculo del agua, imaginando su propia transformación. Les salían escamas, respiraban vapor. Si un hombre llegara a acercarse, se dirigían a él como si salieran del fuego, con una avidez dolorosa, para invitarlo a meterse a la laguna.

Todo lo que había sido una fuente de riesgo para ellas en tierra, su belleza, ternura, inteligencia, brillo, se convertía en portento de poder una vez en la laguna. Solo un espíritu indomable y terrorífico podía obrar tal magia, y envenenar el aire para atraer de manera tan irresistible a los hombres que pasaban, para atreverse a meter un pie en el agua, para atreverse, y atreverse.

Mamaría decía que la mayoría de las veces las mujeres se metían a la laguna y ningún hombre se aparecía por el bosque. Las bisabuelas jugaban en el agua, bromeaban y se contaban historias, llevaban a cabo los ritos sagrados de la flotación, de vaciarse una a otra en la cabeza el agua que les cabía en el cuenco de las manos.

Las bisabuelas que habían antecedido a Mami formando toda una línea hasta llegar a mí, advertían que una vez hubo una mujer que no supo esconder bien su ropa.

El hombre que la vio aparecer palideció, pero luego vio su ropa tras una piedra. La sacó a rastras y la metió entre las matas, la golpeó, la penetró a la fuerza, creyendo que le estaba dando una lección sobre el lugar que una mujer debe ocupar en el mundo. Pero lo que nosotros sacamos de esa historia es que es peligroso perder de vista nuestros poderes.

Mami está prácticamente dormida cuando enciendo la luz y la despierto para recordarle lo que decía Mamaría, y le pregunto si cree que la mujer que Nono vio saliendo del agua era un espíritu o una mujer de carne y hueso.

—Un espíritu —dice.

Unos pelillos finos como plumas se agitan en la línea de su frente; tiene los ojos cerrados.

—Una mujer —le reniego.

A Mami no le gusta cuando no estoy de acuerdo con ella. Se da la vuelta.

—Nono era un vidente poderoso; hubiera sido capaz de ver tras la apariencia de la mujer y saber qué era lo que realmente era.

—Pero igual era hombre, Mami —insisto—. Y ella debió ser especialmente radiante para engañarlo; debió haber sido todo un esplendor de poder.

Mami se pone tensa al oír mi desafío. Está acostada dándome la espalda, pero alcanzo a ver la topografía de su mejilla, y por la forma que tiene, entiendo que está sonriendo.

4

EL POZO

En las montañas de Ocaña, en las calles de Chicago: dos incidentes, separados por cuarenta y tres años.

En Ocaña, en 1964, el pozo tras el cual Nona se había ocultado de Nono y de su machete estaba vacío. Las piedras que formaban el brocal habían sido retiradas. No quedaba nada más que el hoyo que se hundía en la tierra, y que las primas de Mami querían que ella viera.

—Vení, Sojaila, vamos a ver el hueco.

Mami sabía que el agua del pozo había desaparecido: Nona le había explicado que unos obreros habían perforado la montaña, y que estaban desviando las aguas subterráneas hacia tuberías para que todo el barrio tuviera agua en las casas. A Mami le entusiasmaba la idea de abrir una llave y ver el agua salir a chorros, pero no sentía la menor emoción hacia un hueco cualquiera.

—Pero nunca has visto una oscuridad como esa —insistieron sus primas—. Es increíble: casi se te corta la respiración al mirar hacia abajo.

Mami lo pensó. La oscuridad más profunda que conocía era la de cada noche de luna nueva, en el cuarto que compartía con su hermana Perla, cuando la silueta de las cortinas y del colchón apenas se vislumbraban. Quizás sí le gustaría conocer una oscuridad más absoluta. Las tres, Mami y las dos primas, treparon por la pendiente polvorienta hacia el cerro. Entre el pasto estaban dispersas las piedras que habían formado el brocal. El centro de todo era el hueco. Desde donde estaba parada, Mami sabía, por la densidad de la oscuridad, que el agujero era muy hondo.

Las primas llegaron brincando justo hasta el borde. Su largo pelo negro se mecía sobre la negrura. Gritaron "hola" por la boca del pozo, y se rieron al oír que sus palabras se estiraban y se distorsionaban en el descenso. No había manera de saber en qué punto el hueco dejaba de ser un hueco. Mami estaba demasiado asustada para acercarse más, pero una de las primas le tendió la mano:

—Vení, Sojaila, asomémonos juntas.

A Mami le caía bien esta prima. Pasaban tardes enteras jugando a la rayuela y al escondite, hurtando frutas de los árboles de los vecinos, y a la hora de la siesta se estiraban y se quedaban dormidas en la cima embrujada de Cristo Rey. Mami tomó la mano de su prima. Las dos se pararon en el borde del hueco. Mami miró las puntas de sus pies que tocaban esa circunferencia negra, miró la luz que se hacía difusa sobre las hileras de piedras que revestían el pozo y que alguna vez habían contenido el agua. Se inclinó hacia delante para asegurarse, pero ya sabía que era verdad: jamás había visto una oscuridad como la del negro rechinante que se abría arremolinándose en lo profundo de esa hondura. Mami inhaló el aire húmedo, carcomido por la polilla. Una corriente de aire que soplaba hacia arriba le llenó los oídos y luego vino un silencio eterno.

Justo antes de que todo quedara en negro, lo último que Mami recuerda es una mano por detrás de su cintura, empujándola con la punta de los dedos.

En Chicago, encontré un vestido tan hermoso, de una seda tan suntuosa, que no me importó que Mami hiciera una llamada de larga distancia internacional a mi celular para advertirme que ese vestido tenía una maldición. Esa mañana, le había mandado por correo electrónico una foto del vestido y había redactado apresuradamente un mensaje: "Te presento al nuevo amor de mi vida". Era un vestido negro de Vera Wang, que compré en un arrebato en una oferta repentina. Tan pronto como mis ojos se fijaron en él quedé encaprichada. Quería que ese vestido me envolviera, que su negrura escondiera incluso los dedos de mis pies, que la cola dejara una estela oscura y misteriosa tras de mí. Puse los ojos en blanco oyendo a Mami por el teléfono, molesta de que no pudiera reconocer lo espectacular del vestido, especialmente cuando yo ya lo había llevado adonde la costurera para unos ajustes y no podía devolverlo a la tienda.

—Pero es nuevo. ¿Cómo va a estar embrujado?

—Óyeme bien, Ingrid Carolina: ese vestido te va a convertir en una viuda.

Suspiré.

—Un vestido. ¿Un vestido va a hacer que mi marido se muera? Ni siquiera estoy casada.

—¡Hazme caso! ¡Te digo que no te metas con ese vestido!

—Ya te oí —contesté.

Pero eso no significaba que le iba a hacer caso.

Cuando llamó la costurera para avisarme que el vestido estaba listo, me monté en mi bicicleta y pedaleé tan rápido como pude para alcanzar a llegar a su taller antes de que cerrara. Nunca llegué. Por el camino, la puerta de un carro se abrió frente a mí y choqué con ella. Lo último que se me cruzó por la cabeza antes de abollar la puerta, salir proyectada por el aire, y aterrizar de cabeza en la acera chasqueándome los huesos, fue Mami, en lo delirante e insensata que realmente debía ser para llegar a pensar que un vestido negro tenía tanto poder como para acabar conmigo.

Nono estaba dándole machetazos a un árbol de cocota, cuando lo asaltó una necesidad desesperada de encontrar a Mami. Podía oír una versión tenue y fantasmal de la voz de su hija llamándolo: "Papá. Papá". Soltó el machete, clavándolo en el pasto, y salió corriendo hacia la casa para preguntarle a cada uno de sus otros seis hijos si la habían visto. Nadie sabía nada de Mami. Se apresuró a salir al camino de tierra. Las casas de Cristo Rey estaban construidas sobre una base de cemento de medio metro por encima del camino, que las elevaba y las mantenía intactas cuando llegaban las lluvias que corrían pendiente abajo. Los familiares de Nona vivían en las casas vecinas, tíos y primos hermanos, todos alrededor. Nono miró el camino.

Era posible que Mami se hubiera ido más lejos, cerro abajo, para desayunar con algún desconocido. Esa hija de él era medio gato callejero. Cuando Nona la mandaba a vender piñas, Mami encantaba a cualquiera que se le cruzara en el camino contándole historias, y después de un rato, cuando ya los tenía bien amañados, mencionaba que su comida preferida era el pescado y que, si le invitaban a comerlo, allá iría. Nono se aventó a cruzar la calle polvorienta para ir a donde Mamaría; y vio en la puerta de al lado a las dos primas de Mami, sentadas, con los pies colgando sobre el camino, la mirada perdida en el suelo, guardando silencio. Se detuvo a preguntarles.

—¿Han visto a Sojaila?

Se miraron la una a la otra.

—¿Sojaila? —pronunciaron su nombre como si fuera la primera vez que lo decían.

—No, yo no he visto a Sojaila.

—¿Tú tampoco?

—No, hoy no. No, no hoy.

Nono corrió de casa en casa preguntando por su hija. Mamaría no la había visto, ni tampoco Jorge, el tío de Mami, ni Moncho, el primo de Nona. Nono cayó de rodillas y se agarró la cabeza con las manos. Al verlo tan preocupado, Moncho le contó:

—¿Sabés qué, Rafael? Creo que me acuerdo de haberla visto con sus dos primas, allá subiendo el cerro. —Y señaló hacia el lugar alto donde solía estar el pozo.

Nono asintió, y persiguió el camino serpenteante que iba montaña abajo hacia el bosque. Brincó por encima de árboles caídos y esquivó ramas bajas hasta que llegó a la zona donde los obreros habían dinamitado la montaña para excavar un pasaje que llevaba directamente al fondo del pozo. Los obreros habían dejado las linternas que usaban en la frente, y Nono tomó una, la encendió, y se adentró por el túnel tanteando las frías paredes con ambas manos. Avanzó con pasos cortos, quedándose quieto al menor ruido. Quería apurarse, pero temía llegar a pisar una serpiente. Al fin, el fondo del pozo quedó a la vista. Podía ver un bulto pequeño, inmóvil, en el suelo. Su linterna dibujó un círculo tembloroso sobre el bultito a lo que se iba acercando. Esperaba ver un pelaje áspero, orejas gruesas y fibrosas, y los colmillos afilados de un jabalí dormido. Pero no, era una niña, y el suelo estaba empapado con su sangre. Nono se dispuso a tocar el cuerpo. Agarró el hombro. La niña se desplomó en su mano, era Mami, con una máscara carmesí de sangre burbujeante cubriéndole la cara. Con dedos temblorosos, le revisó el pulso, que latía, y luego el cuello, para ver si lo tenía roto. Con un movimiento rápido volvió a ponerle el hombro dislocado en su lugar, y, tras alzarla lo mejor que pudo, acunando su cuello en el ángulo del brazo, se apresuró a sacarla y llevarla monte arriba, de regreso a la casa.

El crujido que hizo mi propia cabeza al chocar contra la acera resonó en mis oídos. Vi en mi mente mi cerebro, rosado y retorcido sobre sí mismo, volcándose entre el líquido que lo rodeaba. Me llevé las manos a la cabeza, apretando, como si eso pudiera impedir que mi cerebro golpeara el interior del cráneo. Cuando abrí los ojos, había un hombre de gafas levantándome. Vi una bicicleta, maltrecha, y la puerta de su carro abierta, también maltrecha. Supuse que así era como yo había ido a parar al suelo.

El hombre me preguntó si me encontraba bien. Tocó mi cintura por detrás, y mantuvo allí su mano. Me la sacudí de encima.

—Estoy bien, voy a seguir mi camino.

Levanté la bicicleta, me monté, y puse los pies en los pedales, pero las ruedas permanecieron inmóviles y atascadas. El hombre hizo una sonrisa burlona. Sus cejas dibujaron pliegues en su ancha frente. Colocó la rueda delantera entre sus rodillas y enderezó el manubrio que se había torcido, y volvió a ponerla en mis manos. Desconocía el misterio de las ruedas y su movimiento, pero sí sabía muy bien qué era la sonrisa descomunal y déspota de un hombre. Me alejé pedaleando, sin mirar al frente ni tampoco atrás, sin oír su llamado para que esperara, para que me sentara, para que aguardara un momento.

La sangre de la cara herida de Mami empapó la almohada del catre en el cual los pacientes de Nono solían recostarse. Nona gritaba en la puerta, suplicándole a Nono que llevara a Mami a un médico de verdad. Él volcó los frascos de aceites y ungüentos que tenía en la mesa lateral, buscando algo para limpiar las heridas. Llamó a gritos a sus hijos para que se llevaran a Nona; sus alaridos no le permitían pensar. Fueron necesarios tres de los niños para arrastrarla a su cuarto y encerrarla allí. Solo entonces Nono cayó en cuenta de que primero necesitaba detener la hemorragia de las heridas de Mami antes de limpiarlas. Paró la sangre en la manera tradicional, con saliva y con ruegos. Sabía lo que harían los médicos en un hospital. Iban a coser la piel con sutura, y cada herida se vería bultosa, como una cremallera. Arrinconó los gritos de Nona en su mente, y se dedicó a acomodar la capa de piel de la cara de Mami sobre sus huesos. La piel rota no debía traslaparse, sino apenas tocarse. Después, enjugó las heridas, envolvió toda la cara en gasa, y oscureció las ventanas con sábanas. Los improperios de Nona llegaban amortiguados desde el cuarto cerrado. Nono se fue al monte para buscar lo que necesitaba: caña joven y filamentos de plantas para construir un sistema de goteo que le permitiera administrarle a Mami sus sueros caseros. Una vez en casa, preparó las medicinas herbales que utilizó y se quedó junto al catre, rezándola. En sueños, Nono la buscaba por pasillos oscuros para decirle que ya podía volver a su cuerpo, pero no podía encontrar a Mami por ningún lado. Estaba en coma, y Nono no sabía cómo hacerla regresar de ese estado.

En la intersección, me bajé de la bicicleta y miré, hipnotizada, los letreros de las calles: Madison, Halsted. No solo era que no reconociera los nombres; me di cuenta: no tenía la menor idea de dónde venía ni para dónde iba, ni en qué ciudad me encontraba, o en qué año estábamos, y ni siquiera conocía mi propio nombre.

En algún misterioso raciocinio mental y emocional, todo esto me pareció muy gracioso. No, comiquísimo. ¿Acaso me reía en voz alta? Estiré un brazo para detener a alguien y preguntar en qué año estábamos y, si no se espantaban, tal vez preguntaría qué ciudad era esa, pero retrocedí en mi gesto, riéndome, mientras pensaba "Esto es como cuando la vida imita, la vida imita...". No sabía cómo terminaba esa frase. Perpleja, le seguía el hilo a esa frase, hasta que de repente, un hombre, a quien reconocí como el que había abierto la puerta de su carro frente a mí, pasó silbando, de abrigo y sombrero, paseando a un perrito *poodle*. Y entonces, una frase se me pasó por la mente, tal como sucede a veces con las palabras, de repente apareciéndose en el pensamiento como si tuvieran voluntad propia: todos los mejores cuentos de ciencia ficción comienzan de esta manera.

Es una historia en la que... la tenía en la punta de la lengua, pero no podía concentrarme porque me sentía cargada de electricidad. Yo era una un aire colmado de conciencia pura. Cerré los ojos y me dejé llevar. En la esquina, me rebosaba de una barbarie de alegría. Escuchaba el ruido del tráfico, de la gente. Yo era la euforia parada de pie.

Cuando abrí los ojos, ¿cuánto tiempo había pasado? Todo parecía estar igual: la gente esperando, y cruzando la calle cuando el semáforo se ponía en rojo. Los carros pasaban, luego paraban. "Soy tan, me siento tan...". Lo único que podía hacer era esperar a que se hartara esa oleada de devoción. "¿Devoción hacia qué?", cerré los ojos. "Soy tan, me siento tan...".

En sus sueños, durante el coma, Mami era un espíritu. Flotaba sobre su propio cadáver de ocho años. Lo habían dispuesto al aire libre en un cementerio. Lo que fuera que la hubiera matado debía ser interno, una enfermedad o envenenamiento, porque su cuerpo, hasta donde podía verse bajo el bonito vestido fúnebre de tul blanco, no mostraba ninguna marca. La gente del pueblo cuyo nombre nunca supo, rodeó el cadáver con flores y ofrendas y le rezaban pidiendo milagros. A Mami le divertía ver que la tironeaban el pelo y que sollozaban sobre la tierra. Sentía que no lloraban porque la quisieran, sino porque su piel desafiaba el paso de los días sin corromperse, y sus rizos castaños olían a flores y les llenaba el corazón de miedo.

Al transcurrir de los días, y el cuerpo seguía sin producir el habitual olor a mortecina, vino un cura a exorcizarlo para expulsar a los demonios causantes de tal aberración. Cuando el cura se fue, la gente del pueblo encendió velas alrededor del cadáver. Después, lo enterraron junto a un árbol grande al lado de una quebrada. Y entonces comenzaron los pedidos.

¿Cómo funcionaban? Ella no lo sabía bien. Las peticiones de la gente la ataban, le imponían obligaciones. No podía liberarse de ellas a menos que las cumpliera. La gente del pueblo amarraba sus peticiones a las ramas del árbol, en pedazos de papel que temblaban como cordones de zapato. Mami estaba en un constante ir y venir para cumplir con los favores solicitados. Algunos le pedían alimentos, y ella atraía al ganado a sus jardines. Otros solicitaban protección, y ella los cuidaba mientras dormían. Era agotador. La única petición que no podía cumplir provenía de la mujer que había sido su madre, que día tras día le exigía que volviera a la vida.

———

Yo no sabía nada más que las cosas que mi cuerpo me daba a entender: que había habido un antes, un lugar en el que yo había cargado con un peso imposible de identificar sobre mis hombros y contra mi pecho, y que había un ahora, un lugar vertiginoso y sin límites en el que me había deshecho de mis cargas. "Ahora eres una página en blanco", me dije, y luego traté de recordar qué era una página en blanco. La comprensión se asentó en mi interior como el descenso de una neblina. Era ese estado de abrir los ojos al mundo sin conciencia de nada ni del tiempo, como un recién nacido. La correa de un bolso se me marcaba en el hombro. Miré el bolso. Era blanco y se veía desgastado, estampado con estrellitas negras. Entendí que contenía claves de mi vida anterior, así que me lo quité y marché hacia un bote de basura. Me acordaba en ese momento de que existía el mar: una extensión azul y aparentemente infinita que ansiaba encontrar. Planeaba deshacerme del bolso, y luego llegaría a un puerto, me montaría en un barco sin que me vieran y, ya en mar abierto, donde nadie me preguntara nada de nada, seguiría viviendo puramente como una página en blanco.

Levanté el bolso por encima de la basura, y mi mirada se cruzó con la de una mujer a través de un ventanal. En un relámpago, comprendí que esa mirada, medida y arrogante, que acababa de darle, me la había ofrecido a mí misma. Ese era mi reflejo en la ventana oscura. Yo era una mujer. Tenía el pelo negro y despeinado. Observé atónita cómo mis propios ojos, atribulados, incrédulos y completamente abiertos, me comunicaban hasta el más mínimo reflujo y pormenor de lo que sentía en ese momento. La gente pasaba por mi lado con la mirada atravesada como si yo no estuviera allí, como si no hubiera un milagro ocurriendo frente a todos nosotros: porque el verme por primera vez era milagroso. Me acerqué al ventanal. Examiné mi cara, las cejas gruesas, la piel morena, la nariz ancha. ¿Qué origen estaba escrito en ese rostro? ¿Latinoamericano, caribeño, de Asia Menor? No tenía la menor idea. Recorrí mi frente con un dedo, me acaricié una mejilla. Jugué con mi pelo. ¡Dios mío, qué cejas tan gruesas!

Empecé a sentir pánico. Vivir como página en blanco iba haciéndose difícil. Lo que me urgía era no buscarme otra vez en el espejo. Pero mirarme era adictivo. Me asomé, observé, y contemplé a mi propio iris. Era café oscuro, y de un color caramelo dorado donde la luz se filtraba. Esa nebulosa de vida que experimentaba estaba reunida en ese cuerpo reflejado. ¡Qué fortaleza tan extraña! Estudié el reflejo. El reflejo me estudiaba a mí. Me armé de paciencia y serenidad, pensando en qué llave o código me permitiría abrir su cerradura. Y entonces, como quien da la vuelta en una esquina, sentí terror y asfixia. El aire era un lodo atascado en mi garganta. Mi mente se descarrilaba, y pronto iba a dar paso a la locura. Por el rabillo del ojo vi a la gente que cruzaba al otro lado de la calle para esquivarme. Eso era yo, la que gritaba. Eso era yo, la que caía de rodillas al suelo, jadeando. Eso era yo, un guiñapo que clavaba las uñas en una grieta de la acera, aferrándome a aquel pedacito de mundo.

———

Cada día, Nona se sentaba junto al catre de Mami. Cada semana le cortaba las uñas de las manos y de los pies, el pelo enmarañado que le llegaba al pecho. Nono limpiaba las heridas de Mami, acomodaba la piel que se había hinchado, para dejarla otra vez lisa sobre su cara. Embadurnaba la piel con un emplasto de pétalos y semillas y savia de árboles y tinturas, para que sanara sin dejar cicatriz.

Cuando Mami al fin abrió los ojos, la difusa luz del cuarto la desconcertó, pero no más que todos esos desconocidos junto a su cama, los niños y las niñas y la mujer embarazada que no eran la gente del pueblo que ella reconocía, y que evidentemente podían verla, y la miraban con una mezcla de alarma y repulsión tal, que Mami temió lo que pudieran estar viendo. Sus manos volaron hacia sus mejillas. Las yemas de sus dedos se toparon con suaves vendas de gasa. Su cara estaba completamente cubierta. Los niñitos le aprisionaban las manos sobre la cama, pidiéndole que no se tocara, y la mujer embarazada con su estómago gigantesco llenaba el poco espacio que había. Mami pidió un espejo a gritos, exigió respuestas: ¿Quiénes eran ellos? ¿Qué querían? ¿Por qué la tenían secuestrada? Gritó hasta perder la conciencia.

"¿Cuánto tiempo llevo gritando?". No sabía bien, pero estaba ronca. Se acercó un hombre. Era viejo, tenía una pierna coja, y andaba con un bastón. Observé el ritmo de su avance: bastón, pisada, pisada. Se detuvo a mi lado.

Vi su esfuerzo al agacharse. Su mano manchada y arrugada, de dedos nudosos, revisó su bolsillo, y luego me tendió un billete de veinte dólares. No lo tomé, así que el hombre recogió una agenda que se había salido de mi bolso. Depositó el billete sobre la acera y encima puso la agenda, como pisapapeles. Después, sus dos manos, de dedos largos y coyunturas hinchadas, se juntaron sobre su pecho, e hizo una reverencia, una, dos, tres veces. Como si yo fuera una diosa. ¿Diosa de qué? Se levantó y retrocedió unos cuantos pasos cojeando, todavía mirándome, como si el tiempo retrocediera y retrocediera. Se dio vuelta, cruzó la calle y se alejó.

Mami entendió que había dos realidades. Prefería aquella en la que era un espíritu con encargos, capaz de atravesar paredes y de entrar en habitaciones sin ser vista, y no la otra de encierro, del cuarto oscuro y abandonado, con la mujer embarazada que insistía en que Mami la llamara "mamá". Los hijos de la mujer se turnaban para contarle a Mami cuentos que demostraban que ella era de carne y hueso.

—¡Mi nombre no es Sojaila! —gritaba Mami—. ¡No tengo hermanos! ¡Soy un fantasma!

Cuando cerraba los ojos y se iba al lugar donde vivían los del pueblo, Mami se dedicaba a ser espíritu. Se ejercitaba en mover cosas con la mente, practicando con vasos de agua que empujaba hasta hacer caer de las mesas. Podía concentrar toda su fuerza mental en un punto, y así aferrarse a objetos sólidos. Así había reunido la fuerza necesaria para recuperar un relicario que se había perdido al caer bajo un baúl, y lo había devuelto a la persona del pueblo que le había pedido ese favor.

Cuando Mami abría los ojos, alguno de los niños apestosos estaba sentado junto a ella, recitando las mismas cosas cansonas:

—Me llamo Ángel. A vos te gusta que te enseñe karate. Juntos vamos a correr por los cerros. Cazamos ranas. Nos trepamos a los árboles y espiamos a los vecinos. Antes hacíamos tortas de barro y jugábamos a comérnoslas.

Otras veces era la mujer embarazada, enumerando mentiras:

—Te llamas Sojaila. Yo soy tu mamá. Naciste en agosto. Eres la quinta de siete hijos. Mirá, este que viene aquí es el octavo.

Mami evolucionaba en su vida como espíritu, pero en realidad no era libre. Era esclava de la gente del pueblo y de sus peticiones incesantes. En el otro mundo, estaba prisionera en el cuarto oscuro junto a la mujer embarazada. Aquí o allá, añoraba la libertad. Aprendió a aparecerse ante los del pueblo, y a hacerse oír. Les decía:

—Tienen que aceptar que estoy muerta, y deben dejarme ir.

Cuando Mami abría los ojos, el hombre que decía ser su padre estaba junto a su cama, tragando humo para luego exhalarlo sobre su cuerpo. El humo era blanco y penetrante. Le agudizaba los sentidos. A este hombre ella le pedía:

—Por favor, deme un espejo. Sosténgalo frente a mí cinco segundos, un segundo, medio segundo al menos. Necesito ver.

Pero el hombre continuaba inhalando y exhalando, como si no pudiera oírla.

Con la mejilla sobre la acera, mientras andaba a la deriva en el estupor que siguió al ataque de pánico, me di cuenta de que había cosas que sabía y otras que no. Sabía que había nacido de una mujer y un hombre, pero ignoraba quiénes habrían sido.

Un mar centelleante llegó, cubrió la calle, acarició mi rostro. Y luego retrocedió, revelando un abismo. Me vi tendida, no en una acera citadina sino en el fondo de un lecho marino del cual se había retirado el agua y que seguía húmedo y lleno de escombros. Al frente, apenas fuera de mi alcance, había una grieta en la corteza marina, y el fondo de esa grieta, lava reluciente y borboteando. Un origen diferente.

Me senté, examinando la calle. El mar no estaba. La gente caminaba a lo largo, un borrón de piernas y zapatos a mi lado. Detrás estaba la vitrina oscura. Trataba de resistirme a su atracción gravitacional. Si me volteaba, estaría frente a frente con mi reflejo y la gana y el hambre a conocerme. El deseo de voltear me consumía, al igual que el impulso opuesto: el de nunca volver a ver un espejo, encontrar el mar y quedarme allí.

Me quemaba entre esos dos caminos.

Ya que no podía escoger los dos, decidí no tomar ninguno. Regresaría a mi vida y también mantendría mi condición de página en blanco en secreto. Tiré de mi bolso para acercarlo y rebusqué dentro hasta encontrar un teléfono.

De alguna forma recordé cómo funcionaba. Llamé a la última persona a la que le había marcado: Paul S. ¿Quién era él? No tenía idea, pero el teléfono timbraba, y su nombre aparecía en la pantalla, y luego yo estaba hablando.

—¡Hola, Paul! ¿Cómo estás? —Mi voz sonaba a mis propios oídos calmada y convincente, pero algo me delató.

—¿Ingrid? ¿Te pasó algo? ¿Dónde estás? ¿Estás bien? ¿Dónde estás?

Lloré al oír mi nombre. Poco a poco construía un catálogo de tristezas. Apoyé la cabeza sobre una mano y, entre lágrimas, le conté a Paul que había tenido un accidente y que no podía acordarme de dónde venía. Paul me ofrecía detalles de mi vida como tranquilizantes: que tenía una hermana, que esa hermana era su prometida, que estaba en Chicago, que debía llamar a Jeremiah, mi novio, que debía ir a un hospital. Memoricé lo que Paul me contaba.

—Yo sé todo esto —me oí decir—. Debe ser la adrenalina, que no me deja pensar.

Estaba maravillada ante el hecho de que supiera la palabra "adrenalina", que pudiera inventar con tal rapidez una mentira que cuestionaba la lucidez de mi mente mientras al mismo tiempo me encontraba fascinada con la luz de su concentración. Me di cuenta, no sin desconcierto, que era buena con las palabras y, por lo tanto, buena con la manipulación.

El octavo hijo había nacido. Mami podía oír al bebé berreando en un cuarto lejano. Sus heridas habían cerrado y ya no necesitaba vendas, pero aún no se le permitía caminar, ni siquiera alrededor de la casa. Cada día, ella se enderezaba en la cama para encontrarse con las ventanas cubiertas y el asiento junto a ella, ocupado: era uno u otro de los chiquillos apestosos, que velaban su sueño. Un día, el mayor, peinado siempre con gel y de manos femeninas, puso una bandeja en la mesa al lado de la cama. Cuando le dio la espalda a Mami para servirle té (que la obligaban a beber, aunque ella estaba cansada de explicarles que un espíritu como ella no necesitaba tés), Mami hizo las sábanas a un lado y salió corriendo del cuarto. Es difícil decir qué fue lo que pasó después. Debió irrumpir en el corredor, para detenerse en seco. Lo que sí recuerda es cuando el pulido óvalo que pendía de la pared cobró vida. Se acuerda de esos segundos arruinados en que su vida se deshizo, al verse en la superficie temblorosa de plata su piel, amoratada e hinchada, uno de sus ojos en la frente y el otro derritiéndose sobre una mejilla.

—¡Soy un monstruo! ¡Soy un monstruo!

Se escondió bajo la cama, y allí se obligó a dormir para ver qué milagros podía hacer por la gente del pueblo, cuyas necesidades ahora trataría de satisfacer como pudiera, sin importar el precio.

Mentí en la sala de Urgencias. El médico iluminó mis ojos con una linterna, y sacó rayos X de mi cerebro. Evitaba la palabra amnesia, pero todo lo que me preguntaba parecía danzar alrededor de esta:

—¿Le cuesta trabajo recordar las cosas? ¿Siente algo raro?

Yo le esquivaba a mi vez:

—No, todo está normal.

El doctor entrecerró su mirada. Necesitaba que firmara los papeles para darme de alta. Le sonreí, eché un vistazo a su bolígrafo sobre mis documentos, y lo miré directamente a los ojos.

El hombre que se suponía era mi novio me escoltó hasta mi apartamento, donde vivía sola. Yo vivía siguiendo el compás que los demás me marcaban. Bailaba al son que me ponían, pronosticando qué era lo que ellos esperaban de mí. No me importaba qué tanto debía sacrificar, con tal de seguir abismada en ese estado de página en blanco. Me encantaba la extraña vibración de la amnesia, y no quería que nadie me la arrebatara. A todo momento me sentía en alto vuelo. No me importaba haber perdido mi pasado, ya que vivía en un presente casi omniscio, donde me había encontrado del todo. Cuando el novio se desvistió esa noche y se metió desnudo en la cama, entendí que debía hacer lo mismo. Me quité la ropa. Me estiré en la cama. Apretó su pecho contra mi espalda. Se me desbordaron los ojos de lágrimas. Sobre la sábana, tensa y limpia, descendí a un ocaso interior. Quedé quieta y paralizada. Me sentí insignificante. Él me envolvió con un brazo rodeándome por el estómago. Y luego su cuerpo se relajó.

—¿No quieres sexo? —le pregunté.

—No, quiero abrazarte nada más.

El novio debía despertarme cada hora para asegurarse de que mi cerebro no se estaba hinchando. Se suponía que debía hacerme preguntas sencillas, como "¿Cuánto es uno más uno?". Ese había sido el ejemplo que dio el médico de Urgencias mientras marcaba una casilla en un formulario. Durante la noche, en la cama, me sentí como participante de un programa de concurso en la televisión. Tenía que estudiar las respuestas, pero era difícil mantener la lucidez. Uno y uno son dos; él se llama Jeremiah; yo me llamo Ingrid; la ciudad es Chicago; el año es 2007. No, 2008, no, 2007. Me quedaba dormida con tal facilidad que ni siquiera me daba cuenta de que me había dormido.

Mi hombro se zarandeaba. Oía la voz del novio:

—¿Cuál es tu nombre?

Estaba oscuro mi apartamento. ¿O no estábamos en mi apartamento? Si yo acertaba, podía volverme a dormir.

—Ingrid —dije.

Algo no andaba bien, pero no podía recordar qué. El sueño era un ruido blanco que me quería tragar. Tenía que mantener los ojos abiertos. Aguanté aquel tumulto de la nada, suave, pegajoso y dulce, que me atrapaba, pero pronto fallecía en él.

El novio me zarandeó de nuevo.

—¿De dónde eres?

Nadie me dijo que esta pregunta estaría en el cuestionario.

—Déjame en paz —resoplé—. Tengo sueño.

—Pero dime de dónde eres —insistió él.

Por primera vez desde volverme una página en blanco, no se me ocurría cómo fingir algo que desconocía. Y en ese momento me acordé de qué era lo que me molestaba. Era la pregunta del millón de dólares: "¿Con quién estaba durmiendo?". Me sentí aterrorizada.

—Soy colombiana —respondí con un sobresalto.

La memoria podía recuperarse con asociaciones, me di cuenta, y luego me reprendí por aquella observación. Mi propósito era mantenerme desmemoriada. Tenía que desempeñar bien el papel de la novia. Apreté mi espalda contra él, su cuerpo ajeno y desconocido. Cerré los ojos.

En mis sueños había colores, los cielos degradados de un atardecer, el brillo iridiscente del aceite. Vi volcanes estallando en el mar. El mar retrocedió, como lo había hecho antes, en la calle. Incorpórea, yo caminaba por el deshabitado lecho marino. Me arrodillé junto a un pez que boqueaba, justo sobre una grieta en el suelo. Acerqué mi oreja a la grieta, ignorando el calor que quemaba un lado de mi cara. Ansiaba descubrir cuáles eran los estruendos, aquí, en el principio. Pareciera como si apenas hubiera pasado un minuto cuando el novio me zarandeó de nuevo.

—¿Dime cómo me llamo yo?

Mami oyó el estruendo de los espejos al quebrarse. Se imaginó sus propios ojos, desorbitados, flotando sobre el negro-azul de su piel, rompiéndose con cada espejo. Dos niñitas llegaron a su lado. Decían que eran sus primas. La mayor clavó la vista en el piso. La menor le preguntó:

—¿Qué recuerdas de cuando te caíste?

Mami no recordaba nada.

—¿Estabas conmigo cuando me caí?

—No —dijo la una.

—Sí —dijo la otra.

Cuando las primas se fueron, la madre tomó a Mami de la mano y la llevó a la cocina.

—Aquí cocinamos. —Le señaló el mesón de adobe. Una hoguera de leña ardía debajo y echaba llamas a través de un hueco en la superficie, lamiendo el fondo de una olla donde hervían unas papas. La mujer que decía ser la madre aún no llegaba a imaginar que Mami era una quimera sin necesidad de recibir sustento. Mami miró las paredes de barro pisado. Aquí y allá, en la pared azul brillaban cuadrados limpios creados por las cosas que antes colgaban de cada punto. Espejos. —Esto es lo que comemos —dijo la madre, señalando las papas, la canasta con huevos, la pila de maíz en el rincón, pero Mami no veía nada más que esos cuadrados brillando sobre la pared, espacios vacíos que se hinchaban con el fantasma de un reflejo.

Me conocía por destellos: unos dedos que se agitaban con rapidez, un ajetreo de pies. Me parecía ser luz solar, ser viento. Los espejos que había en mi apartamento mostraban los contornos de mi cuerpo. Se nos olvida que los espejos son violentos, que reflejan la jaula que somos. Esa era una cara, una cabellera, el marcar del tiempo. Que el espejo me recordara el lugar donde me encaraba me provocaba ansiedad. Escondí los espejos con sábanas. Mejor era ser un espíritu.

Tres gatitos maullaban tras de mí en el apartamento, lanzando zarpazos a mis talones por donde andaba. Había un librero de bambú en la sala, muebles de época anaranjados, y plantas que se estiraban por todos lados y que me daban la impresión de estar atravesando una selva. La cocina estaba atiborrada de utensilios y ollas apiladas en soportes a su vez apilados en otros soportes. ¿Qué comían los gatitos? Tendría que descubrirlo. Seguramente el lugar donde se guardaba su alimento era la cocina.

Me quedé en cama. Era entretenido ser un vacío. Era un territorio sin historia, que se contemplaba a sí mismo. El tiempo se desenrollaba. Un silencio profundo retumbaba en mi interior. La sensación me decía que aquel era un fenómeno poco común y divino. Auscultaba mi propio silencio, y con el tiempo, descubrí que lo que al principio pareció fruto de mi propia quietud, no provenía de ningún yo conocido, sino que se originaba en un lugar extraño y ajeno, un recoveco interior donde unas aguas oscuras se agitaban y se resucitaban solas.

Cuando el sol tiñó de anaranjado las ventanas, me pregunté si la mente tendría más capas, como las de la tierra, que yo pudiera pelar. ¿Acaso la mente tenía un centro? ¿Sería su centro ese lugar de las aguas oscuras? ¿Qué incitaría a esas aguas a hablar?

Recostada en la cama, garabateé una lista de preguntas, que redacté con la absoluta certeza de que las palabras correctas, enlazadas en la forma adecuada, lograrían que el último telón cayera, y me llevarían a la materia prima que me componía, que me llevarían al comienzo.

Libreta en mano, empecé: "¿Quién eres ahora que has sido despojada de todo?", pero las aguas oscuras estaban de luto. "¿Qué eres ahora que todo está fuera de lugar?", pero las aguas permanecieron densas, indiferentes y remotas. Los gatos se transformaron en siluetas mientras escribía una pregunta tras otra. Sin importar qué palabras usara, me respondía una quietud insólita. Su infinitud oscura me enmudecía. El sol se había puesto cuando por fin se me ocurrió que el lenguaje de la mente no era un silencio inescrutable sino una abundancia sin palabras. Escuché con atención, como si oyera una lengua desconocida, y entonces, solo entonces, esta lengua me llevó arrastrada de cima a cima de lo innombrable.

Era tarde cuando timbró mi celular. "MAMI" anunciaba la pantalla. Cuando contesté, la mujer que era mi madre se lanzó en una sarta de súplicas para que no me pusiera el vestido negro y, mientras hablaba, tres cosas me pasmaron: la primera, que yo hablaba español; la segunda, que su voz me resultaba familiar; y la tercera, que, aunque no podía recordar a mi madre o a mi novio, sí podía evocar cada detalle del vestido negro.

Era escotado, con talle imperio y cola. Pliegues de seda negra cubrían el busto, y la tela se encrespaba sutilmente en los hombros. Ese era el vestido que mi mamá predecía que desencadenaría una serie de acontecimientos que me convertirían en una viuda. Este era el vestido que ahora recordaba que iba camino de recoger cuando sufrí el accidente.

—Por favor —me decía ella en español—, no seas terca.

"¿Seré yo una persona terca?", pensé. "¿Podría ser que perder la memoria fuera como enviudar?". Me di cuenta de que no había dicho palabra desde mi saludo inicial. No sabía cómo nos hablábamos entre yo y mi madre, pero proseguí como si nada.

—No, estoy segura. Me voy a quedar con el vestido.

No contemplé, ni por un instante, la idea de contarle a mi madre que había tenido un accidente y que sufría de amnesia. Fuera de querer permanecer cual página en blanco, ante mi madre, me di cuenta de que sentía un orgullo infantil, y que no quería darle el gusto de tener la razón.

Después de todo, ella tenía la razón. Mi afán con el vestido había desembocado en un accidente. Pero su profecía apuntaba mal: no había perdido a un marido sino a un yo antiguo; había enviudado y había vuelto a nacer. Pero no era el desastre que se imaginaba, sino lo mejor que me había pasado en la vida. Era dueña de un mundo de pérdidas que me enriquecía. Noté, con curiosidad, los reflejos definidos y emocionales que yo abrigaba con respecto a mi madre, una mujer cuya voz reconocía, pero que, de resto, me era un absoluto misterio.

—Es solo un vestido —le dije al final—. Deja de ponerle tanto agüero y superstición a la cosa. —Y le colgué.

Las piernas me temblaban, entonces me dirigí a la cocina gateando, en busca de alguna pista que me llevara al vestido. Los tres gatitos se abalanzaron a mis pies. Encontré su comida seca en la parte baja de una alacena y la vertí directamente en el piso. Los gatos atacaron el montón, salvajes. Si conseguía prepararme un café, podría averiguar dónde buscar el vestido. Me puse en pie junto al mesón y me quedé frente a la máquina de expreso. Tenía detalles cromados y perillas grandes. Traté de descifrar sus curiosos jeroglíficos: taza con olitas, nube de hongo, taza pequeña. Bebí un vaso de agua y me dormí.

En sueños, floté informe. Las nubes surcaban el cielo, el mar hervía. Las olas silbaban, y una lava anaranjada rompía la superficie. El magma rebosaba sobre el mar, llenando el aire de vapor, para solidificarse en capa tras capa de tierra negra. Este es el nacer de la tierra. Toda creación requería una violencia original, un breve cataclismo.

El padre era una especie de doctor. A veces sus pacientes iban a consultarlo por forúnculos, sarpullidos, tos. Otras veces los padecimientos no eran tan evidentes. Algunos arrastraban tras de sí una especie de velo de sombras —Mami podía verlos—, personas de piel gris, fieras con colmillos. Ninguno de los pacientes ni su padre se referían a esas presencias. Una vez, Mami cometió el error de levantar un dedo y señalar una silla, diciéndole a su padre:

—Mejor atienda a ese primero, porque le sangra el estómago.

El padre la miró fijamente. La mujer que estaba al lado del hombre herido la revisó con la mirada, y luego al padre, y luego a ella.

—Ahí no hay nadie —susurró.

—¿Pero es que no lo ven? —preguntó Mami—. ¿Con bluyín y una camisa amarilla de cuadros?

La mujer se arrodilló frente a Mami.

—¡Ese es mi hijo! ¡Es mi hijo! ¡Le metieron un tiro en el estómago! ¡Eso es lo que tenía puesto cuando murió! ¿Tendrá algún mensaje para mí?

Mami miró al hombre. La sangre salía a borbotones por la herida, y puso los ojos en blanco.

—Se está muriendo —dijo Mami.

El padre posó una mano sobre el hombro de la mujer y con la otra le indicó que se levantara.

—Vamos a ver qué podemos hacer por él —dijo, y la guio hacia el cuarto delantero, su consultorio, y Mami se quedó inmóvil frente a la silla que había quedado vacía, el hombre sangrante esfumado, sondeando el peso en su alma al darse cuenta de que estaba sola en esa capacidad de ver.

Era un nuevo día y yo tenía una lista de cosas que hacer: comer algo, alimentar a los gatitos, encontrar el vestido. El novio me llamó al celular.

—Tengo que trabajar hasta tarde. ¿Estarás bien?

Dije que sí.

—¿Y tú estarás bien?

Al haber perdido la memoria, la única estrategia de conversación que me quedaba era hacerle espejo a todo lo que me decían. Respondió que sí, y luego hicimos planes para vernos al día siguiente.

En la sala, descubrí un recibo del vestido en el bolso blanco con estampado de estrellas. "Clínica de vestidos desde 1982". Más arriba había una dirección. Al leerla, un recuerdo me invadía, como una ola que iba acercándose. Bajé el recibo y aguardé. El rostro de la costurera apareció poco a poco. Su pelo, más bien. Plateado, corto y bellamente encrespado. Después recordé su vestidor: un espacio reducido, delimitado por pesadas cortinas de terciopelo negro con un patrón de rosas que se repetían, con cordones dorados. Reviví la elegante sensación de subirme a la plataforma color crema en el centro. Había un reflector de luz suave y, tan pronto como entré en su rayo, tres imágenes mías en ropa interior se formaron a mi lado. Recordé más: sin importar la rapidez con la que me volteara, no alcanzaba a ver el reflejo que me miraba cuando yo tenía la vista puesta en otro lado. Era un juego que había jugado de niña, pero ¿por qué? Recordé haber oído a la mujer en el cubículo de al lado enumerando las alteraciones que quería que se le hicieran a un vestido que llevaría a un coctel.

En el hospital también había estado en un espacio delimitado por cortinas. Estas eran azules (o tal vez blancas) y delgadas. Las voces también se oían a través de las paredes de tela. Detrás de mí, alguien susurraba en un idioma que sonaba a alemán, y más allá se oían risas, y más lejos aún, una persona gritaba.

Yo no quería recuperar la memoria. Esos pocos detalles gravitaban sobre mis hombros. Poco a poco me iba volviendo de carne y hueso. Me asomaron lágrimas calientes a los ojos, y luego un sentimiento me asaltó: un terror agudo y sin palabras que se me metía en los pulmones. Su empuje era menos intenso que el que había sentido en medio de la calle cuando caí al suelo. Quise desenredar la emoción, pero luego aquel terror fue opacado por una nada rutinaria. Como quien se olvida de un nombre o de una cara, de un momento a otro, se desapareció la textura y forma de ese desasosiego. "Ataques de ansiedad", fue lo que se me cruzó involuntariamente por la cabeza. "Así se llaman".

Los ataques de ansiedad iban y venían a lo largo del día, y no me creía capaz de ir a recoger el vestido, pero no me permití otra opción. Fui rápida y eficiente. Encontré mi dirección en una cuenta que había sobre el mesón. Ya para entonces había memorizado mi propio nombre, lo había repetido cincuenta veces al día, aunque me seguía pareciendo que no me pertenecía. Al igual que la dirección, el apartamento o mi madre, correspondía a una vida a la cual yo no recordaba haber elegido. Marqué el número que figuraba bajo "Taxi" y leí mi dirección, tal como aparecía en la cuenta. Le entregué al chofer el recibo de la "Clínica de vestidos" para indicarle adonde íbamos, y luego me mecí sola en el asiento trasero, con las manos apretadas contra las sienes. Le pedí al chofer que me esperara mientras entraba por el vestido, que luego llevé agarrado contra el pecho todo el camino de vuelta. Era noche cuando regresé. Colgué el vestido en un gancho acolchado. "Es muy hermoso, ¿vieron?", deslicé los dedos por la seda fina. "Mi madre delira. No hay nada sobrenatural en este vestido". Levanté la cola. La esponjé. La dejé caer. Me saqué la ropa y me lo puse. Me arrodillé, alisando la falda a mi alrededor para que formara un círculo negro perfecto, como si yo estuviera en medio de un hueco. Pavoneé por todo el apartamento. Regué las plantas. Valsaba frente a las ventanas. Dejé que la cola resbalara por el piso, aunque sabía que estaba sucio y que los gatos podían arañarla.

Resultaba claro: Mami había vuelto desmemoriada, pero con la capacidad de ver y oír a los muertos. El padre la invitó a sentarse cerca de la puerta de su consultorio para contarle lo que veía. A veces Mami se guardaba las visiones para sí misma. Otras veces señalaba a los muertos y se los describía a los vivos. Ojos que colgaban de una viscosidad de hilos,

sangre que manaba de cuellos mutilados, venas que brillaban negras bajo la piel. Algunos de los fantasmas eran bellísi-
mos. Una mujer que sonreía en un vestido floreado. Un niño
saltaba la cuerda yendo de una pared a la otra. Un abuelo hacía una venia, quitándose el sombrero. Al poco, los clientes
del padre venían a ver a Mami casi tanto como a él. Entre una
consulta y otra, el padre hacía que Mami metiera la cara en
una vasija con hielo, y le ponía emplasto de plantas machaca-
das en la piel. No le decía mayor cosa, solo que la hinchazón
iba desapareciendo, y que la piel iba sanando sin cicatrices,
y que pronto sería tan linda como antes de la caída.

El padre había rescatado un espejo de la destrucción.
Era redondo, servía para afeitarse, y le cabía en la palma de
la mano. Lo depositaba bajo la almohada de Mami antes
de dormir, y solo le decía:

—Este espejo te ayudará a recordar.

En la mañana, lo retiraba.

Cuando la dejó con el espejo en aquella primera noche,
ella lo sacó para ver si las palabras del padre eran ciertas.
A lo mejor la hinchazón había bajado. Notaba que la gente
ya no la miraba con tanto asco como antes. Sostuvo el espejo frente a su cara y apretó los ojos, asustada. Poco a
poco, fue dejando que se abrieran. A la pálida luz de la luna,
examinó los contornos de su rostro: pómulos marcados,
cejas gruesas, ojos como pozos de ébano intenso. No había cicatrices salvo por una, que se dibujaba a lo largo del
filo de la quijada. Ladeó la cabeza para admirar su nariz.
Quedó atónita. Una de las fosas nasales era un pilín más
grande que la otra. Se preguntó si siempre habría sido así,
o si el padre se habría equivocado al volverle a armar la

cara. Lo perdonó rápidamente al poner el espejo a la distancia que le permitía su brazo. Había sido bella y volvería a serlo otra vez.

Mami devolvió el espejo a su sitio bajo su almohada. El padre la había protegido de lo que no había estado preparada a ver. Mirar un espejo es un acto que registra el paso del tiempo. El espejo de Nono le había mostrado que su cara cargaba una historia. Podía ver las huellas de la manera en que había sobrellevado lo que había vivido, que aún no conocía del todo. Y también podía mirar mentalmente hacia adelante. Sobre el reflejo que veía en el espejo, vislumbraba otra... su rostro muchos años después, en el cual podía entrever, si es que así lo quería, las dichas y penas que le aguardaban en el futuro. Pero no quiso dejarse llevar. Tenía fuerza de voluntad para cerrar esa puerta. Esa noche, tras posar la cabeza sobre la almohada, metió la mano debajo para agarrar el espejo, y se quedó dormida, y empezó a recordar. Soñó con los instantes que habían llevado a su caída al pozo. Recordó que la había empujado una mano.

En mis sueños, trepaba la endurecida descendiente de los escarpados que alguna vez habían sido terrenos submarinos. Sus pliegues ennegrecidos eran importantes. Contaban una historia ancestral de movimiento. El agua había desaparecido recientemente. Sobre el lecho marino hasta el horizonte, los peces se ahogaban en el aire. Reinaba un silencio inquietante.

Nombrar era el poder que yo tenía.

Todo aire oscuro lo nombré "noche".

Todo cuerpo, "extenuación".

¿Y el nombre para el triángulo amarillento de luz que caía en mis pies al abrir el refrigerador? "Litigio". El moretón que aún coloreaba mi muslo podía ser un "altar", y cada ventana con las cortinas cerradas estaba "sentenciada".

Hice lo mínimo para mantener todos los engranajes de mi vida en movimiento. Por mi correspondencia, deduje que un periodista me había contratado para hacer una traducción. Abrí el archivo, no muy convencida de ser capaz de cumplir con semejante tarea. Era una carta de un preso, escrita a mano. Empecé a traducir la primera palabra, y luego me di cuenta de que tenía la facilidad espontánea de transvasar el significado de una lengua a otra. Era como caminar, algo que podía hacer inconscientemente, y más, el estar entre un idioma y otro, habitando una voz ajena en una carta que no estaba dirigida a mí, me resultó familiar y tranquilizador, como una existencia fantasmal.

Durante las dos horas que dediqué a trabajar, llegué a amar ese silencio que se abría entre lenguas. Había una especie de retraso en la traducción, un no-lugar en el que, mientras mi mente descifraba el sentido en una lengua y encontraba el equivalente en la otra, se abría un portal. Entre las lenguas, encontraba un territorio sin palabras en el que nada tenía aún un nombre y, por lo tanto, todo era casi eterno. Allí vivía solamente el sentido de las cosas. Abundancia sin palabras.

Pasé tres horas traduciendo las palabras del preso, y luego le envié mi trabajo al periodista. En una ventana de búsqueda en línea, tecleé "¿Qué hace la gente en pareja?", y después le mandé un mensaje de texto al novio diciéndole que quería ir al cine. "Pero ahora estoy escribiendo, así que no me interrumpas". Escribir era otra cosa que se suponía que yo debía estar haciendo. En mi computador había una ventana abierta con el borrador de una novela. La historia pasaba entre Bogotá y Los Ángeles y se trataba de dos niñas y un secuestro. No me acordaba de haber escrito ni una sola palabra. Me desplacé por el documento y borré párrafos enteros al azar. En un motor de búsqueda, tecleé "chistes buenos en español", y le mandé uno a mi madre, para luego decirle que estaba ocupada.

Tras darle fin a mis responsabilidades, contemplé mi cerebro.

Como no tenía pasado ni preocupaciones, no brotó ningún pensamiento. Yo era una quietud silenciosa convirtiéndose en un zumbido. No poseía nada, y esa privación se sentía como poseerlo todo. Pasaron las horas, y me dediqué a escuchar la sangre que corría por mi cuerpo, renovándome a cada instante.

Recordé cosas que no sabía bien si eran reales. Algunos de los recuerdos tenían distorsiones... en uno de ellos, estaba en un bar, hablando en inglés con gente que en realidad solo hablaba español; en otro, era niña y paseaba por mi barrio en Bogotá, buscando líos, pero llevaba puesto un vestido que sé que compré de adulta en Chicago.

Al principio, consulté mis diarios, para comprobar fechas y lugares, pero no hallé respuestas. Supuse que los diarios eran recuentos plagados de detalles, pero los míos eran vagos. En una página decía: "Me fui a acostar con el corazón vacío tres noches seguidas. Siento que el aire me traiciona". El resto de la página está en blanco.

Otra página: "Con una cobija fuertemente agarrada, clavándole las uñas".

Había listas extrañas:

Recuerdos de cómo se ve el cielo desde el asiento
    trasero de un carro en movimiento
Maneras en las que han muerto mascotas

Otras páginas estaban llenas de conversaciones ajenas.

Los únicos recuerdos que sabía que no se habían corrompido eran esos primeros momentos en la calle, tras el accidente, cuando mi amnesia era total, y las semanas que habían transcurrido desde entonces. Esos momentos en la calle, con amnesia, eran los recuerdos más vívidos que tenía. Le había prestado tanta atención al punto de casi no respirar, al mundo que se iba haciendo a mi alrededor. Traje cada instante a mi mente, una y otra vez, sabiendo que todos acabarían también deteriorados con el tiempo.

Justo después de que el hombre que provocó mi accidente me ayudara a levantarme del suelo, la tibieza de su contacto bautizó la parte baja de mi espalda, llamándola zona lumbar. La arrogancia de su mirada me ilustró qué era el imperio. Las yemas de sus dedos arrugando la tela de mi blusa me dieron una lección sobre lo indómito, y sobre el hecho de que existía algo así como un reclamo de posesión sobre lo que es salvaje.

La amnesia era como vivir en los confines del mundo. Majestuoso, e increíblemente solitario. No era posible acurrucarse con el fin del mundo.

Intenté, durante todo el tiempo que pude, evocar la libertad inimaginable que había sentido en el cuerpo antes de saber que yo tenía un cuerpo. Durante muchas semanas, si cerraba los ojos, todavía podía saborear cómo era eso. Pero poco a poco la sensación se fue desdibujando, y ahora lo que recuerdo es un concepto.

Las burradas que dice la gente de habla inglesa son verdad. La ignorancia es una bendición.

No tenía ningún control sobre la recuperación de la memoria. Poco a poco, cuando me dormía, me despertaba, sin querer, con nuevos recuerdos. Me acordaba de lanzar la cabeza hacia atrás con una risotada, en un bar. Reviví la forma en que, una vez, cuando iba de regreso a mi apartamento una noche muy tarde, mis botas se hundieron en la nieve y el fango helado se coló dentro y sentí los deditos de ese pie entumecidos. El viento me agitaba el pelo contra la cara en una lancha, a toda velocidad. Me levanté una mañana sabiendo la trama completa de *Moby Dick*. Las cinco zonas del océano.

No podía recordar emociones. No conseguía evocar el amor por mi mamá o mi novio. Como una científica perdiendo su cordura, escribí en una libreta: "A lo mejor las emociones son lo que llega al final, tras una acumulación de memoria".

Un día me desperté con una imagen grabada a fuego en la mente: Mami desplegando las cartas del tarot. Las cartas estaban extendidas frente a ella en un arco amplio, y sus dedos tamborileaban en el aire, buscando las que tenía que voltear. Aguanté la cabeza, preparándome para el embate de recuerdos que venía:

Nono podía mover las nubes.

Mami podía aparecer en dos lugares a la vez.

Mami se había caído por un pozo. Había perdido la memoria. Me sumí en una profunda confusión.

Mi madre también había perdido la memoria.

Hasta el último músculo de mi cuerpo se estremeció. Me estaba asfixiando. Tragaba oxígeno que parecía no encontrar mis pulmones. Me encogí. A ese estado lo nombré "sinfonía de terror creciente". Entré en un estado de fuga y luego, en un aire gentil, me ausenté de mi cuerpo. Me vi desde arriba: un espécimen humano sufriendo de una aflicción extraterrestre. Permanecí quieta y muda ante lo terrible.

Hacia el final de la octava semana, así, tortuosamente, lo recordé todo.

"Tienes dos líneas de la vida", me había dicho una anciana cuando tenía ocho años. Estábamos dando vueltas por la Plaza de Bolívar, en Bogotá, un domingo por la noche. Mami, Ximena y yo. Mami soltó mi mano para ir a fotografiar a mi hermana, que estaba correteando a las palomas para hacerlas volar, y en ese momento, la anciana me agarró la mano, miró la palma y exclamó. No recuerdo su cara, solo lo que dijo:

—Un día tendrás la posibilidad de escoger entre dos vidas. Una es emocionante, pero morirás joven; la otra...

Mami me tiró y nos obligó a atravesar la plaza en carrera, por entre abuelos que tomaban café y niños echándoles migas de pan a las palomas. La mujer nos persiguió, exigiendo pago, pero Mami le gritó sin voltearse:

—¡Nadie le pidió que le leyera la mano! ¡Deje a mi niña en paz!

Desde ese entonces, las palabras de la anciana me habían acechado, me habían obligado a cuestionar cada decisión que tomaba, preguntándome cuál opción sería la que me llevaría a esa vida que terminaba demasiado pronto. Ahora sentía que me desprendía de esa profecía. ¿Pero acaso esta que había escogido era la más corta o la más larga?

Descubrí los espejos de mi apartamento y me senté. Ahora también recordaba: cargaba con una historia traumática. No había manera de desdecir lo que sabía. Me obligué a ver todo lo que me faltaba por descubrir.

A pesar de que Mami reconocía que su existencia como espíritu y su existencia como una niña en una cama eran realidades separadas, entendía que ambas eran reales. Nono le dijo que debía escoger una, pero no le dijo cuál. Su abuela le aconsejó escoger su realidad física, porque si Mami andaba por ahí creyéndose un espíritu, ¿qué colegio la iba a aceptar? ¿Qué enamorado la besaría? ¿Qué vida iba tener?

Mami le respondió a su abuela que, si iba a vivir en su mundo, solo lo haría a condición de que hubiera justicia. Quería que, cualquiera que fuera la prima que la hubiera empujado al pozo, pagara por sus heridas, por su amnesia, por este retorno.

Cuando las primas fueron confrontadas, tenían su propia versión de lo que había pasado. La mano que había empujado a Mami no era la de ninguna de las dos, sino que simplemente había aparecido del aire. Había sido una mano casi hermosa, grácil, translúcida, con uñas azuladas.

Los adultos no supieron qué hacer. La madre de las primas las obligó a sentarse en la cama de Mami y pedirle perdón. Sus disculpas no les salían del corazón. A Mami dejó de interesarle la justicia. Le gustó más la historia de las primas, sobre la mano fantasmal, y les pidió que se la describieran de nuevo.

Se veía algo como el borde de una manga, dijeron las primas, un trocito de elástico en una muñeca, y una gasa flotante que lo envolvía todo justo debajo de los nudillos de un azul claro transparentoso.

Y fue entonces cuando Nono empezó a leerle el futuro a Mami. Lo hacía con unos naipes de juego, pero a veces lo veía mirando en el agua. La superficie reflejaba la cara de Nono, que se refractaba con el soplo de su voz.

Nono le dijo a Mami que él poseía secretos que ciertos poderes superiores le impedían transmitirle a ella, pero que ahora pensaba que esos mismos poderes la habían escogido.

En su consultorio, con toda privacidad, mientras le predecía lo que le aguardaba en el futuro, le narró lo que nadie más que Mami ha oído: los pasos que dio, las palabras que recitó, la manera en que organizó su mente para retirar el velo y revelarle sus caminos de futuros posibles que se bifurcaban ante ella. Mami recordó entonces que este era un saber que siempre había anhelado. Se preguntó si su padre le estaba revelando los secretos por las razones que le había explicado, o si sería una manera de atraerla para escoger el mundo de los vivos. Mami no podía estar segura sin preguntar, y no quería hacer preguntas. Lo que sí hizo, fue observar y aprender. Pero lo que la hizo permanecer en este mundo y no el otro, no era el futuro que Nono le predecía, ni los secretos que le revelaba: fue el tono de adoración hacia ella que oía en su voz.

No soy la misma que era antes de mi accidente. Ni tampoco mi madre después del suyo. Ambas somos mujeres transformadas por la salida y el regreso. En este sentido, nadie más nos entiende: solo ella y yo sabemos lo que es despertar desperdigadas y ser testigos, minuto a minuto, de la invención del yo.

Alguna vez éramos algo vacío, inmaculado, infinito... abiertas y flexibles como solo las cosas nuevas pueden llegar a serlo.

Luego, nos dio amargura el lento rigor mortis que nos fue convirtiendo en una persona determinada y no en otra. Lamentamos los surcos de pensamiento que afloraron, los caminos que nuestra mente insistía en tomar, enredándose siempre en los mismos obstáculos. Nos dio pena los rasgos de personalidad que resurgían... la explosividad de Mami, mi carácter reservado, su vanidad, mi orgullo.

Cuando volvimos a nuestra mente, no todo estaba en su lugar. Había piezas mal acomodadas, momentos importantes que recordábamos con inexactitud, conclusiones diferentes a las que habíamos llegado, ideas angulares que habíamos perdido para siempre.

Yo volví a mi ser sin ningún orden. Recordé primero las historias de nuestra familia, después, las circunstancias de nuestra salida de Colombia, y, cuando ya era demasiado tarde, cuando ya había aprendido a sostenernos con nuestra devoción, me acordé de que Mami siempre me había pedido silencio.

Le estaba contando a una amiga iraní sobre un uso particular de la sal, un ritual que observábamos, cuando el rostro de Mami se apareció ante mí, condenatorio y flotando, y me interrumpí a mitad de frase. Me disculpé y fui a encerrarme en el baño. Abrí la llave del agua, contemplé el chorro corriendo, y recordé, y por tanto viví de nuevo, o volví a vivir, como por primera vez, la urgencia de Mami inclinándose hacia mí, mientras explicaba que éramos personas que habían sobrevivido gracias al secreto, y que necesitábamos que todo eso permaneciera a salvo. Alguna vez había entendido que solo podíamos ser lo que éramos en las sombras, que el beneplácito era más importante que vivir nuestra propia vida.

Sentí una indignación hirviente y purificadora. Mi lealtad al deseo de anonimato de mi madre ardió en llamas. Miré un espacio vacío en mi interior en el que solía alojarse la vergüenza. La vergüenza antes había sido una emoción fundamental sobre la cual yo había cimentado mi ser. Ahora, ese pilar de apoyo ya no me servía de nada.

Veía una diferencia entre mantener los saberes en secreto, y vivir en secreto. Lo primero podía hacerlo, pero no lo segundo. No he debido contarle a mi amiga lo de la sal, pero no había hecho nada malo. Toda vergüenza y preocupación que le había recibido sin pensar a mi madre, o que había aceptado de buen grado, se había esfumado.

———

Cuando Mami volvió a su ser, por su lado, su sensación de vulnerabilidad había desaparecido. No se veía como una niña, y menos como una niña que necesitara a otras personas. Comida y amor y techo eran cosas que podía obtener de cualquiera, si se esforzaba en pedirlos. Se le olvidó que debía estar atada a solo un mundo. No le importaba si vivía o moría. Prefería la compañía de las flores. Se desentendía de su madre y se iba a vagar bajo la luz matizada del bosque, se sentaba junto a los hormigueros y conversaba con los insectos. Se alimentaba de pétalos de flor, hojas y tallos de plantas. Adelgazó, durmiendo en las ramas de los cauchos. Empezó a aparecerse en dos lugares a la vez.

Entonces, en esos lugares donde la errónea reorganización de nuestro ser había dejado vacíos, los vestigios de nuestras amnesias habitaban como un enjambre de avispas.

Todo tenía un costo.

Tuvimos recaídas frecuentes. Como las réplicas que le siguen a un terremoto, que vienen sin anunciarse y se repiten a escalas diversas, nos remitíamos a algo parecido a nuestros pasados amnésicos.

Yo me disociaba. En pleno día, se me olvidaba quién era. Mis propias emociones se me hacían extrañas, como si no me pertenecieran. Una implosión tenía lugar, y luego se borraban los límites de mi cuerpo. En la noche, recaía en la amnesia. Revivía la misma escena, sin darme cuenta de que estaba atrapada en un bucle de repetición.

Al final de su adolescencia, Mami también se disociaba. "No me hablen, no me toquen, ustedes no saben quién soy yo".

Dieciocho veces en el primer año, doce en el segundo, y ahora de vez en cuando, me enderezo en la cama, sin saber quién soy. A pesar de que no puedo recordar el sueño que me hizo despertar de golpe, sé que los siguientes instantes son una continuación de este. Me parece que soy un fantasma, hasta que miro hacia abajo y me veo encarnada. No soy capaz de recordar mi nombre, o en qué ciudad estoy, ni qué año es. Soy un galope de pánico.

La escena siempre se desenrolla en una de dos maneras.

El silencio se amontona. Mi cama está vacía. Me aferro a la sábana y no me muevo. Me aprisiona la oscuridad. Me estoy muriendo. Tengo que sobrevivir un instante, y luego el siguiente. Me acuerdo de los números. Una tecnología que puede aguardar el navegar del tiempo. Empiezo a contar hasta cien. Cada número es un intento continuo para sobreaguar mi angustia. Llego a cincuenta y seis. ¿Qué tiene el cincuenta y seis que me hace pensar en mi madre? No estoy segura, pero luego veo su cara y al instante lo recuerdo: 1956 es el año en que Mami nació.

El silencio se amontona y una figura duerme justamente al lado de lo que de repente entiendo es mi propio cuerpo. Los sueños dibujan su rostro con trazos duros. Soy una mujer. Él es un hombre. No conozco desespero semejante a lo que siento cuando me enderezo y me aparto de él porque caigo en cuenta que estoy desnuda y él también, y de que él es mi hermano.

Me tapo la cara.

Estoy enferma en el corazón y en el hígado.

Trato de percibir si entre mis piernas hay semen.

Trato de recordar alguna instancia de un condón, una píldora, una esponja.

A veces hay semen. A veces no hay semen.

Me desvelo de horror al imaginar lo que pensará nuestra madre.

Y luego me doy cuenta de que no consigo evocarla.

Es ahí cuando un pensamiento burbujea en mi cabeza como si brotara en el agua:

Todo esto ya ha pasado.

Incluso los gestos son réplicas de otras noches.

Y aquí es que convergen las dos escenas.

Cuando llego al número cincuenta y seis y veo el rostro de mi madre, cuando caigo en cuenta de que Jeremiah no puede ser mi hermano y que no tengo un hermano en la vida real, cuando mis propios gestos evocan una sensación teatral, entonces recuerdo el accidente, recuerdo no reconocer mi apartamento, y en una serie de imágenes que se traslapan a través de los años, me veo sentada en la cama noche tras noche tras noche tras noche, acordándome de mí misma sentada en la cama noche tras noche tras noche tras noche.

Cada vez, la idea de que sigo repitiendo la misma escena me demuele como si fuera la primera vez. Soy la actriz principal en un libreto que escribí para mí misma en un sueño que no puedo recordar. Repito las líneas, sigo las acotaciones del director, interpreto las emociones, hasta que alguien, entre bambalinas, a quien no puedo ver ni oír, grita: "Corten".

Dicen que las recaídas que tuvo Mami durante ese primer año después del accidente, esos episodios en los que se creía un espíritu, fueron lo que causó que se desdoblara. Un desdoble distinto al que yo experimentaba. Cuando Mami se disociaba, su familia se apartaba y la abandonaba a su suerte. "¿Otra vez se enloqueció? Quién sabe cuánto le durará... mejor dejarla en paz".

No era fácil predecir los momentos en que Mami se iría a olvidar de sí. Cuando la familia planeaba un paseo de olla al río, Nono consideraba necesario que Mami se quedara en la casa. Era menos riesgoso si se desligaba de la realidad en un lugar conocido. En la casa, él sabría dónde encontrarla: en el bosque de Cristo Rey, sentada entre los árboles, dormida sobre el pasto, hablando con las plantas.

Nadie pensaba en quedarse en casa con Mami. Esas cosas no se hacían. Vivían en un pueblo que en cualquier momento era posible ser presa de la guerra o la calamidad, y por eso era esencial que los niños aprendieran a cargar con sus responsabilidades; de otro modo, podía ser que no sobrevivieran. Así que, en lugar de llevársela con ellos, Nono le dijo a Mami que se hiciera cargo de sus pacientes y se asegurara de que estuvieran bien mientras él andaba fuera.

La casa estaba llena de pacientes. En el patio de atrás, habían improvisado unos tabiques a modo de pared divisoria entre cuatro catres para los enfermos que se quedaban a pasar la noche. En el primer catre estaba una mujer que sufría de episodios de éxtasis y hablaba con personas que nadie veía. En el segundo estaba el abuelo que hacía poco había empezado a toser sangre. Al lado estaba una mujer que si veía un cuchillo le entraba la gana de matar (la indicación de Nono: "Escóndele los cuchillos"). Y al final estaba el hombre callado que le dolía orinar.

A pesar de que Nono había dejado a Mami a cargo, aleccionó a este hombre para que la vigilara. Mami se enfureció. O tenía poder ejecutivo o no lo tenía.

Cuando la familia se fue al paseo, Mami se arrojó en el colchón que compartía con su hermana Perla y se quedó dormida, cocinándose en su propia furia. Justo afuera de su cuarto, el hombre que no podía orinar se instaló en un asiento. Encendió la radio y se dedicó a leer el *Almanaque Bristol*, un almanaque para granjeros, impreso en Nueva Jersey y distribuido por toda Latinoamérica, la única literatura que había en toda la casa. El hombre llegaba a la mitad del folleto cuando la puerta del cuarto de Mami se abrió de golpe y ella salió corriendo.

—¡Niña! ¡Espere!

Trató de ponerse de pie e interceptarla, pero su enfermedad lo había vuelto un hombre lento y débil. Mami desapareció en el sol que entraba por la puerta. Preocupado por lo que el curandero podría hacerle al ver su fracaso para mantener a la niña en la casa, el hombre corrió tras ella renqueando. No sirvió de nada. Ya se había ido. El hombre atrancó la puerta del frente, haciéndose a la idea de que pronto tendría que enfrentar la furia del curandero. Volvió a su asiento arrastrando los pies y abrió el almanaque. Estaba por terminar el librito cuando, una vez más, la puerta del cuarto de Mami se abrió con un crujido. Una vez más, Mami salió, pero esta vez se veía fresca, recién despertada, con mirada dócil, despeinada, bostezando. El hombre se esforzó en levantarse y cayó al suelo. Mami se apresuró a ir a su lado. El hombre levantó las manos, como si estuviera defendiéndose de un vendaval. Apoyando una muñeca de lado sobre el antebrazo puesto formó una cruz temblorosa:

—¡Detente, Satanás!

—¿Qué le pasó? —preguntó Mami riéndose—. ¿Se le apareció un fantasma?

Al ver que se burlaba de él, el hombre se levantó y fue a asomarse al cuarto de Mami.

—¿Cómo hizo para volverse a meter aquí?

Recorrió las paredes desnudas con las manos, levantó a medias el colchón, caminó frente a la ventana con sus barrotes. Se detuvo frente a un montón de ropa que había sobre la cama, sobre el cual Mami había estado durmiendo. Soltó un gemido y se sentó en cuclillas. Mami lo miró.

—¿Y ahora qué fue?

—Esta era la ropa que tenía cuando la vi salir corriendo de la casa.

—¿Quién se fue corriendo? Yo he estado aquí todo el tiempo.

El hombre se frotó la cara con las manos y luego se encogió de hombros. Tendió una mano, que convulsionaba, para que Mami le ayudara a enderezarse y fue a buscar su asiento. Una vez sentado, le explicó que la había visto desdoblarse, y que se le había aparecido a él con la ropa que estaba en la cama.

—Le contaremos a su papá cuando vuelva. Estas cosas deben ser normales en esta familia, ¿no? —Miró hacia la cocina—. ¿Su mamá dejó almuerzo?

Nono era un hombre de pocas palabras ante lo sobrenatural. Permaneció impasible mientras escuchaba la historia del desdoblamiento de Mami. Le agradeció al hombre por haberla vigilado, le dio una palmada en la espalda, y le preguntó:

—¿Usted sabe limpiar pescado?

En unos segundos ambos se irían al patio, donde se sentarían toda la tarde en banquitos, abriendo los animales y guardando las vísceras para los perros, pero antes de salir, Nono se volteó, picándole el ojo a Mami. Él era capaz de desdoblarse también, pero según Mami, él podía hacerlo a voluntad.

Después de que Mami empezó desdoblarse, Nono le enseñó a preparar las dosis para sus pacientes. Le señalaba sus frascos, le enseñaba cuáles hierbas eran buenas para qué. Le mostró los pasos para machacarlas, bendecirlas, preparar ungüentos y tinturas y pociones. Cuando le entraba la inquietud y no podía resistir la llamada a irse a vagar por las montañas, Nono dejaba el negocio en manos de Mami, diciéndole que vendría a visitar a los pacientes cuando pudiera.

Mami cuidaba a los enfermos en su ausencia. Pasaba a verlos antes y después de la escuela. A veces los pacientes la saludaban con la pregunta:

—¿Dónde está don Rafael? Pensé que vendría él a darme mi remedio. Anoche fue él quien vino.

Sabiendo que Nono no había regresado aún, Mami reprimía una sonrisa. Había una pregunta que siempre había querido hacer, pero no podía: Si los pacientes habían tocado a Nono, ¿les había parecido real su cuerpo? ¿Se sentía frío o tibio al tacto? La temperatura de la aparición le parecía un detalle importante a Mami, algo que podría enseñarle sobre la naturaleza del otro lado. Conversaba con los pacientes sobre el clima, los pollos, los demás convalecientes. Cuando llevaban suficiente rato, se permitía hacer más averiguaciones:

—Cuando mi padre vino a verlo, ¿le dio su remedio en un vaso? ¿Usted recibió el vaso?

—Me dio un vaso del cual bebí, pero no sé a dónde fue a parar. ¿Por qué me lo pregunta?

Cuando Nono regresaba de su viaje, le traía a Mami animales, como de costumbre. Ella se sentaba a sus pies, a jugar con los miquitos. Él le contaba historias de sus viajes. Ni una sola vez mencionaban sus desdoblamientos respectivos.

Después de mis recaídas nocturnas, al otro día me sentía medio ausente, medio ida a otro lugar. Pensé en mi madre y sus desdoblamientos, tratando de entender mi situación. Su caso era un asunto preocupante con el que todos convivíamos, pero la propia Mami jamás expresó la menor preocupación por esa multiplicación a la que estaba sujeta.

Cuando yo era niña, en Bogotá, sucedía que cada vez que Mami se enfurecía, entraba en cansancio absoluto, o se afiebrada, Nona nos llamaba desde Cúcuta, a cuatrocientos kilómetros de distancia, para informarnos que había visto aparecer a Mami. En la casa que Nono y Nona habían construido con sus propias manos, Mami se materializaba, recorriendo los muebles con las manos, volteando una esquina, alejándose por un pasillo.

Durante mucho tiempo, pensé que las apariciones de Mami no eran más que historias que la familia contaba. Pero, a los trece años, yo misma vi a uno de los clones de Mami aparecer. Bajaba las escaleras hacia el piso de abajo de nuestra casa de Bogotá cuando vi a Mami sentada en la mesa del comedor, aunque yo sabía perfectamente bien que la Mami real estaba arriba, en cama, con fiebre.

—¿Mami?

La llamé desde lo que pensé que era una distancia prudente. Me senté en las escaleras y la espié a través de las barandas blancas. La aparición no levantó la vista cuando la llamé, sino que siguió mirando la mesa redonda de vidrio donde Mami tenía sus cartas del tarot (más bien, eran las cartas del tarot del clon) dispuestas en forma de estrella. Hasta el último detalle de la aparición era una copia fiel, incluso los dijes que colgaban de sus aretes (del derecho una pirámide, del izquierdo una esfinge). El clon tomó una carta del mazo, le dio la vuelta y la puso junto a las demás que había destapado, y anotó algo en un pedazo de papel. Hui corriendo.

En su cuarto, Mami tenía la frente húmeda. La desperté sacudiéndola.

—Acabo de verte, Mami, ¡desdoblada! Estabas sentada en la mesa del comedor.

Mami, pálida y empapada de sudor, se dio la vuelta en la cama, gruñendo.

—Déjame dormir, por favor. A veces eso me pasa. ¿No te das cuenta de que estoy enferma?

Nona temía que esos viajes autónomos de los que Mami sufría y en los cuales abandonaba su cuerpo eran una señal de que la muerte estaba por llegar.

—Ve, negra, dejá de hacer esa bobada —le dijo a Mami—. ¿Qué tal si un día te quedás encerrada fuera del cuerpo?

Luego de hablar con Nona, Mami se quejaba conmigo:

—Mi madre delira —chasqueó la lengua y sacudió la mano como si estuviera espantando a un mosquito molesto y persistente—. Tantos años y no ha pasado nada; ya es normal.

Recordé que luego de que Nona murió, Papi pasó a ser la persona que veía con más frecuencia los clones de Mami. Papi viaja a menudo por cosas de trabajo, y muchas veces, en esos lugares donde vive provisionalmente, se sorprende al ver a Mami caminando por ahí, ensimismada en sus oficios domésticos. Tarde en las noches, cuando Papi está acostado en el sofá, o temprano en la mañana, cuando se está tomando el café antes de trabajar, Mami se manifiesta. Barre el piso con una escoba. Riega las matas en el balcón. Se sienta en la sala, apoyando los pies sobre una mesa. Durante algunos segundos luego de que su clon brota del aire, a Papi se le olvida que Mami no viajó con él. Piensa que está viendo a la verdadera Mami. Pero la paja de la escoba del clon no cruje contra la baldosa fría. Las gotas de agua de su regadera no tamborilean al caer sobre la tierra en las macetas. A veces la imagen del clon perdura, limpiando un espejo, soplando el humo que se encarama en el aire y que viene de su taza de café caliente. Otras veces, la imagen del clon desaparece rápidamente en la nada de la cual surgió.

Me traté de imaginar que las recaídas que yo experimentaba eran algo común y corriente, al igual que los desdoblamientos de Mami eran comunes y corrientes. Si entrecerraba los ojos, casi, casi lograba percibir algo ordinario en ese desprendimiento total de mi identidad, en ese arrebato anestesiado con el cual mi cerebro se deshacía de sus recuerdos, en aquella compulsión automática con la cual los recuperaba, arrastrándome una y otra vez por un proceso de encubrimiento y descubrimiento personal, como si todo aquello fuera una lección, como si yo pudiera aprender algo de mi propia disolución y resucitación. Pero entonces, a la decimoctava vez de despertarme desmemoriada y a una realidad en la cual había dormido con mi hermano, a una conmoción de nervios, a una vergüenza fosforescente, algo en mí finalmente se rompió.

Tras un año completo luego del accidente, confesé que me despertaba sumida en amnesia; que había perdido la memoria en el accidente ciclístico de hacía un año; que había fingido que no había perdido la memoria; que todo ese tiempo había tratado de alcanzar el fondo de lo que significa ser una persona.

Nadie me preguntó: "¿Por qué no nos dijiste?"

Mami, embarazada de mi hermana. Bogotá, 1982

Todo el mundo dijo: "Pero obvio".

Me rodeaba una gente que me conocía mejor que yo misma.

Me había supuesto que mi familia se iba a sentir enojada, afligida o traicionada por mi silencio, pero su desasosiego giró alrededor del hecho de que el accidente había sido más serio de lo que habían pensado, y no de que yo hubiera encubierto sus consecuencias. Cuando le pregunté a Mami por qué nadie se había dolido de rabia, me dijo que para enojarse, primero habrían tenido que sentir desconcierto, y nada de lo que yo había hecho les había sorprendido. Mi familia parecía entender mi reacción frente a perder algo como mi memoria de una manera que yo no podía. Parecían saber de antemano que yo buscaría esa pérdida como si fuera una abundancia, que la trataría como un borde filoso sobre el cual podría abrirme en dos. Y la preocupación de todos por mi bienestar eclipsaba lo demás.

A Jeremiah le entretenía el control de mí misma que había demostrado precisamente en aquellos momentos cuando no tenía un yo; a mi hermana le interesaba comprobar los detalles de mis recuerdos; a papi le urgía que me sacara más radiografías; y a Mami le sorprendía lo ocurrido, y se extravió pensando que nuestras vidas nuevamente se reflejaban una en la otra. Lo único que ella quería saber (al igual que las tías, tan pronto como se enteraron) era lo que yo había soñado en esa temporada.

Ahora que sabía que había perdido la memoria, Mami empezó a llamarme todos los días para contarme historias de la familia, historias que yo iba evocando simultáneamente, al tiempo que ella las relataba y las traía a la vida.

Me sentí como alguien cuidando un camposanto. Yo buscaba en las palabras de Mami lo que ella ya estaba olvidando, lo que ya se iba desvaneciendo en su memoria. Yo celaba esos territorios que sabía podían reflejar quienes éramos, y los memorizaba.

Mi madre cayó por un pozo. Yo me estrellé contra un carro. Volamos en ambos casos. Luego vino el choque de la solidez del suelo. Perder la memoria fue un idilio de muerte; recuperarla, un regreso doloroso.

Ahora vivimos con nuestros desdoblamientos; Mami con sus clones, y yo despertándome amnésica en medio de la noche.

A mí me habían advertido que me mantuviera lejos del vestido, pero nadie alertó a Mami del hueco... A menos que aquel momento, ocho años antes de su caída, cuando Nona se escondió detrás del pozo para huir de su marido y su machete, fuera un aviso. A lo mejor la caída de Mami se había estado construyendo durante esos ocho años. Un precio apropiado, el pago por una vida que había quedado pendiente.

De recién nacida, Mami se salvó porque su madre la depositó en la seguridad de las manos de la madre de su madre. Yo salgo de la amnesia en el momento en que recuerdo a mi madre. Las madres son la entrada y la salida. De niña, Mami tocó la circunferencia oscura del pozo. De adulta, yo compré ese vestido negro profundo que me puso en el centro de mi propio círculo. Un círculo dentro de un círculo dentro de un círculo.

5

LAS RECAÍDAS

Es de noche, estamos a treinta y dos grados en Cúcuta, y Mami y yo solo tenemos un ventilador. Lo llevamos de cuarto en cuarto por todo el apartamento. Siempre estamos juntas, abanicándonos, amenazando con raparnos la cabeza, frotándonos cubos de hielo en los hombros, afanadas por escaparnos del calor. Nos turnamos bajo el agua glacial de la ducha, metiéndonos con la ropa puesta; y luego andamos escurriendo por los pasillos del apartamento como gatos mojados.

Me preocupa que ella o yo tengamos una recaída mientras estamos aquí juntas. Me da terror que Mami se desdoble y que su aparición se condense, enervante e inmóvil, ante mí cuando menos me lo espere. Temo recaer en la amnesia en medio de la noche y terminar desconcertada en un nuevo ciclo narrativo, con Mami en el centro. No quiero saber qué historia se inventará mi cerebro. Recito encantamientos para la memoria: "La mujer a tu lado es tu madre. La mujer a tu lado es tu madre. La mujer a tu lado es tu madre". No duermo nada.

Mami y yo seguimos tratando de reunir la plata para la exhumación. Ya nos deshicimos de todos los objetos de valor más obvios, y ahora estamos subastando lo que se nos cruza por delante. En una tremenda ráfaga de plástico verde esmeralda y plateado que se desprende en tiras, desempacamos cada cosa de la mortaja que la envolvía. Pilas de envoltorios se convierten en grandes lomas que obstaculizan nuestros movimientos. Recordamos dónde conseguimos cada objeto que desempacamos... ya fuera en Bogotá, o Cúcuta, o Argentina, o Venezuela. Las pocas cosas que tenemos de Bogotá son tan preciosas como un milagro. No podemos entender cómo llegaron hasta Cúcuta, pues dejamos Bogotá en medio del pánico.

Está la lata de galletas que al abrir veo contiene conejitos de cerámica momificados cada uno, una serie de diskettes, y mi cobija de cuando era bebé. Pasamos horas mirando cada cosa, aturdidas por el pasado y el calor. Deslizo un dedo a lo largo del borde de satín rosado de la cobija en la que dormía de bebé, sobre la cual me dejé caer incontables veces al volver del colegio, y que de alguna manera conservé y llegó a este apartamento.

Mami nunca me había contado esta historia: a los siete meses después de haber nacido, cuando apenas faltaban dos para que Nono muriera, él se inclinó sobre mi cuna y me alzó en brazos envolviéndome en esta cobija. "¡Gracias a Dios!", dijo en voz baja. "Le tocaron los genes buenos". Puso la boca contra mi oreja, cubriéndola con su mano, y susurró una larga cadena de palabras. Mami escuchó su secreteo, observó el movimiento de su quijada, pero cuando le preguntó qué estaba diciendo, Nono le dijo que no se preocupara, que solo estaba transmitiendo parte de su saber a la siguiente generación. Saberes perdidos hace tiempo, que trato de recordar, y que Mami dice debería olvidar.

—Aquí está una protección de oro de cuando eras bebé —dice Mami, y me entrega un dije diminuto en forma de puño—. Tu abuelo te lo mandó a hacer de oro, porque el oro es el lenguaje de la creación.

Examino el pequeño amuleto dorado. No pesa prácticamente nada en la palma de mi mano, y por su tamaño podría ser un adorno para una muñeca. Sirve para proteger contra el mal de ojo. Se conoce como mano figa y tiene su origen en Italia, entre los etruscos. Los colonizadores lo trajeron consigo al nuevo mundo. Pero sé que lo que Mami dijo sobre el oro es lo que creían los muiscas; he leído libros sobre eso. Cuando le pregunto, Mami no muestra ningún interés por las raíces de lo que me ha dicho, y contesta que es solo una de las muchas cosas que Nono y sus abuelos decían.

A veces siento que estoy manipulando pedazos de un plato roto. Como si hubiera heredado el antes nuestro, pero solo en fragmentos. Somos un pueblo multiétnico que ha vivido en secreto, y nada encaja en ninguna parte. El plato roto es lo que somos.

Hay curanderos desde el extremo más remoto de Argentina, por todo el continente hasta México, y también en las partes de los Estados Unidos que solían ser México.

Hay tantas tradiciones de sanación como geografías, curanderos que utilizan alucinógenos, yerbateros, y los que trabajan con los sueños. Los sobadores centran su práctica de sanación en los aceites sagrados, hechos con recetas antiguas, con las cuales pueden sacar los malaires del cuerpo a través de masajes. En Colombia, no llamamos curanderos a los sanadores indígenas, aunque su oficio también es la medicina. Entre nosotros los llamamos mamos, o decimos: "Me ayudó una mujer wayuu" o "Un kogui me alivió el dolor".

A pesar de que se manifiestan de maneras diferentes, todas las tradiciones de sanación coinciden en entender la enfermedad como algo atado al espíritu, a las cosas que vivimos, y a las cosas que cargamos. Pero los sanadores indígenas basan su práctica en la tradición; los curanderos han perdido esa conexión directa y son devotos de la improvisación. Su estilo de sanación depende de su personalidad, y de las tradiciones originales de cada zona. Algunos curanderos son cirujanos espirituales, por ejemplo. Sanan en un quirófano y se ponen una bata blanca de médico, toman escalpelos y pinzas de bandejas metálicas, diseccionan en el aire justo encima del cuerpo de sus pacientes, y cantan antiguas canciones para sanar, soplando humo y removiendo cánceres, tanto los reales como los metafóricos, en sus cirugías invisibles.

En California, donde vivo ahora, he visto anuncios de clases de sanación, sintetizadas en tres semanas de curso intensivo, que cualquiera puede tomar; en Latinoamérica, sin embargo, los saberes son resguardados, y la herencia cultural es un prerrequisito para poder ejercerlos.

Nono curaba con hierbas, pociones, sueños e historias. Trataba padecimientos, y luego buscaba las heridas invisibles, fuentes importantes de dolor. Era un curandero querido y respetado porque decía lo que sus pacientes callaban.

—Un tío abusaba de vos.

—Cargás con una pena relacionada con tu hermana.

—Viste morir a un hombre, y ahora estás nublado con culpa.

Sus clientes, conmovidos, soltaban sus vivencias, y Nono los escuchaba con atención. La narración de sus penas contenía información importante. A veces una persona se curaba cuando Nono recontaba lo que le habían dicho, pero con alteraciones disimuladas que proporcionaban salidas a esos lugares inhóspitos y hostiles que desde hacía rato había que abandonar. Otras veces lo que se requería era un exorcismo. A veces sanaba a sus clientes en sueños. Por las noches, se concentraba en encontrarlos y sus clientes, a su vez, empezaban a soñar con él. A veces, en la vida real, Nono le quitaba la enfermedad a una persona al inhalarla, chupando el aire frente a su cara e invitando a la enfermedad y el malaire a su propio cuerpo, donde él los dominaría y se curaría por sí mismo.

Los curanderos tenían que ser capaces de curarse a sí mismos, por encima de todo.

En Cúcuta, cuando Mami me dice que debería tratar de olvidar lo que Nono me susurró al oído cuando era bebé, sé que lo hace porque puede ver que a duras penas he sobrevivido a mis propios disturbios. Pero no sé cómo olvidar algo que no recuerdo.

Mami y yo estamos en medio de la tarea de desempacar el bar cuando Papi llama por Internet. Está en un campo petrolero en Libia, más o menos a la mitad de su puesto de cinco meses. Se siente solo. Lo sabemos porque todos los días nos manda mensajes cortos por correo electrónico.

"¡Hola, familia! Espero que estén bien. La manera en que reaccionamos a las cosas que nos suceden hoy será lo que nos defina en el futuro".

"Seamos felices tal como somos ahora, y aún más. Más felicidad para todos".

La compañía donde trabaja Papi también sabe que se siente solo. Han ofrecido llevar hasta allá a Mami, para pasar con él los últimos dos meses de su contrato. Como estamos a la espera de que aprueben la visa de Mami, cuando llama, pienso que tiene algo que ver con sus papeles. Pongo el teléfono en altavoz, lo deposito en el suelo, y sigo desenvolviendo el juego de vasos de whisky de borde dorado de Papi que, sin que él tenga la menor idea, planeo vender por Internet por una cantidad equivalente a treinta dólares. Papi no sabe que estamos vendiendo nuestras pertenencias para pagar la exhumación de Nono, pero Mami dice que algún día, cuando todo esto haya pasado, le contaremos; y siempre es mejor pedir perdón que permiso.

Mami está sentada en un tapete, recién despertada. Se enrosca el pelo en tirabuzones, mientras toma el café helado que le preparé esta mañana, y sacude la cabeza y chasquea los labios cada vez que toma un sorbo, teatralmente, para darme a entender que no lo endulcé suficientemente. Aunque la resisto, una sonrisa me invade la cara, y me doy la vuelta para seguir con lo del bar.

La razón por la cual Papi llama, nos dice, es que acaba de ver aparecerse a Mami.

El clon de Mami se materializó hace un rato en el mezanine del segundo piso del apartamento alquilado por la compañía, echando baldados de agua, quiméricos por supuesto, contra la pared. Papi la vio desde el primer piso, justo debajo, en la sala, donde se hallaba trabajando en unas gráficas en su computador.

Casi siempre, Papi ignora al clon de Mami cuando se aparece, pero esta vez, le dio tanta curiosidad por saber qué sería lo que estaba lavando, que corrió escaleras arriba para ver. Pero cuando alcanzó al entrepiso, el clon de Mami había desaparecido.

Papi le pregunta:

—Entonces, ¿qué era lo que lavabas, Sojaila?

Mami lo piensa unos segundos:

—Tal vez estaba limpiando el espacio para mi llegada.

—Ah, qué bien. —Papi cuelga, tranquilo.

Mami y yo soltamos una carcajada. Nos volvemos a contar la historia de Papi la una a la otra, y nos burlamos de él, por haber colgado tan rápido. Después, lo llamo. Cuando contesta, le pregunto cómo se comportaba el agua en su visión.

—Pues... ¿cómo quieres que se comporte el agua, hija? ¡Mojaba las paredes! ¡Escurría hacia abajo! ¡Formaba charcos! —Sonrío, imaginando el agua chorreando desde el piso de arriba hacia la sala, arrimándose al sofá que Papi me dice abraza las tres paredes de la habitación, adornado con cojines redondos de borlas, apilados uno tras otro.

—¿Alguna vez se te ha ocurrido que pueda ser una alucinación?

—Es una posibilidad —contesta—. Pero he visto tantas cosas raras a lo largo de mi vida con tu madre que... que de verdad creo que tiene poderes.

No puedo creer lo que oigo. Son incontables las veces que le he preguntado a Papi sobre los poderes de Mami y nunca me ha contestado con seriedad. "Más poderes tiene un huevo frito", me decía. "Tu no crees en todas esas canalladas, ¿cierto, hija? Tú y yo somos *intelectuales*".

Si tengo en cuenta que cuando se conocieron mi papá y mi mamá, él era comunista, intelectual, un líder juvenil, un ateo confeso, entonces, que ahora admita creer en algo tan fugaz y abstracto como los desdoblamientos de Mami, no tiene lógica.

Sigo sin poder creer que Papi haya de un momento a otro dejado su escepticismo, así que trato de engatusarlo con un término que acabo de aprender. Le sugiero que a lo mejor sus alucinaciones son de naturaleza hipnopómpica. Encontré el término mientras leía sobre las alucinaciones de origen epiléptico, cosa que Paul, con quien se había casado mi hermana, estaba sufriendo. Las alucinaciones hipnopómpicas, que se manifiestan cuando uno acaba de salir de un sueño profundo o de un ataque de convulsiones, se consideran sucesos cerebrales relativamente comunes.

Papi no espera que termine.

—Es que no me importa si la ciencia puede explicar lo que veo, porque no comprueba si lo que tengo ante mis ojos sucede *dentro* o *fuera* de mi cerebro. ¿O acaso la ciencia puede decirme eso?

No tengo respuesta, y Papi me dice que ver a Mami aparecerse ante él le dice que ella lo está cuidando. Se siente amado.

Me cuenta de otra aparición reciente. Unos meses atrás, Papi estaba en Villahermosa, México, dando presentaciones y participando en reuniones. Una noche, se quedó dormido temprano, y cuando abrió los ojos al día siguiente, Mami estaba ahí, diáfana, en su cuarto de hotel, parada al pie de la cama. El sol se filtraba a través de su pelo, y a través de ella, él podía ver la pared blanca que había detrás, y la pantalla beige de la lámpara de pie. Cuando la imagen empezó a desvanecerse, Papi saltó de la cama y se apresuró a su lado.

—¡Espere, Sojaila, al menos deme un beso!

Los contornos de la aparición recuperaron su nitidez, como una imagen enfocada a través del lente de una cámara. El espectro sonrió, demorándose un poco. Papi se inclinó y, cerrando los ojos, plantó un beso en los labios hialinos de la aparición.

Me doy cuenta de que he estado conteniendo la respiración, olvidándome del vaso de whisky que tengo en la mano. Le pregunto a Papi cómo se sintió eso, besar una aparición.

—No sé —calla un instante—. Tal vez fue como besar el aire.

Mami lo oye, y se estira sobre las baldosas del piso frío. Sonríe, volteándose, encantada.

—¡Gracias a Dios! —exclama, acariciándose el pico de viuda en la frente—. Mis poderes siguen siendo lo que solían ser.

Esa tarde, después de vender el juego de vasos de whisky y una lámpara adornada, hacemos nuestros cálculos, y celebramos. Ya tenemos lo requerido para pagar la exhumación. Mami y yo metemos todo el efectivo en un sobre y se lo llevamos a la tía Perla, y ella nos dice que va a programar la exhumación lo más pronto que se pueda. Nos pide que nos vayamos a empacar, y que estemos preparadas para cuando nos avise.

De regreso en el apartamento, Mami y yo llenamos una maleta con ropa negra. Clavamos la mirada en la boca abierta que se forma. Tantas cosas han empezado a parecerse a agujeros, túneles, tumbas. Lugares en los que mi mirada se mete y mi mente la sigue. Miro la negrura que hay en la maleta, pensando en los huesos de mi abuelo tal como deben estar en su ataúd, en una mímesis del sueño, cuando Mami me pregunta:

—¿Trajiste algo de obsidiana?

Parpadeo. De hecho, sí. Rebusco hasta encontrar mis aretes de obsidiana en la bolsita en la que guardo mis joyas. Se los muestro a Mami. Ella examina las negras lágrimas talladas. Mami también tiene aretes de obsidiana. Nos quedamos mirando ambos pares en silencio. Son asombrosamente parecidos, del mismo tamaño, con la misma forma de lágrima, solo que los míos tienen la obsidiana enmarcada en pequeños aros de oro. Estas cosas nos pasan siempre: tomamos nuestras propias determinaciones, pero terminan siendo idénticas. Quiero preguntarle cuándo compró sus aretes. Su respuesta le pondría fin a la pregunta de quién es la original entre las dos, y quien la copia. No quiero descubrir que yo soy la copia, pero no hay de dos. Ella me parió, y aquello da por terminada la cuestión antes de que pueda empezar un debate. Pero si heredé sus lunares, y el que tenemos en los omoplatos lo tengo invertido, el suyo en el omoplato izquierdo y el mío, en el derecho, entonces no solo soy su copia, sino que también soy su espejo.

Mami me devuelve los aretes apretándolos contra la palma de mi mano.

Coge un suéter ya doblado que hay en la maleta y lo azota en el aire. El polvo gira en la luz. Dice:

—La obsidiana fue uno de los primeros espejos. Por eso es bueno que la tengamos puesta en la exhumación.

Los espejos son un tema que casi nunca abordamos, al igual que las amnesias. Pertenecen a una familia de asuntos que siento nos queman la tráquea.

Veo como Mami vuelve a doblar el suéter y lo acomoda de nuevo en la maleta.

—¿Qué? —pregunta sin mirarme.

—¿Será que las historias en nuestra familia se van a repetir siempre?

Me refiero a que Nono y ella puedan aparecer en dos lugares diferentes a la vez, o que Mami y yo hayamos perdido la memoria, o a que tengamos los mismos lunares.

Pero Mami no me pide que aclare nada. Se limita a menear la cabeza.

—¡Qué vaina! —y luego me hace un guiño—. Más vale que te cuides... hasta donde sé yo, las historias suceden de tres en tres.

Esa noche, se me olvida recitar mis encantamientos contra la amnesia, y caigo en un sueño profundo. Me despierto porque Mami me sujeta el antebrazo.

—¿Oíste?

—¿Qué? —Levanto la cabeza y luego la dejo caer.

—Los pasos.

Me enderezo hasta quedar sentada, Trato de recordar si cerré la puerta de entrada con llave. Aguzo el oído y trato de percibir los sonidos de alguien escabulléndose a oscuras en nuestro apartamento, pero no oigo más que los zumbidos de la noche.

Mami dice:

—Ese era Nono. Le reconocería los pasos en cualquier parte del mundo.

—Quieres decir...

En la opacidad del cuarto, Mami hace la sábana a un lado y tambalea hasta la puerta. Se me ocurre detenerla para que no le abra la puerta a un fantasma, pero me quedo quieta mientras ella sujeta la perilla y abre la puerta.

El corredor está vacío. Mami se queda frente a una oscuridad que late. No sé qué espera. Una brisa sopla por la puerta. Se voltea para mirarme. Solo distingo su silueta, su cara está perdida en la noche, y el corredor se vuelve una garganta sonora, un crujido, un aullido, un silbido estridente que me pone los pelos de punta.

6

LA EXHUMACIÓN

L a llamada de tía Perla llega.

—Todo está listo. Nos vamos hoy.

Nos cuenta que Fabián irá manejando esa noche y que ellos llegaran a Bucaramanga, donde tendrá lugar la exhumación. Compro pasajes de avión para mami y para mí. Es un vuelo de apenas cuarenta y cinco minutos, y no es demasiado caro. El hotel está fuera del presupuesto que he calculado; por eso, cuando mami sale a comprar lo que llama "materiales de exhumación", pongo más cosas a la venta en línea, y suelto un rezo para que papi nos perdone cuando se entere.

En el avión, al día siguiente, apoyo la sien contra la ventana y pienso: "Los huesos de mi abuelo, los huesos de mi abuelo, los huesos de mi abuelo". Miro abajo, a la franja plateada del río Chicamocha, que desde esta altura parece una enorme serpiente de plata, deslizándose alrededor de la base de montañas coronadas de verde en la cordillera.

También hay una serpiente en la mano de mami, pero esta es de oro. El anillo se enrolla alrededor de su dedo pulgar, centellea, y su brillo atrae mi mirada incluso cuando no lo estoy viendo. Sé que es algún tipo de amuleto.

—Mami —digo. Quiero preguntarle por los espíritus de la laguna, que son mujeres con escamas, y serpientes, unas y otras nacidas del fuego. Quiero saber si vienen del mismo fuego, o de tipos diferentes. Quiero saber de la serpiente dorada que tiene en el dedo, de la cual no sé prácticamente nada, pero Mami no me oye cuando le llamo. Está absorta en sus pensamientos, limándose las uñas.

Luego de un rato, sopla el polvo blanco que se ha sacado. Miro la espiral de polvo haciendo acrobacias en el aire, y la inhalo toda.

El día siguiente, llegamos por fin al cementerio Jardines de las Colinas, donde Nono está enterrado, y pienso en los sueños. Madrigueras del más allá. Pasillos subterráneos, corredores angostos, túneles. En mi familia, estudiamos los sueños y tratamos de descifrar su arquitectura. Cada día nos saludamos con la pregunta: "¿Soñaste algo anoche?", y si queremos saber de algún ser querido, decimos: "¿Sabes qué habrá estado soñando tal y tal persona en estos días?".

Los sueños son la razón por la cual hablamos de Nono en presente, porque, a pesar de que está muerto, seguimos viéndolo en sueños.

Los sueños son la razón de este extraño regreso, al pie del cerro de El Cacique, donde hemos enterrado a nuestros muertos, en un día soleado, vestidos de negro, y preparados. Tenemos puestos tapabocas y guantes de látex, y espolvoreamos azufre en el interior de nuestros zapatos para protegernos de lo que Mami llama las "larvas etéreas de camposanto". Ninguno de nosotros ha oído hablar de semejante cosa, pero las palabras por sí solas son suficientes para imaginarnos algo. Seguimos sus instrucciones, y cubrimos el interior de cada zapato con polvo verde neón, aunque huele a pantano y cruje a cada paso contra las medias.

Serpenteamos por entre las lápidas. Mi primo Fabián y yo nos retrasamos un poco, y Mami y tía Perla siguen, aunque no recuerdan exactamente el lugar de la tumba de Nono. Fabián y yo tenemos nervios. Tratamos de no reírnos y hacemos todo lo que podemos para no pisar ningún muerto, pero cuando lo hacemos, paramos para ver a quien fue que molestamos. A una distancia de cortesía, especulamos sobre la causa de las muertes. Por ejemplo, la mujer que fue enterrada en los años setenta por su marido, el único miembro de familia que figura en su lápida: ¿la mató ese hombre, o es que ella murió de parto? Deliberamos. Mami y tía Perla se detienen en la primera cresta del cerro. Nos detenemos a su lado.

Ante nosotros hay una tumba excavada.

La tierra que la llenaba está apilada al lado en un montecito. Pienso: "Qué extraño sacar tierra de la tierra". Y luego, tres sepultureros en quienes no me había fijado se adelantan y asienten con la cabeza. Tienen tapabocas y guantes, igual que nosotros, pero también botas amarillas y overoles azul rey. Podrían parecer siniestros, pero en la cabeza llevan unas gorras de gasa, que les conceden una suavidad íntima y doméstica. Uno de ellos levanta una

mano, amarilla, solemne, y enguantada, y todos aguardamos con respeto. Anuncia que están listos para destapar el
ataúd, pero nos advierte que retrocedamos un poco, por si
hay metano. Yo no me muevo. ¿Cómo explicarle que esta
es la primera vez que recordaré conocer a mi abuelo, así
no sean más que sus huesos?

Fabián adivina que no tengo intenciones de dar un paso
atrás, porque me mira antes de contrariar al sepulturero:

—Pero si tenemos la cara cubierta.

Fabián es veterinario, así que habla con cierta autoridad.

El sepulturero dice que, si hay gas atrapado en la tumba, los tapabocas no servirán de mucho para evitar que
acabemos desmayados ni para protegernos de una muerte espontánea. Permanezco inmutable. De alguna forma,
morir a la vista de los huesos de mi abuelo no me parece el
peor destino. Como buena colombiana, sé que debo morir
algún día, así que anhelo una muerte buena, una colmada
con significado y drama.

—Ya han pasado veintiocho años, señor —digo en voz
bien alta que se oye amortiguada por el tapabocas. Sé que
han pasado exactamente veintiocho años, porque esa es la
edad que tengo, y tengo tantos años de vida como Nono de
muerto. Su cuerpo se ha estado desintegrando a la misma
velocidad a la que el mío ha estado formándose. Los dos
estamos en el filo entre lo conocido y lo desconocido.

Uno de los sepultureros asiente y se encoge de hombros
mirando a los demás.

—Seguro que no hay más gas.

—Está bien —dice el primero—. Pero si llego a decirles
otra vez que se hagan para atrás, me obedecen.

Emito una especie de gruñido afirmativo, aunque no estoy segura de que le vaya a hacer caso.

Los sepultureros dejan caer una cuerda amarilla dentro de la tumba. Uno de ellos va tras ella, y luego vuelve a trepar fuera. Ya ha enganchado la cuerda a la lápida de concreto que sella la sepultura. Los hombres se soplan levantando la losa, y la depositan en el pasto de otra tumba. De inmediato, me acerco apresurada al borde del hueco y miro hacia abajo.

Es tan negro que no distingo nada.

El sepulturero principal se adelanta a mi derecha y carraspea junto a mi oído:

—Usted pudo haberse muerto. —Y luego más alto, para que todos oigan—: El ataúd está desintegrado. La corrosión es alta. Vamos a tener que sacar el cuerpo por partes.

Retrocede para ponerse un delantal amarillo de carnicero, metiendo primero un brazo y luego el otro.

Sigo con la vista clavada en la negrura de la tumba. Con el tiempo, mis ojos se ajustan, y veo pedazos de una cinta lila. Me sorprende que tanto color haya sobrevivido, aunque no debería asombrarme: la cinta es de plástico. Parpadeo. De repente, distingo la calavera. Después, entre los terrones dispersos, vislumbro las falanges blancas de los dedos.

Todo encaja en su sitio.

Las falanges se asoman de una manga de saco, descolorida por el paso del tiempo, y se aprietan sobre la base de un crucifijo de color turquesa. Aquí y allá, puedo ver la tela de los pantalones de Nono emergiendo de entre la tierra. Los huesos blancos de los dedos que sostienen el último movimiento del cuerpo de mi abuelo me parecen algo que no debería ver, así que me volteo y cierro los ojos. Tía Perla está a mi lado. Le dice a Fabián que el crucifijo con el cual sepultaron a Nono era de bronce, y él explica que ahora se ve azul porque se oxidó.

—Mira todas las cosas que el crucifijo tiñó: el pecho de Nono, la manga de su saco, la tierra.

Mami está callada; y luego oigo el sonido del obturador de su cámara.

El sepulturero del delantal amarillo vuelve a meterse dentro del agujero, y los otros dos se quedan arriba, para recibir las partes. En el pasto hay una bandeja larga de acero para los restos. Con lo que les cabe en el cuenco de las manos, van pasando a mi abuelo de la tumba a la bandeja. Lo primero que depositan en ella son huesos pequeños y más cintas de colores, y después papelitos, que van a dar a la bandeja junto con terrones y trozos de tela y materia irreconocible.

Mami y la tía Perla empiezan a contar los papelitos.

Sé que son los pedidos que la gente deslizó al ataúd de Nono el día de su funeral, como las que la tía Perla encontró medio enterradas en el pasto sobre la tumba de Nono tras el sueño compartido. Cuando muere un curandero, se acostumbra a hacerle encargos. Se sabe que el curandero se las lleva al otro mundo, donde se dice que sus poderes se multiplican. Pero en sus últimos años de vida, Nono decía que sus poderes estaban menguando. Su carga era demasiado pesada y se entregó a la bebida. Le había pedido a Mami que no permitiera que ningún encargo quedara en su ataúd. Pero tanto parientes como desconocidos ocultaron sus peticiones tras coronas florales y rosas. El día del funeral, Mami y la tía Perla interceptaron al menos cuarenta de ellas. Repitieron varias veces que el deseo de Nono era que lo dejaran en paz. Se enfurecieron, y luego, desalentadas, se resignaron. Supervisaron la larga procesión de dolientes.

Ese día, Mami desdobló y leyó algunos de los encargos que pudo interceptar. Quería saber qué era lo que le pedían a su padre. De todos ellos, hay tres que recuerda:

> *"Don Rafael, curandero de Ocaña, por medio de este papel no dejaré que usted descanse en paz hasta que no me conceda una casa".*
> *"Rafael Contreras cuide a mis hijos; están muy necesitados".*
> *"Rafael, es mi voluntad que habite entre las almas del purgatorio hasta que me cumpla lo que le pido".*

En el cementerio, voy hacia la bandeja y me inclino sobre ella, examinando los papeles, preguntándome cuántos deseos se habrán cumplido. No tengo manera de averiguarlo. Me había imaginado que podría leerlos, pero, al agacharme, veo que se han ennegrecido y son muy frágiles. Hay por lo menos treinta.

El sepulturero del delantal amarillo está acurrucado en el fondo de la tumba. Parece que estuviera mirando la nada, pero luego despeja la tierra y pellizca dos puntos.

Tira un poco y emerge un saco de lino claro. Mete la mano debajo, en el centro de la espalda y, al hacerlo, un par de pantalones a juego se empiezan a asomar. Tira un poco más, hasta que puede deslizar la otra mano por debajo.

Supongo que está tratando de mantener todos los huesos unidos. Es un gesto sencillo y lógico, pero me impresiona ver lo comprimido que Nono puede llegar a estar, aplanado entre su saco y pantalones, desinflado sobre los brazos del hombre del delantal.

El sepulturero que está en la tumba levanta los brazos hacia el que está arriba, y transfieren a Nono pasándolo de un par de brazos al otro, porque el traje no es un traje lleno de huesos sino, para nosotros, y para ellos, durante unos breves instantes, una persona.

El hombre que está arriba cubre la bandeja con el saco, pero los pantalones quedan flojos y se doblan debajo. Nono está descabezado: es solo el traje de lino que se puso el día de su boda, polvoriento y deteriorado. Luego le agregan la calavera y, como toque final, los zapatos. Todos los ingredientes de la naturaleza humana dispuestos en una bandeja.

Luego de un rato, la tía Perla dice:

—¡Qué negro está el cráneo!

—Es normal —responde Fabián—. Es la humedad.

Durante los veinte minutos que siguen, no sé dónde se meten los sepultureros. No sé qué hace nadie. Solo tengo consciencia de arrodillarme en el pasto frente a los huesos de mi abuelo, respirando el olor a tierra honda y oscura que emana de sus restos.

Oigo todas las historias que ya me han contado. Puede ser que alcance a oír su voz. Sus huesos son un conjuro.

Fabián, tía Perla, Mami. Bucaramanga, 2012.

Los sepultureros. Bucaramanga, 2012.

Nono. Bucaramanga, 2012.

II

EXHUMACIÓN

Le di vueltas al pozo hasta que volé fuera de mí
Hacia lo que no era parte de eso.

—MAHMOUD DARWISH

Déjame llamar a mi ansiedad deseo, entonces.
Déjame llamarla jardín.

—NATALIE DÍAZ

Las historias que cuenta Mami están salpicadas de frases recurrentes como "En la vida real" y "En sueños", para marcar esos cruces que transita constantemente, yendo de un lado a otro. Los sueños son tan importantes como la vigilia. Una historia desemboca en otra y en otra, desenrollándose hacia afuera y luego cerrándose sobre sí misma hasta que, al final, volvemos a Nono y sus huesos, aunque en cierta manera jamás nos hemos alejado de ellos.

"En la vida real...", comienza.

7

MEDIANOCHE

En la vida real, justo después de que nací, en 1984, exactamente a la medianoche en una sala de hospital iluminada por luz fluorescente, en Bogotá, Mami estaba adolorida y agotada en el catre en el que acababa de dar a luz, e iba perdiendo poco a poco la movilidad de sus brazos.

Al principio, los dedos quedaron rígidos, y luego los antebrazos y, por último, a fines de mes, los hombros. De repente, sus brazos pendían inertes a lado y lado de su cuerpo. No conseguía hacer que se movieran.

En los días que siguieron a mi nacimiento, los médicos mantuvieron a Mami bajo su cuidado, considerándola "un misterio para la ciencia". Había desarrollado una artritis avanzada de un día para otro. En el catre del hospital, las enfermeras me depositaban sobre el pecho de Mami, y ella maniobraba con sus rodillas para conseguir que yo me pegara a un pezón. Todo servía de práctica para cuando Mami se fuera a la casa y tuviera que amamantarme ella sola.

Sé que a las mujeres que acaban de parir siempre les suceden cosas inescrutables. He oído de muelas del juicio que salen de nuevo, de tetillas adicionales que brotan donde antes no había ninguna, de piel que se desprende como después de quemarse al sol.

Pero para mi familia todo es una señal.

Mientras los médicos pedían radiografías de las manos de Mami, una de sus hermanas (con la cual Mami está peleada desde hace décadas y a la cual se refiere solo como La Misma de Siempre) se plantó en la puerta de su habitación y empezó a pensar en voz alta (a suficiente volumen como para que cualquiera que pasara por ahí la oyera) que un nacimiento a medianoche tenía que ver con el diablo, y que Mami era una bruja que había pagado por poderes con el precio del uso de sus brazos.

En los círculos familiares del chismorreo telefónico, cinco de los hermanos de Mami dijeron que esa artritis repentina era sospechosa y sugería que había caído fuera de la gracia de Dios. La tía Perla sostenía que era resultado de la desnutrición. La tía Nahía se preguntaba si esa artritis no sería un karma que Mami estaba pagando por algún mal que había hecho antes. El tío Ariel decía, a su vez, que era una consecuencia obvia del hecho de que Mami conociera los secretos. Y mientras Nono culpaba a la familia de Papi, a la que acusaba de haberle hecho un maleficio a Mami; la familia de Papi, por su lado, oraba para que todo eso terminara en divorcio.

En el hospital, cuando yo terminaba de comer y las enfermeras me devolvían a mi cuna, cerca de la cama de Mami, ella se esforzaba por captar mi lloriqueo. Pero nunca lo oyó. Yo nunca lloraba cuando tenía hambre, no lloraba cuando ensuciaba el pañal, ni lloraba cuando no podía dormirme.

A Mami le gusta decirme:

—Toda la vida, has preferido morirte que pedir ayuda.

Ella oía el llanto de los otros bebés, y así se acordaba de ocuparse de mí. Me dice que lo que sí me gustaba era reírme. Que reía y reía.

A Mami no le sorprendió la inmovilidad de sus brazos. Se había supuesto que el nacimiento de su segunda hija también le quitaría algo, como había sucedido con la primera.

Cuando dio a luz a mi hermana, dos años antes, lo que perdió fue el poder de ver a los espíritus. Nono dijo que era algo normal: dar la vida implicaba perder un poco de ella. Pero Mami se sentía sola sin los espíritus. Al estrecharle la mano a un desconocido, ya no veía si esa persona tenía acompañantes vaporosos y ahumados. Ya no había mujeres que levitaban cruzando un cuarto, ni niños endemoniados. También estaba el problema de su negocio. Si no veía a los espíritus, ¿cómo iba a mediar entre los vivos y los muertos?

A Mami le pagaban bien por hacer exorcismos. Cuando la llamaban para que les quitara un maleficio, sus clientes esperaban de ella algún tipo de espectáculo. Suponían que iba a rociar agua bendita y a quemar atados de hierbas. En lugar de eso, Mami pedía un vaso grande, lo llenaba con agua de la llave, lo ponía sobre una mesa y se sentaba frente a una silla vacía. Era una exorcista perezosa. En lugar de hacer el trabajo completo de sacar a los espíritus, entablaba negociaciones.

—Óigame —empezaba, al alcance del oído de sus clientes—. Esta que ve aquí no quiere andar en estas. Usted tampoco quiere estar en estas. Pero tenemos un problema: necesito la plata. Así que no hay de otra. Los dueños de este lugar quieren que usted se vaya. ¿Si contacto a alguno de sus seres queridos para pasarles un mensaje de parte suya se va?

Las negociaciones podían tardar días. Algunos espíritus eran malos. Otros, obstinados. Otros vivían metidos en un círculo vicioso, sin darse cuenta. Aunque la mayoría de sus trabajos no requerían mayor esfuerzo, sí necesitaban de sus saberes y su capacitación. Al fin y al cabo, cualquiera podía prender una vela, pero solo Mami lograba obtener el resultado esperado. Y cuando los espíritus se iban y ya no había más espantos, los clientes se maravillaban de que Mami no había hecho nada más que "poner un vaso de agua en una mesa para que funcionara". Al final, no importaba si ya no podía ver a los espíritus. Lo que se necesitaba era oírlos.

Pero en la cama de hospital en Bogotá, mientras estaba acostada pensando en sus fantasmas, en si la movilidad volvería a sus brazos, y prestando atención a mi llanto, fue cuando se dio cuenta de que eso también lo había perdido. Si templaba su oído al ruido del aire, hacia ese lugar del cual venían las voces fantasmales, no percibía nada. Los espíritus que la molestaban por las noches, gritándole al oído, también se habían ido. Ya no había voces murmurándole, no oía súplicas ni amenazas ni peroratas sobre el hambre y el frío. El silencio le incomodaba.

La habilidad de ver y oír a los espíritus eran dones que podían ir y venir, según sabía Mami. Lo que Dios daba,

Dios lo podía quitar. Los secretos, que eran instrucciones para controlar las habilidades que le quedaban, el conocimiento de rezos y plantas, los rituales y las prácticas, eran cosas que aún poseía, y en ellas se refugió.

Cuando la dieron de alta del hospital, siguió yendo a radiología. Allí, en cuartos oscuros con ventanas pequeñas con rejillas, los médicos agotaron sus exámenes, acumularon evidencias, y engordaron la cuenta que debía pagar. Le entregaron un diagnóstico, y después le informaron que no había nada que ellos pudieran hacer. Al igual que muchos otros casos en los que la medicina occidental no había ofrecido respuesta alguna, Mami acudió a Nono.

Los médicos llamaban artritis a la inmovilidad de sus brazos; Nono la llamaba parálisis. Nono empezó a tratar a Mami en sueños. Dormido, se internaba en los bosques donde la encontraba rozagante, durmiendo una siesta entre narcisos; o iba a su apartamento, donde la encontraba con los ojos amarillentos; o al hospital donde acababa de dar a luz. En esos diversos paisajes de sueño, Nono le preparaba una infusión de una planta misteriosa que no había visto antes. Mientras Mami la bebía, Nono trataba de examinar más de cerca las hojas y las semillas, pero la vista se le emborronaba, y al final, terminaba por despertarse.

En el apartamento donde Mami y Papi vivían en Bogotá, el teléfono timbraba y timbraba. Cuando Mami se sentía en ánimo de hacer el esfuerzo, doblaba la cintura, descolgaba el auricular con la barbilla, ajustaba el teléfono al lado de su cara, y hablaba. Sus hermanos le preguntaban por su salud. Sus amigos esperaban conocer a la recién nacida. Y Nono anhelaba demostrar que la familia de

Papi era responsable de su parálisis. Llamaba cada día, y divulgaba un poco más. A Mami le habían dado una comida envenenada. Un plato de espaguetis, pollo tierno y queso antioqueño. Había una salsa roja, contó Nono otro día, en la cual se había mezclado tintura de raíz de yuca brava. La madre de Papi la había preparado. Mami sabía que la raíz de yuca brava era venenosa, pero, aunque admitió que su suegra le había dado esa comida poco antes de que yo naciera, no podía creer que ella fuera capaz de semejante odio.

Sin embargo, la familia de Papi la detestaba.

Eran mucho más morenos que ella, pero algunos habían nacido con unos ojos de un verde penetrante. Por esta razón, decían ser blancos.

Papi no se consideraba blanco. Su cabello era demasiado negro, sus ojos demasiado cafés, su piel demasiado morena para decir tal cosa. Su familia lo llamaba "negrito", tal como la familia de Mami la llamaba "negrita". Era un sobrenombre cariñoso, pero también era despectivo, significaba que los de piel más oscura eran un poco menos que los demás.

La familia de Papi odiaba a Mami porque ella nunca se esforzó por encajar, no iba la Iglesia, se negaba a aprender cuál era su lugar, y, encima de todo, había ocasionado un caos cuando Papi y Mami los visitaron dos años antes, en 1982, luego de que Ximena, mi hermana, nació.

Llegaron tras un viaje de ocho o nueve horas de carretera. Era de noche, tarde. La familia de Papi lo rodeó y lo hicieron entrar, entregándole un vaso con hielo y whisky. Dejaron a Mami plantada en la puerta con la bebé. Dos de las hermanas de Papi se trasnocharon, preocupándose por mantener la copa de Papi rebosando con trago. Le hablaban con arrullo y dulzura. ¿Por qué había abandonado a la familia? Ya no les enviaba dinero para ayudar con el arriendo y el mercado. A duras penas lograban sobrevivir. Él sabía que les estaba costando conseguir un trabajo. Como ellas lo querían mucho, se lo podían decir con franqueza: esa mujer con la que estaba casado lo había castrado. Papi les respondió molesto:

—Me acabo de volver padre. Yo no soy menos hombre por eso.

—Demuéstralo —lo desafiaron ellas—. Pégale a tu mujer delante de nosotros.

Mami miró a su marido borracho, y cuando él se quedó atónito por un segundo más de lo que le parecía tolerable, ella se levantó para irse al cuarto en el que iban a pasar la noche, se aseguró de que mi hermana estuviera bien envuelta en el material suave de su cobijita, y luego salió y sacó de su funda un machete que colgaba de una pared como adorno. Lo deslizó por el piso de concreto, sacándole chispas a la hoja de acero, y retó a Papi a que se atreviera a ponerle tan solo un dedo encima. El alboroto despertó a todo el mundo en la casa, y a pesar de las súplicas de las hermanas, ninguno de los siete hombres que puso pie en ese cuarto se atrevió a acercarse ni un centímetro a Mami, ni para someterla, ni para quitarle el arma. Al final, los hombres se encogieron de hombros y concluyeron que todo eso no era problema suyo, y volvieron a sus camas. Papi anunció que se iba a sentar un momento a pensar, y empezó a roncar en el sofá. Las mujeres también se retiraron.

En cuestión de segundos, la casa cayó en un silencio profundo y expectante, y Mami, satisfecha, se acostó junto a su bebé, adentrándose en un sueño reparador.

La despertó un coro de susurros. La familia de Papi se reunía en la cocina, alegando que Mami era incapaz de ser una esposa como Dios manda. Mami entró como una brisa, se sirvió un café y le entregó a Papi la bebé. Se sentó entre ellos, asintiendo, agregando que ella había nacido para mandar, y para reposar. Cualquiera que dijera lo contrario, estaba negando lo que veía con sus propios ojos.

Ahora, convaleciente en una cama y reposando de forma que no había previsto, extrañando los ruidos de los muertos, Mami renegaba su claustro en el apartamento arrendado en el sur de Bogotá. Era pequeño, de un solo piso, y estaba en medio de un barrio inseguro, pero era lo mejor que podían conseguir. Mientras tanto, las hermanas de Papi, que lo habían venido a visitar, se lo llevaban a bares. Pensaba que querían celebrar su reciente paternidad, pero después de una ronda de tragos, le presentaban mujeres que, según ellas, por pura casualidad, andaban por ahí, blancas, atractivas y conservadoras, con anhelos de ser amas de casa y criar niños. Papi rechazaba a las mujeres, pero se sentía herido por las insinuaciones de sus hermanas sobre su falta de hombría. Le obsesionaba demostrar que no era un hombre desapoderado: ante él mismo, ante su familia, y sobre todo ante Mami.

En todas las familias hay daños que se supone deben mantenerse encubiertos. En la mía, llamamos estos daños "secretos de ultratumba". Pero Mami es una tumba abierta. Cada ofensa o herida que supuestamente debe enterrar, prefiere hablarla.

Yo también soy una tumba abierta.

Papi dejaba a Mami encerrada en el apartamento. De lunes a viernes, se preparaba un termo de café, le dejaba comida licuada en el mesón, cogía su maletín, le daba vuelta a la llave por el lado de afuera de la puerta, y se iba a trabajar. Gracias a las visitas de Nono cada noche, Mami ya había logrado levantar y mover los brazos, aunque eso le producía corrientazos y calambres que le recorrían el cuerpo. Adolorida, probó a girar la manija de la puerta y la encontró cerrada con llave.

—¿Por qué me encerraste? —le preguntó a Papi cuando regresó.

—La puerta ha estado abierta todo el día —dijo Papi, girando la manija para luego soltarla demostrando que así era—. ¿Creías que no?

Mami me ha dicho: "Tu padre no es el mismo hombre conmigo que contigo". Nona le había dicho a ella eso mismo con respecto a Nono, cuando era jovencita, y Mamaría a Nona cuando Nona era apenas una niña. Pero mientras que Mamaría y Nona no podían escapar del abuso de sus hombres, Mami se negaba a permitir que Papi se saliera con la suya, y se burlaba de sus intentos por controlarla.

Veinte minutos después de que Papi la dejara encerrada con llave, Mami se asomaba por una de las ventanas, la que no tenía rejas, que quedaba al nivel de un segundo piso, y estiraba el labio inferior para soltar un chiflido agudo. Se había hecho amiga de un vecino, que todos los días esperaba su señal y llevaba una escalera para recostarla contra el marco de la ventana.

Antes de escaparse del apartamento, Mami nos echaba un rezo de protección, para encomendarnos a mi hermana y a mí a la vigilancia de sus ancestros, o sea, de sus espíritus (durante años, esos mismos espíritus serían nuestras niñeras cada vez que Papi y Mami querían salir alguna noche). Mami se trepaba por la ventana, y lentamente descendía por la escalera. Como no podía sostenerse de los travesaños, tenía que confiarse a su sentido del equilibrio. Al final, el vecino, un joven profesor de música que no salía sino hasta la tarde para su trabajo en una escuela pública, la aguardaba.

—Déjalo —le decía de vez en cuando—. Yo respondo por las niñas, si eso es lo que te asusta.

¿Asustada Mami? Si le pregunto directamente, me dice que no. Siempre le habían sobrado los admiradores, hombres que ofrecían acogerla a ella y a sus niñas y darle todo lo que quisiera, y una comunidad de amigos que le ofrecían eso mismo. Los esfuerzos de Papi por controlarla le daban risa. "Pobre güevón", decía, y todavía a veces dice lo mismo. Era inseguro e inmaduro. Quería irradiar poder y autoridad, pero eran cualidades de las que carecía. En cambio, corrían por las venas de Mami.

Una vez libre del encierro en el apartamento, Mami salía a verse con sus amigos. La recogían a horas acordadas y se la llevaban a tomar café o malteadas. En discotecas cercanas, donde ponían salsa durante el día, Mami bailaba mejilla a mejilla con otros hombres. Cuando la leche empezaba a mojarle el brasier y luego la blusa, como una alarma, sabía que había llegado el momento de regresar.

Mami quería generar una buena cantidad de rumores. Las discotecas a las que iba estaban cerca de donde trabajaban los amigos de Papi. Ella sabía que era nada más cuestión de tiempo antes de que alguno de los rumores llegara a sus oídos, y cuando lo hicieran, él se vería obligado a preguntarse si de verdad le había echado llave a la puerta o si nada más lo habría soñado. Tendría que cuestionar su realidad, tal como había querido manipular a Mami a hacerlo, aunque con poco éxito.

Un día, Papi llegó a casa y se dedicó a examinar la cerradura. La abrió y la cerró con la llave, y luego usó un destornillador para comprobar el mecanismo. Mami se metió en otro cuarto a reírse. Los sonidos de la confusión de Papi al desarmar la cerradura le llegaban como burbujas en la piscina de un spa. Finalmente, fue a decirle a Mami que la cerradura estaba dañada y que un cerrajero ya iba en camino.

Unos días después, cuando Mami estaba aún saboreando la justicia poética de lo sucedido, Nono la llamó. Al fin había dado con la medicina que necesitaba. La había visto en sueños. En un valle de la cordillera, donde la luz del sol bañaba una pradera, filtrándose por entre árboles muy altos, con flores rojas y de olor dulce. Había ido a buscar ese valle, y había regresado ese día con talegos llenos de flores, ya listos. Había comprado un pasaje a Bogotá, y en cuestión de una semana llegaría adonde ella. El dueño de una finca cerca de Bogotá lo había contratado para que limpiara su tierra de un maleficio, le arreglara la finca, y le había pagado el pasaje. Iría a verla y a tocarla una última vez antes de que tuviera que irse.

—¿Y eso? —preguntó Mami—. ¿Adónde se va?

Lo oyó tomar aire.

—A donde no vuelven.

8

AL DESENTERRAR
UN TESORO EMBRUJADO

66 "Al desenterrar un tesoro embrujado, debe trazarse un círculo en el suelo; y recitar la secuencia de la creación al derecho y al revés".

Esas eran las instrucciones incompletas que Mami alguna vez oyó que Nono le daba a su sobrino, cuando se fue a buscar tesoros y entierros por primera vez con los hombres. Mami quería saber el secreto para cazar tesoros encantados, pero Nono se había negado a decírselo. Tenía diez años y se mantuvo casi sin respirar pegando su oído a la puerta cerrada del consultorio de Nono, pero no llegó a enterarse más que de los primeros tres pasos de las instrucciones. Nono debió presentir que ella estaba ahí. Abrió la puerta, y la encontró agazapada, escuchando.

Hay muchos tipos de tesoros escondidos: secretos guardados mucho tiempo atrás que salen a la luz. Saberes perdidos que luego se recuperan.

Incluso Nono se convertiría en algo que terminamos con desenterrar.

En Ocaña, los tesoros encantados despiden una luz sobrenatural. Se dice que relumbran para una persona que el mismo tesoro escoge, o a ojos de todo el mundo durante la Semana Santa. Donde quiera que estén escondidos, sus rayos dorados atraviesan la tierra.

Algunos de los tesoros son costales de monedas de oro de tiempos de la colonia, y se los conoce como guacas. Fueron enterrados en épocas de guerra por personas que sin duda alguna esperaban regresar algún día. Hay entierros más antiguos, de pepitas y artefactos de oro, que los indígenas guardaron en múcuras. Eran ofrendas a las deidades de la tierra, o se agregaban como ajuar para que los difuntos los usaran en la otra vida. Hay más guacas que múcuras, y solo las primeras tienen maleficios.

La intención con la que algo se entierra importa.

Cuando llegaron los europeos, quedaron fascinados con el oro que los indígenas usaban alrededor de los brazos, en el tabique de la nariz, o cubriendo los pectorales que atrapaban la brasa del sol como una fiebre sobre la superficie dorada, y perdieron la cabeza. Murieron en hordas, abriéndose paso por entre selvas y ríos, acosados por un hambre insaciable, en busca de más y más asentamientos indígenas donde saquear más de todo para reclamarlo para sí. Entresacaron cosas de las que robaron para la Corona española, las ocultaron en secreto para conservarlas, y así crearon las primeras guacas.

Ahora, los que no conocen los procedimientos para desenterrar guacas, o los que no los siguen, pueden infectarse con una fiebre fantasmal, una variante espectral de lo que los europeos padecieron, y que se extendió por todo el continente.

Desde entonces, los colombianos han tenido suficientes ocasiones de esconder sus objetos de valor. Milicias armadas, enfrentadas entre sí o con el gobierno, han asolado el territorio durante la mayor parte de nuestra historia, exigiendo el pago de impuestos inventados para financiar la guerra o para enriquecerse. La gente esconde sus posesiones bajo tierra, para que no sean tomadas como impuesto de guerra. Los que huyen de las guerras modernas también entierran sus pertenencias. Esas ollas llenas de billetes, anillos, aretes y pulseras envueltos en trapos también se conocen como guacas.

A nuestra perpetua situación de guerra la llamamos "el conflicto", y nadie se pone de acuerdo sobre cuándo empezó. El gobierno empieza sus cuentas hace cincuenta y siete años, cuando comenzó su guerra contra grupos de afinidad comunista. Otros sostienen que empezó hace setenta y tres años, con el magnicidio que provocó la guerra civil previa a la actual: el asesinato de Jorge Eliécer Gaitán, un candidato presidencial en el cual los pobres y los oprimidos habían depositado sus esperanzas. No fue nuestro primer magnicidio ni sería el último. Pero, a partir de entonces, el asesinato de líderes políticos se convertiría en un método para derrotar definitivamente a los adversarios. Otros opinan que el conflicto armado comenzó cien años atrás, con los violentos enfrentamientos entre campesinos desposeídos y terratenientes en las zonas cafeteras de Colombia que llevó al magnicidio, que a su vez desembocó en la guerra civil anterior a la pasada, que derivó en la guerra actual. Recientemente, el gobierno declaró el fin de la guerra actual, rematando el conflicto con la firma de un acuerdo de paz con las FARC, nuestro grupo guerrillero más numeroso. Pero los grupos disidentes de la guerrilla, la policía y los paramilitares siguen reproduciendo los mismos ciclos de violencia que antes, con lo cual ocurren masacres todos los meses.

Yo estoy del lado de los que afirman que hemos vivido en un estado de violencia desde la conquista. Que los conflictos entre campesinos y terratenientes de los años veinte del siglo pasado son ecos del establecimiento del llamado "Nuevo Mundo". El sistema agrícola de los años veinte, al igual que la encomienda colonial, que es su inspiración, mantenía una mano de obra campesina de negros e indios (esclavos y siervos en tiempos de la Colonia) bajo una opresión terriblemente destructora, orquestada para preservar la supremacía de los terratenientes de origen europeo.

Las historias de personas que encuentran guacas llegan hasta los periódicos locales de vez en cuando. En 1995, un campesino en Antioquia encontró tres guacas, un botín valioso que terminó por arruinarle la vida. Para cuando lo entrevistó el reportero, estaban en la calle, empujando un carrito, tras perder su hogar, su trabajo y su familia. En Ocaña, en 2007, un obrero de la construcción encontró una múcura. Estaba terminando de echar el concreto para unos cimientos cuando de repente el suelo empezó a brillar. Estaba solo en la obra, y descendió hasta el lugar de donde provenía la radiación misteriosa. Hizo una piedra a un lado para alcanzarla, pero la luz desapareció. El hombre corrió tras la piedra, que rodó loma abajo. Cuando la recogió, se dio cuenta de que no era una piedra sino una vasija precolombina, llena de pepitas de oro. La base se había quebrado, derramando el oro. El hombre reunió el oro en su camisa, lo vendió por peso y, con el dinero, se mudó y compró una casa en Medellín.

En Ocaña, por todas partes parece que la tierra guardara lo que alguna vez fue apreciado y querido. A todos los ocañeros que les he hecho la pregunta, que si conocen a alguien que ha encontrado un tesoro, o ha enloquecido por la búsqueda de un tesoro, me han dicho que sí.

Cuando Mami era niña, todos los años Nono se iba a buscar oro embrujado.

Sus hermanos menores, Nil y Manuel, llegaban un día antes de que empezara la Semana Santa, siempre montados en burro. Nil le contaba a Mami cuentos de espantos, sagas sobre sus encuentros con espíritus de las lagunas y con un espíritu del monte conocido como el Silbón, que se materializaba nada más como un sonido. Si el Silbón se oía a lo lejos, era porque estaba cerca; si se oía cerca, quería decir que estaba lejos. Manuel era más reservado, pero Mami lo prefería. Llegaba con un loro posado en la cabeza, y una iguana adormilada sobre el lomo de su burro.

Los hermanos bebieron esa noche y, al día siguiente, cuando caía la noche, partieron con escopetas, instrumentos de adivinación, aguardiente, amuletos, y bastones de mando, que, en la estirpe de Nono, se le entregaban a quienes se convertían en curanderos y se elaboraban según tradiciones indígenas heredadas. Manuel, Nono y Nil subieron por la montaña, anduvieron por las lomas, compartieron la botella de trago. Iban jactándose de todo lo que iban a hacer si encontraban señales de algún tesoro cuando en el horizonte de la noche hubo un resplandor. Corrieron al sitio. Abrieron un hueco ebrios y emocionados. Un metro abajo había una olla de oro.

¿O quién sabe qué es lo que realmente sucedió?

Ninguno siguió las instrucciones de sacar un tesoro embrujado, y días después cada quien contaba una historia distinta. Nil decía que había visto llamas en el fondo del hueco, quemando la olla. Contó que, al parpadear, ante los ojos de Manuel, el oro había desaparecido, la olla estaba vacía, y que luego tampoco había olla. Nono contó que el agujero había soltado un remolino oscuro y terrible, y que él se aterró ante semejante cosa y salió corriendo. A pesar de que sabía qué era lo que debía hacer, estaba bebido y, por lo tanto, incapacitado. Manuel y Nil huyeron tras él, histéricos, soltando alaridos, hasta internarse bajo el cobijo del bosque.

Nadie sabe si en realidad hubo oro en la olla, o qué era el remolino, o nada de nada. Los tres pasaron la noche en una cueva, y a la mañana siguiente, recorrieron sus pasos en busca del hueco que habían abierto. No encontraron nada.

Lo que se sabe es que, luego de esa noche, Nil empezó a excavar.

Abrió hoyos por todo su jardín, y luego alrededor del perímetro de su casa. Iba tras un ruido metálico que migraba y que nadie más que él podía oír. Era una cascada de sonido, un caer de monedas que llenaba sus oídos. Donde quiera que lo oía, ahí abría un hueco. Era la misma olla de oro que habían visto en las montañas, estaba seguro, que lo llamaba para que la desenterrara.

Aunque el sonido lo había oído por primera vez afuera, ahora advertía que moraba dentro de la casa. Ahí estaba, alojado en la pared que separaba la cocina y la sala. Clavó un destornillador en la pared, tratando de dar con el sonido, hasta que abrió una cavidad amplia. Retiró todas las baldosas de la cocina y excavó. Donde abriera el socavón, no encontraba nada más que un vacío.

El ruido de las monedas cayendo asolaba a Nono por igual. No había cura alguna. Ese era el precio cuando el desentierro de una guaca se malograba. Nono bajó a la plaza en busca del correo de las brujas, para mandarle un mensaje a su hermano Nil. Le recitó el mensaje a la vieja: "Nil, hermano mío, espero que te encontrés bien. Lo único que nos queda es intentar resistir al espíritu y sus provocaciones. Es importante que no tratés de sacar el oro si vos seguís infectado con la fiebre: con eso el espíritu solo se hará más fuerte. Si aguantamos el embrujo, sin ceder a la tentación, terminará por soltar su tesoro".

La mujer, toda una profesional, no mostró reacción alguna mientras Nono le recitaba el mensaje y, con una breve venia, recibió las monedas que le daba. Mami recuerda sus mejillas, correosas y muy morenas, surcadas por las arrugas de la edad, y, se imaginaba ella, continuamente bañadas por el sol. Nono siguió ignorando el canto del oro, que se hacía más fuerte cuando se acostaba. Dejó que se convirtiera en un ruido que se mezclaba con el canto de los pájaros, y el de los grillos en la noche.

Cuando recibió respuesta a través del correo de las brujas, habían pasado varias semanas. La esposa de Nil reportaba que su marido había caído en un delirio profundo; ¿No habría algo que Nono pudiera hacer? Informes similares llegaron cada semana, hasta que llegó el día que Nil volvió a su sentido de la realidad de siempre, aunque la manía de excavar nunca lo dejó.

Fue alrededor de esa época que Nono se despertó un día con la certeza de haberse desenredado con el deseo del oro. Aunque oía la cascada de monedas, no le despertaba avaricia; podía dejar que el momento pasara. Se encontraba libre de la infección fantasmal. Después, cuando recogía las hierbas medicinales para los pacientes en su huerta, el tintineo del metal resonó otra vez. El canto se hizo más fuerte cuando se internó detrás de la casa, en el bosque de arbustos de café con sus cerezas rojas. Cavó bajo las lianas que colgaban de una palmera. Allí, un manantial de agua clara brotó de la tierra.

—Cristalina. —La describió Mami—. Bendita.

Nono construyó una fuente de adobe en el lugar y dijo que era agua sanadora. Se mojaba las manos en el agua cuando quería curar. Le mandó un recado a su hermano a través del correo de las brujas que fuera a verlo. Pensó que probablemente podría curar a Nil con el agua que el tesoro depuso.

Mientras Nono esperaba a que su hermano viajara a verlo, la gente de Cristo Rey visitaba el manantial para recibir sus bendiciones. El curita local, que, a diferencia del resto de la Iglesia Católica, no veía carencia alguna en la manera en que Nono rezaba o sanaba, fue a la casa y ofició la misa del domingo junto a la fuente, para mostrar sus respetos ante el milagro.

Por alguna razón, Manuel, el otro hermano menor de Nono, jamás oyó el ruido de las monedas. Nono y Nil no sabían por qué él se había salvado del embrujo.

Cuando Nil finalmente apareció y amarró su burro a la entrada de la casa de Nono, era Semana Santa otra vez. Se veía flaco, y su mirada se movía nerviosa entre el suelo y el cielo. Parecía absorto, mordiéndose los labios, y le preguntó a Nono si no quería ir a buscar tesoros otra vez. Nono se angustió al ver a su hermano tan frágil, y lo llevó directamente hacia el agua. Allí, pronunció unos rezos y lo lavó para liberarlo del maleficio.

Hay quienes dicen que Nil se mejoró al instante, y otros cuentan que pasaron muchos días antes de que volviera a ser el hombre que había sido.

Pero un año después, Mami se despertó en la oscuridad antes del crepúsculo, porque tenía que ir al baño. Recorrió los pasillos alumbrando la noche con una vela. Cuando salió de la casa, camino a la letrina, entrevió una silueta alta parada en medio del patio, con una pala, una aparición aterradora.

Mami dejó caer la vela. Ya llevaba cuatro años viendo espíritus, desde su accidente, y a pesar de eso siempre la asustaban. Tenía la costumbre de levantarse al baño hacia la medianoche, y era especialmente en ese momento, cuando estaba sola y adormilada, que se le aparecían. Una noche, había tenido que atravesar la sala, de repente animada con el zumbido de espíritus que susurraban los cinco misterios del rosario. Otra noche, un par de pantorrillas penetraban el techo de la cocina, y los dedos de los pies del espíritu que seguramente estaba atrapado entre dos pisos se contraían soñolientos. No ayudaba que también hubiera manifestaciones físicas que podían confundirse fácilmente con apariciones: una vez, un ataúd impresionante, que alguien había dejado para que Nono se lo cuidara esa noche, sin que Mami lo supiera, estaba plantado en medio de la sala. Mami nunca sabía bien qué iba encontrar, en este plano o en el otro al pasear en la noche por su casa, y siempre estaba alerta.

Afuera, Mami se agachó para recoger la vela apagada. Fantasma o humano, sus necesidades no le daban alternativa. A oscuras, caminó hacia la figura iluminada, pensando si podría averiguar quién era y qué era lo que quería. Pero al acercarse, vio que era Nil. Su farol estaba en el suelo, lanzándole luz por debajo de la barbilla y la nariz, haciéndole ver la cara torcida. Mami sintió alivio. Estaba a punto de musitar un saludo cuando Nil, inconsciente de su presencia, se limpió la frente. Miraba el suelo. Tenía la camisa húmeda, adherida al pecho.

A sus pies había un socavón, un hueco profundo lleno de nada.

Nono le había advertido a Mami que tuviera cuidado al desenterrar lo que llevaba mucho tiempo sin ser perturbado.

¿Quién podía decir qué pasa después de que algo lleve décadas en comunión con la tierra?

Si una guaca desencadenaba un embrujo, la persona podía enfermarse, sudar, dar vueltas sin poder dormir, alucinar, o caminar sonámbula buscando alivio para algún ansia insaciable. Para desenterrar un tesoro encantado, una persona debía tener la fortaleza de sentarse con el sufrimiento como en un jardín.

Solo así el hechizo se deshacía, y entregaba su tesoro.

9

HUMO NEGRO

Nono llegó un día cualquiera de abril de 1985 ante la puerta de Mami. Se sentó muy derecho en el comedor, con su ruana de lana y su sombrero aguadeño, reportando que no había habido turbulencia durante su vuelo. Una voz había susurrado en su oído: "Rafael, te vas a morir", y por eso entendió que para cuando terminara la temporada de lluvias ya se iría para el otro lado.

Pero Nono siempre se la pasaba anunciando su propia muerte. Cuando Mami era chiquita, cada vez que le daba una fiebre fuerte hacía llamar a sus hijos.

—Niños, vengan junto a mi cama, porque voy a darles mi última bendición.

Los hermanos de Mami sollozaron a lo largo de los muchos años que se repitió esta escena. Agachaban la cabeza y Nono les ponía la mano en la coronilla y murmuraba:

—Que Dios siempre los acompañe.

Mami se había sentido devastada con la idea de la muerte de Nono, pero luego se fue aburriendo y, acabó por molestarse.

—Papá, muérase o quédese, pero a mí déjeme fuera de toda esa vaina; todos los años es la misma cosa. Yo me voy a dormir —le decía.

Había muchos anuncios de muerte. Un golpe en la puerta en la noche. Soñar que uno se casaba con alguien cuya cara no podía descubrir. Un retraso de un instante en el movimiento del propio reflejo en el espejo. Un velo espectral que caía sobre la persona que moriría pronto.

En los días que habían transcurrido, mientras Nono viajaba hacia ella, Mami había oído golpes en la puerta de su cuarto que nadie había dado. Ahora, que tenía a Nono frente a ella en la mesa, veía una especie de película ahumada y negra que vidriaba los ojos de su padre. El velo.

De todos los hijos de Nono que habían nacido con un don, la tía Nahía era la que tenía mejor capacidad para ver el velo. Mami puede percibirlo únicamente en los ojos de alguien que está cerca de su muerte, y solo si se fija con atención. La tía Nahía, en cambio, puede distinguir el velo a distancia, ocultando toda la cara de la persona. Lo ve incluso cuando está en medio de otra cosa: haciendo sus recados, comprando verdura, hablando por el celular. En la década de 1990, en Cúcuta, cuando la tía vivía con Nona en la última casa que tuvo la familia, el barrio pasó a estar ocupado por la guerrilla. Cuando Nahía salía, adondequiera que mirara había personas con la cabeza envuelta en humo negro. Dos de los cuatro hombres que estaban jugando dominó en la acera estaban marcados por la muerte; al igual que una de las mujeres que lavaba ropa en medio de la calle sin pavimento; y también los niños que se perseguían uno a otro, calle abajo. La tía Nahía dejó de salir.

Adoptó un perrito blanco y esponjoso y se pasaba los días ociando en el jardín de Nona, el único lugar donde estaba a salvo de saber el fin de los días de otras personas.

En el comedor, Mami estiró sus manos para alcanzar las de Nono, y aguantó el dolor desencadenándose en sus nudillos. Lo sintió frío y sudoroso. Sus manos cargaban temblores. Se dio cuenta de que Nono sufría por el síndrome de abstinencia tras dejar el trago, y de que tenía el corazón roto.

Siete años atrás, después de que Nono y Nona se separaran, él se había enamorado de otra mujer, una que había desaparecido hacía cinco años. La mujer vivía sola en el bosque. Nono se la describió a Mami como una persona solitaria, primitiva. Mami no dijo una sola palabra a su madre, pero la bruja a la que Nona veía con regularidad se lo contó.

Nona detestaba la idea de que su marido, quien le había rehuido hasta exiliarse de su vida, fuera feliz con alguien más. Le pagó a la bruja para que le alterara el destino a Nono, para que su camino y el de su nuevo amor no se cruzaran jamás. Eso fue lo que él dijo, y también lo que Nona confirmó. Cuando Nono regresó al bosque, la puerta de la casa de su amada estaba abierta y todo lo que había en su interior estaba destrozado.

La gente del pueblo cercano decía que habían sido los paramilitares.

Esa era la guerra.

Los hombres violaban y saqueaban. A veces los paramilitares secuestraban mujeres y se las llevaban a sus campamentos. A veces ganaban dinero forzándolas a prostituirse.

A veces los paramilitares obligaban a las mujeres a participar en improvisados concursos de belleza donde el premio para la ganadora era que la escogiera el líder, y por tanto se convertía en su esclava. A veces los hombres se dejaban llevar y después tenían que desaparecer los cadáveres.

Nono sentía que lo había perdido todo. Culpaba a Nona de pedir la muerte de la mujer que él amaba. Ella lo negaba, diciendo que no había pedido la muerte de nadie.

La vida que nunca volvería a ser con la mujer que amaba le dolía, y se derrumbó. Se trasladó a Bucaramanga para alejarse de Nona y estar más cerca de su tercer hijo, Ariel. Allí, Nono siguió sanando clientes y gastaba el dinero que ganaba en arriendo, mujeres, y bebida. Tomaba whisky con el tío Ariel en tabernas. En la sala de las casas del uno y del otro, tarareaban baladas de soledad y despecho, y se distraían con planes para buscar tesoros.

Mami no estaba preparada para que Nono la dejara. Tenía dos hijitas y un par de manos inútiles, y sus dones de ver y oír espíritus habían desaparecido. Al menos había logrado manejar el abuso de Papi; la nueva cerradura que habían instalado en la puerta principal podía abrirse desde adentro; y ella lo había seguido atormentando, llenándole los oídos, sin que viniera a cuento, con historias de cómo los hombres con remordimiento de conciencia a veces ven peligros en donde no hay ninguno, se salen de toda razón, y precipitan su propio desfallecer.

Pero Mami no quería sobrecargar a Nono con sus problemas. Le preguntó qué planeaba para arreglar la finca.

Los finqueros siempre andaban queriendo contratar a Nono. Cuando la sequía se prolongaba, el plaguicida no funcionaba, se dañaba la economía, o si los animales caían enfermos con males que la medicina occidental no sabía reparar, se volvían hacia él.

Una vez, en Ocaña, cuando Mami tenía doce años, Nono la llevó con él a un trabajo. No hubo ninguna explicación para lo que ella vio: en una plantación de cacao, los pájaros cantaban, y Nono hacía una especie de danza. Orugas cayeron de los árboles al suelo.

Ahora, en la sala de Mami, Nono le dijo que la finca que se había comprometido a arreglar tenía vacas engusanadas, y paramilitares que la espiaban. A las vacas Nono les iba a dar tabaco rezado, y a lo largo de la periferia de la finca contra los paramilitares iba enterrar bolsitas de desorientación, cuyo contenido no estoy en libertad de divulgar.

Mami y Nono se sentaron en silencio. Nono abrazó sus dedos a los de ella:

—Veo que estás triste. Pensá que me voy de viaje. Como cuando eras chiquita y yo empacaba y me iba a vivir lejos de vos. Así, nada más. Imagina que me voy; pero nunca pensés que no existo.

En la cocina, Nono extendió los atados de flores rojas que le había llevado a Mami. Se puso a hervir y rezar las hojas. Las vainas de los árboles eran ovaladas y de color café claro. Nono las quebró para sacar las semillitas que tenían dentro. Las molió hasta convertirlas en un polvo fino, y con polvo y hojas preparó un bebedizo. Con cuidado ponía tazas de esa agua amarga en los labios de Mami y las inclinaba para que ella se las tomara. El regusto era ácido y desagradable, y no se parecía a nada que hubiera probado antes.

—Eso sabía a rayos —me dijo Mami.

En las semanas siguientes, los bebedizos de Nono lograron que el dolor que Mami sentía en los brazos disminuyera. La inflamación en sus coyunturas cedió. Mami lloró de alivio. Ya casi podía agarrar cosas con las manos. Alegres, Nono y Mami salieron a darse gusto. Nono llevaba a mi hermana de la mano, y Mami me tenía cargada y envuelta en un pañolón. Paseaban en museos y parques, se compraban uno a otro ropa y perfumes, se deleitaban con helados. Ante vendedores y tenderos montaban espectáculos, peleando por pagar la cuenta, aunque al final, con disimulo, se pasaban uno a otro la única tarjeta de crédito que poseían, que en realidad era de Mami, y que ella después duraría pagando muchos años.

En el apartamento, Nono le ayudaba a Mami a ocuparse de mí, en su cuarto. Ponía una serie de cojines sobre las piernas de ella, y me acostaba encima. Ayudándose con los cojines, las rodillas y los hombros, Mami conseguía que yo me prendiera a su pecho para amamantarme. Todavía no confiaba por completo en sus manos, así que, para demostrarme su amor, posaba los labios en mi cuero cabelludo y me lamía. Como si fuera leona, y yo, su cría.

Mami y Nono se contaban historias.

Una vez, cuando Nono tenía poco más de veinte años, una bola de fuego lo había perseguido zumbando a través de la selva. Se ocultó en la cueva de un árbol y esperó al día siguiente. Cuando Mami cayó en el pozo, Nono oía su voz, aunque eso no era posible... No podía haber oído su voz. Una vez, cuando Mami tenía siete años, Nono se llevó a toda la familia al río y Mami se quejaba que la aburrición y el bullicio de tanta gente apenas la dejaba respirar. Harto de sus quejas, Nono sacó su pistola y la descargó toda contra el cielo. Un silencio rotundo se asentó en ambas orillas del río, y luego cien personas salieron huyendo. Todo quedó en calma, menos el río. Mami miró las ollas volcadas, las cobijas y la comida, y se quejó de nuevo. Que aburrición tan completa. Ahora el río estaba vacío, no había nadie a quien mirar ni con quién hablar.

En el cuarto de Mami, Nono le confesó que la razón por la cual le había revelado los secretos no era que ella hubiera regresado de la amnesia con habilidades que rivalizaban con las suyas. Había sido más bien por todo lo que sucedió justo antes de que cayera en el pozo.

Cuando Mami tenía siete años, imprudentemente, Nono le había dado la orden a su esposa para que criara a su hija a ser buena esposa.

Mami tenía que aprender a obedecer si quería una vida decente, pero cuando su madre le ordenaba que recogiera la ropa sucia de sus hermanos y la lavara, su negación era absoluta. Contestaba que sus hermanos mayores, de catorce y doce y diez años, tenían músculos tres veces más grandes que los suyos propios. ¿No tendría más lógica que ellos lavaran la ropa de ella?

Sus hermanos mayores hacían crueldades. Ella se trepaba hasta lo más alto de los árboles para escapar de ellos. Los miraba desde arriba. Cada fin de semana, le pedían a una de las hermanas que jugaran al escondite, a la lleva, y a las canicas. Una de las hermanas caía en sus engaños. El verdadero juego sucedía alrededor de un balde de agua en el cual le hundían la cabeza hasta casi ahogarla. La diversión era mirarle los pies, cómo empezaba pateando con desespero, y luego se debilitaba y lo hacía cada vez más despacio. Le permitían sacar la cabeza para respirar justo antes de que fuera demasiado tarde. Le imploraban que los perdonara, le decían reina, y le prometían que nunca lo volverían a hacer. Con Nono lejos, los hermanos de Mami aprendían a ser hombres de los hombres que los rodeaban. Hombres fríos y endurecidos, que les infundían un entusiasmo enardecido por la brutalidad; hombres que eran miembros de la guerrilla o de los grupos paramilitares, o víctimas de estos grupos. La violencia arrastraba con todo el mundo. Mami no le contaba a Nono que sus hijos se comportaban con maldad en su ausencia, pero más adelante, durante muchos años después de que yo cumpliera los siete, me contaba esta historia una y otra vez. A diferencia de Nona, que quería enseñarle obediencia a su hija, mi madre quería que yo fuera rebelde.

El nuestro era un país, y el suyo era un hogar, en donde la vida de la mujer valía poco, y la hermana de Mami tenía el mismo poder que su madre, que era perdonar y absolver a los hombres que las lastimaban. En su casa, los hombres les podían pegar a las mujeres, especialmente si era para darles una lección. A veces los hermanos se ponían pesados. La acusaban a ella, una niña de siete años, de mirar con lascivia a hombres mayores. Le daban patadas hasta que ella terminaba acurrucada en el suelo, enrollada. Ni Nono ni Nona intervenían. Nona les aconsejaba a sus hijas, al igual que muchas madres hacían con las suyas en Santander en esa época, que por ninguna razón se quedaran solas en un cuarto con sus hermanos, quienes, a pesar de ser familia, eran hombres.

Mami tuvo que aprender su propia violencia. Una vez, rompió la tapa de la cisterna del baño en la cabeza de uno de sus hermanos y le produjo una conmoción cerebral. Otra vez, cuando uno de sus hermanos mayores estaba buscándola para pegarle, ella se sentó en el suelo y se imaginó que sus uñas eran garras de jaguar, y que rasgarían la piel sin dejarla cerrar. Con una concha marina se limó las uñas hasta convertirlas en diez púas. Cuando su hermano la arrastró por el pelo hasta los cafetales detrás de la casa para emprenderla a patadas con ella, Mami le clavó las uñas en los brazos y en el estómago, y él la tuvo que soltar. Cuando Nono regresó, su hijo tenía la camisa manchada de sangre. Trató de detener la hemorragia, pero no pudo: sus heridas le brotaban y le brotaban. Se volvió hacia Mami, que sonreía, campante y sangrando por la nariz.

—Sojaila, deshaz lo que hiciste.

—No.

—Sojaila, es tu hermano. Deshaz lo que hiciste.

—No.

Perplejo por la furia de su hija, incandescente y pura como una llama, salió de la habitación. Mami le dijo a su hermano:

—Voy a hacer que te desangres todo.

Cuando le pareció que su hermano había aprendido a temerle, llamó de nuevo a Nono, y le notificó que estaba lista para permitir que las heridas se cerraran. Permaneció junto a Nono mientras él murmuraba las palabras para parar la sangre. Cuando funcionó, Nono le puso la mano en la cabeza. Ella esperaba un regaño, pero en lugar de eso cubrió sus manos con las de él y la llevó a su cuarto.

—Que descansés bien, mi animal de monte.

A Nona también le parecía que su hija era más fiera que niña. ¿Quién iba a querer casarse con esa criatura?

Nona le indicó a Mami un día:

—Cada noche, a la comida, le servís el plato a tu padre, a tus hermanos, luego a mí, y a tus hermanas, en ese orden. Después de eso podés comer vos. Los domingos reunís la ropa sucia de tus hermanos y la llevás afuera para lavarla.

Como esas instrucciones no fueron seguidas, Nona arrancó una rama del árbol de cocota. Le quitó las hojas y las ramitas y lo apoyó en un rincón, cerca de la mesa del comedor. Allí estaba a la hora de la comida, como una amenaza visual, el instrumento con el que Mami recibiría una paliza si no obedecía. Sus hermanos miraban a su madre, a Mami y a la rama. Nono apoyó los codos en la mesa, entrelazó los dedos bajo su barbilla, y cerró los ojos.

Mami se fue paseando hacia la cocina. Una vez allí, se sirvió la sopa y se trepó al mesón para comer. Iba por la mitad de su plato cuando Nona apareció para ver cuál era la causa de tanta demora, y arrastró a Mami a la piecita donde normalmente le sacaba gritos y sangre, pero no su arrepentimiento.

A la noche siguiente, fue igual: la rama en un rincón, la orden de servirles primero a los hombres. Esta vez Mami marchó a la cocina, se trepó al mesón de un salto, se bajó los calzones, e, inclinando el trasero descubierto sobre la olla, se orinó en la sopa.

El repiqueteo de la orina cayendo en la olla atrajo a Nona y a sus hermanos a la cocina, donde se quedaron estupefactos y boquiabiertos ante tal escena.

La piecita se llenó con los alaridos de Mami; esta vez, sus hermanos pensaron que la paliza la iba matar. Golpeaban la puerta con los puños, implorando que tuviera misericordia, y que suspendiera el castigo.

Al tercer día, Mami decidió que ella no tenía por qué sufrir más golpes. Su furia talló un pensamiento. Buscó las tijeras de Nona en el costurero y se cortó el pelo tan a ras del cráneo como pudo. Luego fue adonde su madre y se le presentó:

—Soy un niño. Ahora sí no tengo que hacer nada de lo que me diga. —Nona parpadeó.

Al ver a Mami, de repente masculina, con el pecho plano y recio, ante ella, Nona repasó los siete años de vida de su hija. Más adelante Nona diría que vio cómo habrían sido esos años si Mami hubiera sido un niño. Como niña, Mami llevaba mucho motín por dentro. De ser un niño, habría sido el mejor de sus hijos.

Mami era salvaje e indomable. Nona dejó de pedirle que hiciera el oficio en la casa, sus hermanos la dejaron en paz, y Nono la quiso más que nunca.

Unos meses después, Mami se cayó en el pozo.

Fue por eso, le contaba ahora Nono a Mami, que él pensó que, aunque lo que decían sus abuelos era cierto, que las mujeres que estaban en posesión de los secretos sufrirían desgracias, Mami sería capaz de librarse de ellas también.

Más tarde, ese mismo día, justo después de dejarme en mi cuna, cuando Nono iba por el pasillo hacia la sala, donde estaba Mami, miró por encima de su hombro y vio una culebra que aparecía al final del corredor. Se deslizó rápidamente por el piso entapetado, marcando una S sobre la alfombra, y se metió a mi cuarto. Con sigilo Nono fue tras ella, y la vio trepar a mi cuna, bajo el velo. Cuando Nono lo levantó, la serpiente dormía y yo me reía. Después, la serpiente ya no estaba.

Nono llevó a Mami a verme, y le dijo que yo, o bien tenía espíritu de serpiente, o que la culebra era un enemigo al cual yo había hechizado. Me tomó entre sus brazos.

—Gracias a Dios. Se han heredado los buenos genes.

Cada vez que Mami me cuenta esta historia, descubro algún detalle nuevo en ella. "Mi Güichita", dice Mami que me decía Nono, "mi Solecita". No es una palabra que aparezca en un diccionario de español, pero la encontré en un glosario de palabras indígenas recogidas caprichosamente entre las tribus de la región de Santander en el siglo XIX por el escritor Jorge Isaacs. Güicho, sol. Y el diminutivo "ita" debe ser algo que se agregó en la colonia, el sufijo para dar entender que algo es pequeño, a lo que uno le tiene cariño.

Nono susurró una retahíla de saberes en mi oído. Saberes perdidos hace mucho, que yo trato de recordar.

Cuando Papi oyó toda la historia, le gritó a Mami que yo no tenía espíritu de serpiente ni tampoco tenía ningún enemigo. Apenas era una bebé recién nacida. Papi se enfureció con Mami, porque no podía levantarle la voz a Nono o dirigirse a él de otra manera que no fuera "señor". Todavía se acordaba de visitar a Mami en su casa, cuando era adolescente, y la manera en que Nono había abierto la puerta, había agarrado una escopeta, y disparado unos tiros que centellearon a sus pies.

A Papi le parecía que la manera en que Mami y Nono entendían el mundo era peligrosa. Implicaba andar guiándose a partir de conjeturas, y aunque ambos eran astutos y encantadores en exceso, también eran impulsivos y de pronto algo desquiciados. Papi quería explicarles que, durante el síndrome de abstinencia del alcohol, era posible experimentar alucinaciones, que todo lo que ellos llamaban magia tenía una explicación científica. Por ejemplo, era fácil inducir a una persona a un estado alucinatorio con sugestiones persistentes. Ya que Nono y Mami hablaban día y noche de la ineludible muerte de Nono, de los trabajos en los que habían participado, y de los espíritus que habían visto, eran propensos a ver cosas que no estaban allí realmente. Es probable que por eso Nono hubiera visto una serpiente, y luego más tarde, para mortificación del propio Papi, él mismo terminara viendo una enfermera que recorría el pasillo con un tetero lleno de leche, tras salir de mi cuarto, aunque sabía que esa persona no estaba en el apartamento.

Mami le dijo a Nono:

—Es el mismo espíritu que vi antes. ¿Podés sacarla?

Mami había visto a la enfermera, solo que antes de que mi hermana naciera y ella perdiera el poder de ver espíritus. En ese entonces, embarazada de mi hermana, había tenido la sensación de que había algo siniestro en relación con la enfermera, pero no tenía la energía para ocuparse de ella.

Mientras Nono se fue a deshacerse de la enfermera con humo, Papi fue a sentarse junto a Mami en la sala. Le hizo describir a la enfermera en detalle. No era posible que ambos hubieran visto lo mismo, y esta era su oportunidad para demostrarlo. Así fue como la duda empezó asentarse en la mente de Papi. Mami recordaba bien a la enfermera.

—Era blanca, pelirroja, de ojos negros y pequeños —dijo ella, describiendo detalles de la mujer que Papi no había compartido en voz alta—. ¿Qué más? Era zurda. Carga las cosas con su mano izquierda.

Cada día que pasaba, Mami estaba más recuperada, pero también se acercaba la fecha del vuelo de regreso de Nono, una grieta brutal que se abría ante ella, que demarcaría el último instante en el que ella lo vería vivo. En un sueño, descubrió una condición: si Nono perdonaba a Nona y buscaba que ella lo perdonara, viviría cinco años más. Podría pasar más tiempo con ella. Nono meneó la cabeza negando. Ya había vivido todo lo que estaba dispuesto a soportar.

—Si me dijeran que mañana, mañana me voy. Yo no tengo nada que ofrecerle a esa mujer.

La mañana en que Nono se fue, Mami lo abrazó. Él seguiría tratándola en sus sueños, le dijo en el aeropuerto, pero solo se recuperaría por completo una vez que él cruzara el umbral entre la vida y la muerte.

—La cuidaré desde el otro lado.

Con esas palabras, Nono se alejó.

Mami lo miró por las ventanas del aeropuerto. A cierta distancia, Nono caminaba por la pista. Subió por las escaleras hasta el avión. El viento jugaba con los bordes de su ruana. Ingresó a la cabina. Tenía sesenta y tres años.

—Y yo lo cuidaré desde este lado —respondió Mami, hablando hacia el vidrio.

Nono apunta al cielo en la cima de Monserrate, durante el último viaje que hizo para ver a Mami, dos meses antes de morir. Una de las copias tiene una mancha de corrector blanco, producto de un accidente. Bogotá, 1985.

BARRO

En sueños, dos meses después, Nono se le apareció a Nona y le hizo el amor en su cama.

No era su cama de casada, porque esa se la había llevado años atrás a la bruja que había apartado a Nono de su nuevo amor. Nona había querido que la bruja le ayudara a atraer a Nono de vuelta. La bruja había dicho que el lecho matrimonial poseía una magia a la que ni siquiera un hombre como Nono podía resistirse. La bruja se quedó con el colchón de Nona durante siete días. Luego de recuperarlo, Nona esperó un año y perdió por completo la fe en que Nono volvería. Aguardó a que se hiciera de noche, y sola y en camisón cargó con el colchón a rastras hacia el bosque, llevándolo tan lejos como sus fuerzas y su rabia se lo permitieron. Cuando levantó la vista, tenía el pelo pegado a la cara, y las chicharras le respondieron con zumbidos desde la hierba. Lo dejó allí, en el corazón del monte, para que las bestias y los elementos lo destruyeran todo.

Desde entonces, Mami le había comprado a Nona un colchón nuevo, y en el sueño, fue en esa cama grande que Nono la colmó de placer, abriendo en ella un camino hacia un terreno blando y suave en su interior que creía que hacía tiempo se había endurecido y muerto por el dolor de la partida de Nono. Él la hacía regresar a su cuerpo a través del cuerpo de él.

Tras la agitación, Nono la miró. Ahí estaban las manchas castañas en sus ojos cafés que ella se sabía de memoria. Él le pidió perdón por todo el sufrimiento que le había provocado. Le rogó. Nona siempre lo había querido tener así, suplicante a sus pies, desesperado por algo que solo ella podría darle. Pero, se tornó fría, el poder la embriagó, y se negó a perdonarlo.

Al día siguiente, cuando Nona despertó, entre sus sábanas, por todas partes, había tierra. Y barro en su calzón.

Así fue como Nona supo que, durante la noche, su marido, de quien hacía años no sabía nada de nada, había muerto.

No lloró. Les dijo a todos:

—Ahora sé lo que es hacerle el amor a un fantasma.

11

EL ENTIERRO

En Bogotá, Mami abrió los ojos y recordó un momento que creía haber olvidado, pero que de repente se hacía presente:

Unos instantes de consciencia en el fondo del pozo. Sabía que tenía ocho años y que estaba desfigurada. En la boca tenía un juramento de sangre. La oscuridad la envolvió y borró los límites de su cuerpo. Se desbordaba y con aquel derrame volaba fuera de sí.

Pronto se convertiría en nadie, pero por el momento, hubo un pensamiento que era lenguaje dirigido a su padre: "Búscame, me muero".

Arriba en el aire, el blanco resplandecía en un círculo.

En Bucaramanga, el tío Ariel se inclinó sobre su padre, que estaba desnudo, tendido en el piso del baño, aferrado a la cortina de la ducha.

Ya era de noche cuando el tío Ariel llamó para contarle a Mami que Nono había muerto. Insinuó que había estado con una mujer, eso concluyó por el estado en que había encontrado la cama y la cocina. Mami no le puso atención. Había temido la noticia de la muerte de Nono desde que él mismo la predijo; y ahora el momento había llegado. Mientras Ariel relataba los detalles del velorio, la consternación de Mami era una eternidad de viento a través de la cual ella caía. El recuerdo del pozo esa mañana había sido un ruego de Nono, "Búscame, me muero".

Nona se negó a asistir al funeral, pero a todo el que llamó le describió con lujo de detalle, la tierra en sus sábanas, el barro en su calzón, el sueño, y repetía, como un mantra:

—Ahora sé lo que es hacerle el amor a un fantasma.

—Si de verdad Nono tenía poderes —comentó Papi mientras empacaba las maletas para viajar al funeral—, ¿cómo es que murió cuando estaba a punto de meterse a la ducha? Para mí que todo eso es puro cuento. Nadie, ni siquiera tu papá, sabe cuándo se morirá.

Mami lo miró con ira y Papi terminó de empacar en silencio, y luego fue a ver qué más podía hacer; a comprar comida para el viaje por carretera, y a buscar a una vecina para que me cuidara, ya que Mami había dicho que no era bueno que los bebés estuvieran cerca del frío de la muerte.

Papi manejó toda la noche y la mitad del día siguiente hasta llegar a Bucaramanga. Por el camino, soldados en los retenes militares apuntaron sus armas a las llantas de nuestro carro y lo requisaron buscando droga, secuestrados, o indicios de pertenencia a la guerrilla. Interrogaron a Papi. Mami confió su mejilla al marco de la ventana y allí se durmió.

———

El cuerpo estaba en casa del tío Ariel.

En el cajón, las manos de Nono eran grandes y garrosas, tiesas, aferrando el fantasma de la cortina de la ducha. Tenía las mandíbulas atenazadas. La quijada proyectada hacia el frente. Los ojos no alcanzaban a cerrarse. Las tías y los tíos no soportaban mirarlo; tenía la cara llena de miedo. Mami posó la cabeza sobre el pecho de su padre, olvidando por un instante que era un cadáver y que no habría ningún sonido allí, nada más que un silencio arruinado. Dio un salto atrás. Todo olía a formol.

Las tías y los tíos discutían cuáles de las pertenencias de Nono faltaban y cuáles quería cada quién.

—¿Dónde están todas sus estatuas?

—Me pido el sombrero de Papá.

—Su escopeta tiene que ser para mí.

—¿Qué pasó con sus amuletos? ¿Dónde están?

—¿Y esa calavera que tenía en el rincón de su consultorio? ¿Quién se la apropió? ¿Cómo es que se pudo desaparecer una cosa así?

—Sus joyas de oro también se las parrandearon.

Mami se sentó en un banquito al lado del ataúd, tratando de pensar en alguna hierba o un rezo o cualquier cosa que sirviera para relajar un cadáver. Pero Nono solo le había enseñado a curar a los vivos. "Si un bebé corre el riesgo de morir por mal de ojo, hay que ponerlo dentro del estómago de una vaca recién sacrificada", recordaba que le había dicho un día.

La familia no quería un funeral con cajón cerrado. Esos eran para las víctimas de la violencia. Los mutilados, los desfigurados, los ahogados. Las familias quedaban marcadas por los entierros con cajón cerrado. Cuando sucedían, la gente especulaba sobre nexos con la guerrilla, o los paramilitares o los narcos. Los rumores podían acarrear un riesgo de muerte. Cuando las guerrillas y los paramilitares asolaban el departamento de Santander, cosa que ocurría de vez en cuando, con frecuencia exigían saber quiénes simpatizaban con sus enemigos, encañonando a las personas con sus armas. A veces la gente apuntaba con un dedo, y luego se hacían redadas para apresar a los señalados y luego fusilarlos.

La tía Perla y Mami anduvieron por toda Bucaramanga, con la esperanza de encontrar a un curandero que supiera cómo relajar un cadáver. Pidieron referencias en la farmacia, y luego fueron a un parque preguntando lo mismo entre los transeúntes desconocidos. Les hicieron recomendaciones, pero cada vez, las indicaciones para llegar al consultorio del curandero resultaban coincidir con la casa de Nono. La paradoja les hizo reír, y luego les hizo soltar un llanto. Mami y tía Perla se resignaron a cerrar el cajón, y asumir las implicaciones. Como último recurso, consiguieron un crucifijo bendecido por un cura. Regresaron con la cruz a casa del tío Ariel, y encontraron a Nil, el hermano de Nono, sentado en el mismo banquito que Mami había desocupado. Se veía iluminado, como una versión saludable y rozagante de su padre. Mami lo rodeó con sus brazos, se sentía casi alucinando y al borde de colapsar ante la tibieza de su cuerpo. Le iba a preguntar si había visto a Nono y su consejo, cuando lanzó una mirada al interior del ataúd. Allí, entre los pliegues de seda que lo forraban, los ojos de Nono estaban cerrados, sus manos relajadas, y su quijada sosegada. Nil se echó el sombrero hacia atrás.

—No se veía en paz, así que lo ayudé.

—¿Y qué fue lo que hiciste? —Nil desvió la mirada.

Para evitar otro llanto, Mami se ocupó de los pequeños, mi hermana Ximena y el hijo mayor del tío Ariel, el primo Gabriel, que se perseguían de un lado a otro, riéndose, pasando bajo la mesa y por debajo del ataúd, sin saber que ahí había un cuerpo.

Mis tías y tíos sospechaban que Nono tenía otras familias (había pasado demasiado tiempo lejos de casa como para dar pie a que fuera cierto), y por eso anunciaron el entierro el mismo día y apenas unas horas antes del momento indicado a través de la emisora local. Temían que se apareciera una multitud de medios hermanos y hermanas, amantes enlutadas, un grupo de deudos compuesto de desconocidos, la cara de Nono repartida entre todos ellos.

—Papá nos va a odiar por ofrecerle un entierro poco concurrido —dijeron los tíos.

—Pobre Papá. Ni siquiera Mamá lo vino a llorar.

Los tíos cargaron el ataúd fuera de la casa del tío Ariel. Un pequeño cortejo con los hijos de Nono y otros parientes de Ocaña, que cantaban y entonaban oraciones por la calle, venían tras ellos. En cada cuadra, la procesión de deudos crecía. Los clientes de Nono, sus amigos, y gente que nadie conocía salían de locales y casas, acabando de enterarse del entierro. Algunos entendían que un curandero había muerto, y querían mostrar sus respetos. Otros querían despedir al curandero difunto y hacerle una petición personal para ver si les hacía el milagro.

Sobrevive una foto de ese desfile en uno de los álbumes fotográficos que el tío Ariel conserva en Bucaramanga, y cuando Mami y yo nos inclinamos para ver la foto de cerca, entre las cuarenta y tantas personas que rodean el cajón, ella no sabe quién es quién. No conoce al hombre con el pelo pegado hacia atrás y una corona fúnebre en el manubrio de su moto, ni el joven de traje que se ve desalentado y se rasca una oreja. Mami me dice que al entierro vino un mundo de gente, fácilmente el triple de lo que se ve en la foto. La familia no tenía dinero para flores, y tampoco para un lote en el cementerio. Un amigo de la familia, Raúl, a cuya hijita Nono había curado de una fiebre mortecina, había ofrecido el lote de su esposa. El ataúd de Nono quedaría sepultado justo encima del de la señora.

En el cementerio, mientras el cortejo fúnebre ascendía el cerro de El Cacique, Papi permaneció abajo, con Ximena en brazos, recorriendo los prados. Los funerales le daban miedo. Le tenía miedo a Nono. Mami le daba miedo. Sus dos hijas también. En el límite del cementerio, con Ximena chiquita abrazándose a su pecho, podía simular que la suya era una vida normal de padre. Mi hermana aún no entendía qué era un funeral. Hasta donde sabía, Nono estaba dormido, no muerto. No dormido, sino en otro lugar. Papi silbó parte de una canción, tarareó el resto, y le enseñó a Ximena el nombre de las flores. Se inclinó para que ella oliera su perfume, y miró hacia el cerro, donde el cortejo seguía avanzando. Supuso que en ese momento la gente estaría pasando, una por una, frente al ataúd, para despedirse. Sabía que Mami estaría en guardia junto al cajón, tratando de evitar que las peticiones de milagros quedaran en la sepultura. Papi no creía en los milagros, ni en la capacidad de Nono para concederlos. ¿Qué mal podía hacer un papelito junto a un cuerpo sin vida? A pesar de eso, la angustia de Mami para cumplir el último deseo de su padre lo había preocupado.

—¿Por qué no se plantan Perla y tú, cada una en cada extremo del cajón, y se mantienen en guardia? —propuso.

Mami pareció calmarse, pues ahora tenía un plan, y Papi se la imaginó en ese mismo momento, en la cima del cerro, junto a su padre, como lo había sugerido.

En unos instantes, Papi oiría los tiros disparados al aire.

Nono quería que su despedida fuera semejante a la de un general, a pesar de que no había peleado en ninguna guerra.

Mami no tuvo ningún problema en cumplir ese encargo. A solo un día del funeral, se acercó a dos militares que estaban en un momento de descanso, fumando en el parque en los alrededores de la casa de su padre. Le leyó la mano a cada uno, y les ofreció una lectura más completa a cambio de su presencia en el entierro de su padre; pero tenían que presentarse en uniforme de gala, disparar sus armas y tocar trompeta.

—Si llego a darme cuenta de que hacen el saludo a medias, yo haré lo mismo: cuando llegue mi turno de leerles la mano, les haré una lectura a medias.

Los hombres adoptaron la posición de firmes durante todas las exequias.

—Ve, yo no sabía que Rafael hubiera peleado en una guerra —oyó Mami que decía uno de los parientes de Ocaña.

—Sí, me parece recordar que sí, debe haber sido en la Violencia.

A Nono no le gustaban los curas. Al que estaba ahora presente lo había llevado más por los asistentes al entierro que por el propio Nono. A Mami tampoco le importaban mucho los sacerdotes. Casi siempre eran simples mortales que se creían santos. Por eso, mientras el cura leía en la Biblia la misma historia de siempre sobre muerte y salvación, Mami alzó los ojos al cielo.

Allá arriba, las nubes se agrupaban, brillando en los bordes, y amontonándose.

—Perla —murmuró Mami, sin quitar la vista del cielo—, ¿a ti te parece que esas nubes se ven naturales?

Tía Perla dijo, entre dientes:

—No te atrevas a decirme una palabra más.

Mami contempló en silencio las nubes, haciéndose gruesas.

—Perla —insistió Mami—, mira.

La tía Perla miró hacia arriba, y luego hacia lo lejos:

—Me va a dar un infarto.

La tía Perla, quien nunca se había acomodado a los eventos sobrenaturales a pesar de la familia en la que había crecido, resolló, y atrajo la atención de sus hermanos, y en los murmullos que siguieron, Mami aprovechó para difundir su pregunta sobre el cielo y las nubes. Uno a uno, los hijos de Nono miraron hacia arriba. Alguien más señaló en esa misma dirección, y la observación fue repetida en voz baja a lo largo de la tambaleante hilera de hijos e hijas de Nono, cuyas reacciones cubrían desde la dicha hasta el terror, al advertir que la masa de nubes que opacaban el sol era un fenómeno que ocurría únicamente sobre el lugar donde estaban sepultando a Nono; y que más abajo, por la colina, donde había otro funeral, no se veía nube alguna.

En el llano, donde estaba Papi, justo cuando se le estaban acabando los nombres de flores que sabía y estaba empezando a inventar, estaba soleado.

La tía Perla se llevó las manos a las sienes:

—¿Y si se levanta y empieza a andar?

Y justo en ese momento el cajón se abrió para una despedida final. Todos quedaron boquiabiertos.

Los hermanos tomaron aire al oír las palabras de la tía Perla, pero ella y Mami estaban mirando a Nono. Habían vigilado bien su cabeza y su pecho, y no había papelitos pidiendo milagros en esas partes, pero a los lados había montones de noticas embutidas. La gente las había echado igual. A la familia no se le ocurrió detener la ceremonia y sacar los papelitos, y sintiendo la muerte de su padre, dejaron que todo siguiera su curso. Al ver la angustia de todos, el sacerdote recomendó:

—Hijos míos, hijas mías, tomen un puñado de tierra y arrójenlo sobre el ataúd cuando lo estén haciendo descender a su lugar; esto les ayudará en su pena.

Sin saber qué más hacer, los tíos obedecieron. Arrojaron tierra sobre el ataúd cuando lo vieron bajar.

—Muy bien, mi rebaño, tomen puñados de tierra y despídanse.

Mami había cerrado su puño acalambrado sobre la tierra negra cuando empezó a llover.

—Solo está lloviendo sobre nosotros —susurró Mami a todos sus hermanos a su alrededor—, solo llueve encima de nosotros.

Las tías y los tíos vieron que era cierto. En el otro entierro, falda abajo de la colina, las seis u ocho personas presentes permanecían secas. Mami se volvió hacia el cielo y permitió que la lluvia le empapara la cara. Sus hermanos se enternecieron en lamentos, y luego ella oyó el ruido del ataúd de Nono al caer sobre el cajón de la esposa de Raúl. El cura, que veía pero no entendía el desquicio de emoción, insistió:

—Tomen puñados de tierra, todos, y arrójenlos sobre el cajón de su buen padre, porque esa es la manera de despedirse.

Las tías y tíos le echaron puñados de tierra a su padre en su ataúd, y luego, los tiros finales, disparados hacia el cielo, retumbaron en la montaña. Mami soltó un último puñado de tierra.

Poco a poco, la tumba se llenó de tierra y agua.

En Cúcuta, Nona fue directamente hacia su libreta de hechos importantes. Era en ella donde había registrado la fecha de su boda, el lugar y el momento en que cada uno de sus hijos había nacido, sus bautizos, matrimonios, y el nombre de sus hijos. Buscó la última página, garabateó la fecha, y escribió con mayúsculas: "MURIÓ RAFAEL CONTRERAS ALFONSO. FUE SEPULTADO EN BUCARAMANGA".

Junio 30/85

MURIO
RAFAE/ CONTRE-
RAS. Alfonso
Fue sepultado
EN BUCARAMANGA

12

EL MALEFICIO

Muchas décadas después, se diría que la muerte de Nono fue lo que desató aquellos extraños eventos que parecían hacerle el seguimiento a la familia desde entonces, aunque nadie usó estos términos. Si hubo alguna palabra que yo hubiera oído para nombrarlos era "eso": eso que heredamos, que es inentendible, que impacta a unos y no a otros, que hace que las historias se repitan de generación en generación.

Muchas cosas pueden llamarse maleficio.

Los dientes de la tía Perla, que de repente se le cayeron.

Los cuatro secuestros de un tío por grupos guerrilleros, donde en cada ocasión lo mantuvieron preso por períodos más largos.

Las células de los ojos de Mami, que se atacan entre sí, a causa de una enfermedad autoinmune que, se supone, solo sufren personas con sida.

"¿Cómo puede ser posible?", la familia reprochaba una y otra vez. "¿Cómo es posible que todo esto le suceda a una sola familia?".

———

El tío Ariel conocía algunos de los secretos, pero no todos. Cuando Mami estaba por graduarse de bachillerato, el tío Ariel tenía dos hijos y estaba desempleado, y Mami le rogó a Nono que le enseñara algo que le permitiera alimentar a sus niñitos. Nono se rehusó. El tío Ariel no servía para esos saberes. "Un hombre al que le tiemblan las rodillas frente a un espíritu no puede ser curandero". Pero Mami podía ser muy persuasiva, y al final Nono le enseñó al tío Ariel a mover las nubes, el más espectacular, pero menos útil de los secretos. Después, cuando Nono estaba por morir y Mami necesitaba de una última serie de bebedizos para su parálisis, Nono hizo otra excepción.

Nono fue hasta la pradera en donde crecían las flores rojas cuyo nombre Mami no puede recordar, y se llevó una brazada más y las dejó con el tío Ariel.

—Cuando Sojaila venga… —comenzó Nono. El tío Ariel lo interrumpió—: ¿Y Sojaila tiene planes de venir?

Nono no le dijo nada más. No quería que el tío Ariel se enterara de que estaba por cruzar al otro lado.

Mami no podía quedarse en Bucaramanga para seguir el tratamiento después del funeral, así que el tío Ariel y las flores viajaron de regreso con ella a Bogotá. Las flores, las hojas, y las vainas con semillas estaban guardadas por separado en bolsas, bien anudadas, pero su dulzor empalagoso atravesaba el plástico y el nudo, e hizo que Ximena y el tío Ariel, que iban los dos en el asiento trasero del carro, se marearan. Papi tuvo que detenerse a menudo.

En Bogotá, el tío Ariel preparó las hojas y las flores siguiendo las instrucciones de Nono para hacer la infusión. ¿Cómo podía ser que algo que olía tan dulce tuviera un sabor tan amargo una vez preparado? Mami se tapaba la nariz y se forzaba a tragar el té. Contenía la necesidad de vomitar. Siguió el tratamiento. Luego de unas cuantas semanas, Mami recuperó la fuerza de su agarre, y debía haberse sentido aliviada por la independencia recuperada, pero cada día padecía un tipo de amnesia selectiva y levantaba el teléfono para llamar a su padre. Le tenía noticias sobre su parálisis, lo extrañaba muchísimo, y quería saber qué había soñado. Cada día, oía el timbre al marcar y ese silbido con eco delineaba los contornos de su pena.

Mami y el tío Ariel se consolaban entre sí, pero Ariel siempre tenía el desastre pintado en la cara. Sufría de depresión. Era un hombre complicado, capaz de superar lo peor, para luego recaer y abismarse en sus sombras. Papi y el tío Ariel tomaban juntos. En las noches se ponían sombríos y erráticos, y en el día, se rellenaban de un espíritu febril y alegre y se les enrojecían las mejillas. Fue en medio de esos ánimos, que Papi propuso llevarme a conocer el salto de Tequendama, el lugar que más le gustaba en el mundo.

El salto es una catarata que cae resplandeciente por ciento treinta metros. Está situada a una hora en carro de Bogotá. Junto a la carretera, al borde del abismo, hay un palacete de estilo afrancesado, que la neblina de la catarata llena el aire. La mansión, construida en la década de los años veinte, era una estación de tren, un hotel, y al final un restaurante. Año tras año, iba acumulando sus espíritus:

personas que habían escogido ese lugar para arrojarse al vacío.

El punto en el cual la cascada se encuentra con el río que corre abajo se conoce como el Lago de los Muertos. En el siglo XVI, los muiscas, pueblo que habitaba originalmente la zona de Bogotá, supieron que pronto perderían su territorio y su dominio a manos de los españoles. Antes que dejarse conquistar, muchos de ellos decidieron lanzarse al salto. ¿Qué es una catarata? Un descenso prometido, un viaje que hace el agua para encontrarse. Los sobrevivientes contaron esta historia: en lugar de seguir al agua en su caída, los que saltaban se convertían en águilas, y una vez hechos pájaro, volaban hacia el sol. Los que se quedaron atrás se arrepintieron de no haberse ido con los otros.

Durante siglos, los cuerpos de los suicidas en el salto de Tequendama desaparecían en los remolinos, justo debajo de la catarata, en el Lago de los Muertos. Se creía que era un vórtice, un lugar sin retorno. Fue en 1941 cuando se recuperó el primer cuerpo. Era un taxista. Sus amigos, también taxistas, navegaron sus lanchas con ayuda de cuerdas y se acercaron lo suficiente para oler el cuerpo que se pudría y para verlo, sin vida, revolcándose bajo el tumulto de la catarata.

Nunca nadie ha tratado de recuperar los huesos que hay al pie de la catarata, y todavía hoy en día la gente dice que se debe tener cuidado y no mirar detenidamente al Lago de los Muertos, porque ellos llaman desde el agua; son una boca hambrienta, piden un ahogamiento.

Habían pasado tres semanas después del funeral, cuando Papi se orilló y estacionó, y todos subimos por el borde de la carretera: Papi con Ximena de la mano, Mami cargándome a mí, y el tío Ariel atrás. En el palacete, Papi entró a comprar cafés y almojábanas, mientras mamá y el tío Ariel caminaban hacia el amplio balcón de piedra. Se inclinaron por encima de la baranda y se quedaron boquiabiertos ante el abismo del cañón y del agua que rugía. Mami se transfiguró. Su mirada abarcó la espuma de los rápidos allá abajo, el brillo de las piedras, y, en el punto donde el agua se precipitaba, a la Virgen de los suicidas, con su manto azul, que estaba allí, con los brazos abiertos, mirando hacia el Lago de los Muertos. El aire cargado de humedad fue empapando la piel de Mami; luego sus brazos se estremecieron y se entregaron a una laxitud insólita, en esa traición a su cuerpo que sus hermanos luego identificarían como "eso". Me soltó. En una eternidad que le pareció un infierno, durante la cual las manos de Mami no funcionaban, ni mis pies ni manos, y solo la cobija roja en la cual yo estaba envuelta se quedó adherida a sus dedos, caí hacia el trueno blanco, y Mami supo que ella también iba a saltar.

Detrás de nosotros Papi bajaba los escalones hacia el balcón. Tenía las manos atiborradas con café y bizcochos, pero más allá de todo eso, no sé qué fue lo que vio. No me dice nada más cuando le pregunto, y me rehúye como quien no oye.

A veces el tío Ariel podía ver el futuro, y luego diría que, en esta ocasión, había visto lo que iba a suceder. Fue por eso que se apresuró a arrodillarse y a sacar el brazo a través de los pilares de la baranda de piedra del balcón, para atraparme por la muñeca cuando pasé cayendo. Mientras

Mami gritaba, él me alzó con calma. Se detuvo cuando su brazo llegó al grueso barandal, y pasó la otra mano por encima, para recibirme en ella y me puso, sana y salva, en el suelo. Mami dice que al verme, dispuesta directamente sobre los ladrillos, una bebé berreando, con la cara colorada, y un brazo dislocado que se proyectaba en un ángulo cruel, de repente le parecía como un pequeño sacrificio. Papi se tiró de los pelos entre el rugido del cañón, y el tío Ariel, que también había aprendido de Nono cómo enderezar huesos, volvió a meterme el brazo en su lugar.

Después de lo que Mami denominó un cuasi desastre y que tío Ariel interpretó como la consecuencia de que ella supiera los secretos, Mami se rehusó a salir de la casa. Estaba colmada de rabia. La catarata había tratado de tragarse a su bebé. El tío Ariel le recomendó que abandonara su práctica de la curandería y la adivinación, por el bien de su familia, y que le enseñara a él todo lo que sabía. Solo así ella podría liberarse de la sarta de tragedias que le seguía los talones. Mami acusó al tío Ariel de celos. Nono la quería más a ella que a él, creía que ella era más capaz. Ella se había ganado los secretos, y él solo había tenido acceso a unos pocos y gracias a Mami. El tío Ariel empacó su maleta, compró un pasaje de autobús para volver con su familia en Bucaramanga, y partió al día siguiente.

Esa no fue la primera vez que Mami y el tío Ariel pelearon por causa de los secretos. Cuando Nono le había enseñado a mover las nubes, Ariel abrió un consultorio, aunque no sabía sanar. Mami tenía un año más de colegio, y como estaba agradecida con Ariel por haberla salvado de una relación abusiva justo antes de conocer a Papi, Mami se mudó a su casa y, tal como lo había hecho cuando era niña para su padre, se ocupó del consultorio de su hermano.

Olvidada y sin reconocimiento, ella era la que preparaba los bebedizos, la que cuidaba a los pacientes, y la que hacía todo el trabajo de sanación. El tío Ariel apreciaba su apoyo, pero día tras día, sentado en su consultorio, negociando pagos y planes de tratamiento, diciendo "su asistente" pondría en práctica sus instrucciones, llegó la hora en que todo eso lo embriagó y empezó a creerse el cuento de que era él quien estaba a cargo. Después de que Mami curaba a sus pacientes, estos le ofrecían a ella muestras de respeto. El tío Ariel no descubrió de inmediato esos regalos, pero cuando los descubrió, se los robó. Él era el rostro y el cerebro del negocio. Acusó a Mami de prostitución. ¿De qué otra forma se podía explicar que sus pacientes sintieran la necesidad de darle dinero o regalos adicionales si ya le habían pagado a él por el tratamiento?

Mami le permitió sus insultos, el robo de su dinero, el destrozo de sus regalos, pero solo porque andaba a la espera del momento perfecto para cobrar su venganza. La esposa del tío Ariel, Mariana, quedó escandalizada al pensar que Mami estaba vendiendo su cuerpo bajo el propio techo que compartían. Le robó la ropa interior y la enterró a medias en las macetas de la casa para que Mami viera y entendiera que Mariana tampoco le perdonaba sus actos.

Una noche, cuando Mami estaba segura de que los dos dormían, reunió todas las pertenencias del tío Ariel que

La carretera al salto de Tequendama. Bogotá, 1997

Seis años después, en el salto de Tequendama, mi hermana corre hacia mi padre que está sacando la foto. En el suelo, sentado con el primo Gabriel, está el tío Ariel. Al frente, también en el suelo, está el primo Fabián. Atrás, de izquierda a derecha, está la esposa del tío Ariel, Mariana, con sus hijos Iván y Omar. Mami, aún nerviosa al pensar que alguien pudiera caer al vacío, sostiene a Omar por la camisa. Estoy sentada junto a Mami, en el extremo derecho.

se le dio la gana, las amontonó en el patio interior, las roció con gasolina, y las prendió con un fósforo. Salió de la casa en medio de la noche, mientras el aire se coagulaba de humo.

—¿Qué te dije, mi animal de monte? —dijo Nono, nada sorprendido al verla llegar a la casa a la luz del crepúsculo—. Él no sirve para eso. Va a perder la cabeza.

En ese entonces, el tío Ariel llamó a Nono para que le pegara a Mami por lo que había hecho: al fin y al cabo, sus hijos estaban en la casa, y si él no se hubiera despertado en el momento en que lo hizo, la casa entera hubiera podido arder en el incendio.

—Te merecés lo que te hizo —dijo Nono.

Con el pasar del tiempo, el tío Ariel llegó a perdonar a Mami por quemar sus cosas. Comprendió que había sido injusto con ella. Quería que regresara, para demostrarle que era capaz de un buen trato; pero, aunque Mami dejó atrás el resentimiento, nunca volvió a confiar en él de la misma manera. Era un hombre como todos los otros hombres que conocía: pequeño y ardido, amenazado por sus habilidades, interesado en controlarla.

Perdido de la guía de Nono y Mami, el tío Ariel compró un antiguo libro sobre brujería española en una librería de libros usados, y lo usó para aprender a comunicarse con los espíritus, invitarlos a introducirse en su cuerpo, intercambiar su experiencia corporal que los fantasmas extrañaban por la habilidad de ellos para ver el futuro. En una noche se tomó una botella entera de vodka, diciendo que al único fantasma que le podía contar el futuro le gustaba entrar en su cuerpo y beber. Era el precio que tenía que pagar.

Para cuando la familia enterró a Nono, los espíritus a los que tío Ariel consultaba se le metían al cuerpo sin permiso, y pedían cada vez más y más trago. La familia había notado el deterioro de su salud, y al recibir la noticia de que yo, la bebé nacida a la hora del diablo, estuve a punto de caer en la catarata, las preguntas que rondaban desde hacía rato encontraron voz por primera vez: si las prácticas a las cuales Nono se había dedicado eran buenas, ¿por qué había muerto con esa expresión de pánico? ¿Si las prácticas a las cuales Mami se dedicaba eran buenas también, porque había perdido la movilidad de los brazos? ¿Por qué el Lago de los Muertos había tratado de acabar con la vida de una recién nacida? ¿Por qué el tío Ariel, que había seguido los pasos de Mami y Nono, vino a acabar enfermo y alcohólico?

En ese entonces, y como siempre, hubo misioneros golpeando las puertas y regalando Biblias, dejando volantes amarrados a las manijas de las puertas con bandas elásticas. Pero tras la muerte de Nono y a lo que resalían y se arraigaban las sospechas, las tías y los tíos se preguntaban si no habría algo de verdad en las admoniciones deshilvanadas de los creyentes que sostenían que el día y la hora del fin del mundo estaba próximo, y que era el momento de arrepentirse. Se preguntaban cuál historia sería cierta. ¿Acaso había un Dios cristiano y envidioso que los odiara a ellos y a su padre por idólatras? ¿O acaso había una estirpe de curanderos que prometían saberes y protección, con quienes habían perdido favor, por el desafío de que a una mujer se le habían entregado los secretos?

Los misioneros decían que las artes adivinatorias eran aborrecibles a los ojos de Dios, que Dios castigaba a los malvados, y si las tías y los tíos atestiguaban el castigo, era entonces su propio llamado a la redención. Pero ni tías ni tíos podían decidirse. Pensando en apaciguar las dos partes que posiblemente se consideraban ofendidas, los hermanos de Mami quemaron las pertenencias de Nono.

Toda su ropa fue incinerada, al igual que sus sábanas y luego sus zapatos. Cada uno de los hijos conservó algo de su padre, de recuerdo, pensando que se les perdonaría esa pequeña infracción. Pero en donde quiera que guardaban esas pertenencias, se oían ruidos. Sus nueve hijos, de Bogotá a Rionegro y hasta Cúcuta reportaban el tintineo fantasmal de llaves al entrechocar en medio de la noche, pasos que se acercaban, y en las puertas de las habitaciones, aunque las perillas no se movían y tampoco estaban cerradas con seguro (como lo establecieron y verificaron muchos de ellos), las manijas cascabeleaban como cuando alguien se esfuerza por abrir una puerta. Hubo una segunda ola de quema de pertenencias.

Mami se reía de los temores de sus hermanos. Era Nono saludando, asomándose, haciendo la ronda, desandando su camino, asegurándose de que sus poderes aún se respetaban. Les dijo a sus hermanos que a veces las visitas de fantasmas eran buenas, pero sus hermanos no le creyeron. Así que la sospecha de que lo que hacía Nono no era ni bueno ni santo fue echando raíces, aunque aún tomaría muchos años antes de cristalizarse.

De niña, Mami, Papi, mi hermana, y yo viajábamos por carretera desde Bogotá a visitar a la familia de Mami, en Santander. Veíamos a su familia dos meses al año, en septiembre y diciembre, los meses en que Ximena y yo estábamos de vacaciones del colegio. Yo no sabía bien si creía en "eso" pero entendía qué había detrás de la convicción de mis tías y tíos. Más de lo que parecía habitual, incluso para los colombianos, éramos una familia rodeada por lo extraño.

Cada año, mientras nuestro carro se alejaba de Bogotá por la Cordillera Oriental, en la cual está incrustada la carretera central del norte, nos internábamos en la neblina del altiplano, y utilizábamos el periódico como mapa de ruta, evitando pueblos y zonas donde se habían producido escaramuzas y masacres recientemente, lo cual nos hacía sentir que en cualquier momento podíamos tomar un giro equivocado hacia la calamidad.

Sudábamos a través de la temperatura infernal de la tierra caliente, y en la noche mirábamos boquiabiertos el cementerio, donde pequeñas bolas de fuego flotaban por encima de las tumbas, que Mami llamaba espíritus, y Papi, emisiones de fotones. En la mañana temprano llegábamos a casa del tío Ariel, y allí Mami nos zarandeaba para despertarnos y nos decía que entráramos.

La casa había sido un regalo, una desbordada muestra de generosidad hacia el tío Ariel de parte de un anciano, devoto de las artes oscuras, que había acudido a tío Ariel con un severo caso de artritis. Tío Ariel lo curó usando la misma medicina que Nono le había mostrado para tratar la parálisis de Mami, y el anciano quedó tan agradecido de haberse deshecho de ese dolor cotidiano que de inmediato se trasteó a otro lugar y le entregó a mi tío Ariel las llaves.

Era una casa grande, de tres pisos, y con sótano. Pero al quedar al cuidado del tío Ariel, se había deteriorado. El techo necesitaba tejas nuevas, la pintura se descascaraba, y el sótano olía a orines. A Ximena y a mí nos daba miedo pasar demasiado tiempo adentro, así que durante las dos o tres noches que nos quedábamos allí, cazábamos luciérnagas afuera, probábamos a comer esta planta o la otra para ver qué sucedía, y después íbamos a ver cantar al tío Ariel a las tabernas.

El tío Ariel tenía un grupo de mariachis. La música mariachi es de origen mestizo, y surgió a lo largo de siglos de jolgorio en espacios indígenas, afro y europeos, gracias a individuos de origen mixto que cruzaron entre ellos. Las rancheras colombianas se inspiraron en el género mariachi, y el tío Ariel las cantaba también. De pie en el centro de un pequeño escenario, bajo la luz suave y amarilla de un reflector, tío Ariel se transformaba. Perdidos en una oscuridad salpicada por un millón de puntitos brillantes proyectados desde una bola de espejos que giraba, suspendida del techo, escuchábamos la hermosa voz de tenor del tío Ariel alabando nuestra belleza, llamándonos rompecorazones. "Mujeres, mujeres tan divinas, no queda otro camino que adorarlas".

Durante el día, tío Ariel me masajeaba los brazos con aceites consagrados para limpiarme de lo que él insistía que había tratado de matarme en la catarata. Si mi madre estaba tocada por "eso", yo también lo estaba. Sus manos eran carnosas, demasiado calientes, y olían a alcanfor y a vodka.

¿Y "eso" existía? Mami decía que todo eso era puro cuento. Y me trataba de enseñar: la maldición no existe. Su vida se había matizado en la tragedia y la pérdida, pero nunca había sentido la necesidad de renombrar aquello, fuera de lo que era. Una vida. Pero Mami siempre se ha reído frente a la calamidad, ha bailado entre el desastre, y ha impedido que nadie más que ella determine los límites de sus posibilidades. Yo no entendía todo lo que trataba de contarme. ¿Cómo no iban existir las maldiciones si alrededor nuestro todo se estaba derrumbando?

Mami decía que el tío Ariel no servía para sanar. Tenía alma de artista, era buen hombre, sensible y caótico, pero se extraviaba en el laberinto de sus propios demonios.

—Para curar a los demás se necesita una mente fría y clínica —dijo Mami—; un pulso firme.

A veces el tío Ariel metía a toda la familia en su jeep y viajábamos juntos las tres horas que nos separaban de Cúcuta, donde nos quedábamos en la casa de Nona. La casa poseía una belleza frágil. Nono y ella habían fabricado cada ladrillo con sus propias manos, con barro y hierba seca y agua. Nono había horneado los ladrillos en una pequeña máquina que adquirió como pago por su trabajo de quitarle un maleficio a una finca. Cuando había dinero construía nuevas habitaciones. Había dos pisos, con ventanas en lugares extraños, puertas que se abrían a escaleras destartaladas, y partes del segundo piso donde no había barandas ni paredes, sino que uno podía caminar directamente hacia el vacío y saltar. Había paredes de celosía que inundaban la casa con el zumbido de grillos y mosquitos, y durante un tiempo hubo piso de tierra. Nona echaba baldados de agua sobre la tierra y, de rodillas, hacía círculos sobre el suelo para que la tierra se secara en ese diseño y el polvo no se levantara. La familia caminaba sobre tierra recién aplanada por sus manos.

Uno de los ladrillos en el patio de Nona estaba maldito.

Cuentan que un día, cuando Nono estaba tomando solo, tal como era su costumbre, se puso a desafiar a los espíritus a que vinieran y le quitaran el alma, si era que se creían tan berracos. Mis tías y tíos, adolescentes, dormían en la casa. Un aullido los levantó a todos, un vendaval que sonaba prácticamente humano.

Corrieron al patio, pero la puerta que llevaba hacia fuera estaba atrancada. Alcanzaban a oír dos voces gritando, algo que no se distinguía entre el gemido del viento, y en la noche no podían ver nada. Cuando todo terminó, la puerta se abrió sola. Encontraron a Nono en el fondo del patio, alumbrando el suelo de barro con una lámpara de gas, ordenándoles que no se acercaran.

Cerca de la casa, junto a la puerta, había una huella de un pie, cuatro veces más grande que el de cualquiera en la familia. Nono dijo que era la huella del diablo y que no era posible borrar esa marca. La única opción era esconderla. Al día siguiente, Nono tendió un camino de ladrillo. Seis ladrillos cubrían la huella exactamente, pero solo uno, el único que se había teñido de negro como si se hubiera chamuscado, era el que estaba maldito. Nono dijo que, si trataban de reemplazarlo, el siguiente que pusieran también se chamuscaría, así que lo dejaron así.

De niñas, Ximena y yo solíamos sentarnos junto al ladrillo maldito, y jugábamos en el suelo con los perritos pues siempre había cachorros. La perra de Nona siempre se estaba escapando y volvía preñada. Sabíamos que los cachorros acabarían por morir, que Nona los ahogaría o estamparía sus cabecitas peludas contra una pared. Apenas había comida suficiente en su casa para las personas. Un día nos despertaríamos para no encontrar ningún perrito y sí sangre en las grietas del ladrillo maldito. Nona había escogido ese lugar porque le resultaba práctico, cercano a la cocina y al tanque de cemento del jardín, que servía para recoger agua de lluvia, así que ahí podía limpiar con facilidad, pero a pesar de todo, parecía destinado que fuera ese lugar.

Cuando Mami quería escandalizarnos, cosa que sucedía menudo, con un movimiento de la mano que abarcaba todo el jardín, más allá del camino de ladrillo que llevaba a la casa de Nona, decía:

—Esta es una plantación de fetos abortados.

—¿De quién?

De niñas, pocas veces nos espantábamos, posiblemente porque Mami con mucha frecuencia buscaba escandalizar.

—Y también de esqueletos de rana —decía Mami.

Su tía, La Misma de Siempre —como la llamaba—, se metió en eso de la brujería española. Cosía papelitos que tenían nombres escritos dentro de la boca de las ranas, y luego las enterraba vivas.

Nos quedábamos con la intriga:

—¿Y eso para qué sirve?

—¿Y yo qué voy a saber? Yo no sé nada de la brujería española.

En el patio de Nona, el calor nos hacía sudar, y el sudor nos hacía brillar. Las tías y los tíos se iban distanciando. Se agitaba entre nosotros un aire de desacuerdo y duda, pero en ese entonces no me parecía muy diferente de lo que había visto antes. Los hermanos de Mami me alzaban en el regazo, me decían "Mamita, mi cielo, mi amor, mi turroncito de azúcar", me acomodaban mechones de pelo poniéndolos tras mis orejas, me bajaban los mejores aguacates y mangos que colgaban, como bombillos coloridos, de los árboles de Nona. "¿Por qué no te tuve yo?", me preguntaban. "Eres tan bonita". Se sentaban en sillas de plástico, a fumar y tomar aguardiente, y discutían sobre poderes sobrenaturales y hasta qué punto cada uno de ellos los había heredado. El tío Ariel tenía la habilidad de componer huesos, podía mover las nubes, y sabía cómo hacer para que los espíritus se instalaran en su cuerpo. La tía Nahía podía ver el velo de la muerte. La Misma de Siempre podía leer el futuro en la brasa del cigarrillo. Pero Mami siempre salía ganando. Sus hermanos la admiraban, la detestaban y la envidiaban. Brillaba con una luz delirante. Y yo sentía que el mayor honor de mi vida era ser hija suya.

Durante toda la noche esperábamos que se dieran las misteriosas condiciones en las que Mami empezaba a contar historias, y nos sentábamos, como solíamos decir, a escucharle la lengua. Casi siempre, era a la hora de las brujas, cuando los adultos se habían tomado unos tragos y nosotros nos habíamos cansado de correr de un lado a otro. Las historias que cuenta la gente suelen empezar con "Había una vez", y las de Mami con "Había una vez, en la vida real". Hilaba las mismas historias que ya habíamos oído incontables veces, pero con tal carisma, tensión y efecto dramático que ninguno de nosotros se atrevía a moverse de su sitio, ni siquiera para ir al baño. Nuestra historia preferida, y la que pedíamos una y otra vez, era la de Nono y el buitre negro. Era una historia que hablaba de una maldición, y de cómo zafarse de ella.

Una vez, en la vida real, durante uno de los viajes de Nono, caminando por la cordillera de los Andes, se dio cuenta de que no le quedaba mucha agua.

La sal de su sudor le ardía en los ojos. Se secó la frente. Se cubrió la cara con la sombra de su mano. Apenas podía distinguir la cumbre en la distancia. Sabía que debía haber llegado unas horas antes, y que, una vez allí, pronto alcanzaría la carretera que lo llevaría de regreso a Ocaña.

Nono recuperó el aliento. A sus pies, había un arbusto diminuto casi marchito y muerto, apenas un manojo de tallos cafés. Siguió andando. Su burro avanzaba con la lengua colgando. Transcurrió otra hora. Su piel se cubrió de sudor. Nuevamente, calculó la distancia hasta la cumbre. No parecía haberse acercado nada. Empezó a preocuparse porque sentía que podía desmayarse. Le hizo unas caricias al burro, respiro hondo y miró alrededor. Necesitaba encontrar agua, o si no, ambos se morirían.

Junto a sus botas, estaba una mata parecida a la casi muerta que había visto antes, o a lo mejor era la misma. Nono adelantó un paso, pero la mata siguió allí, sembrada e inmóvil, mientras que la tierra se deslizaba bajo sus pies como una cinta transportadora. Se lanzó a la carrera, tratando de superar el arbusto, pero, sin importar la velocidad a la que fuera, no avanzaba.

Entonces, desde el árbol que había sobre él, oyó el silbido prolongado de un buitre negro, un sonido ronco, como un estertor que presagiaba la muerte.

Esta era una bruja. De las que se transforman en buitres negros cuando quieren volar.

La bruja esponjó las largas plumas negras y lo fulminó con sus ojillos rojos y protuberantes entre su pellejo oscuro y arrugado de ave. Sin quitarle la mirada de encima a la bruja, Nono se acurrucó y tanteó el suelo en busca de una piedra. Cuando la encontró, la lanzó varias veces al aire antes de arrojársela al pajarraco. Fue a golpearlo justo en el hombro, tomándolo por sorpresa y derribándolo de la rama. La bruja cayó del árbol girando, y entre la masa de plumas, se asomaron unas piernas de mujer y una cabellera negra.

Alrededor del lugar donde fue a caer el cuerpo, se levantaron nubes de tierra. Cuando el polvo se asentó, Nono pudo distinguir a una mujer que gemía de dolor por la caída, con la cara cubierta por una cortina de pelo. Era la bruja, protegiendo su identidad. Nono se aclaró la garganta mientras pasaba junto a ella. Su burro y él se habían liberado de su embrujo y ahora podían seguir adelante en su camino. Cuando llegó a la cumbre de la montaña, miró hacia atrás, pero la mujer se había desaparecido.

Una o dos veces, mientras Mami contaba esta historia, un buitre negro volaba por encima de nuestras cabezas. Su aleteo descendente se oía justo sobre nosotros, demasiado cerca. Todos huíamos, excepto Mami y el tío Ariel. Nos señalaban y se reían de nosotros cuando volvíamos. A Mami le gustaba decir que era una advertencia. Las brujas detestaban que uno hablara de ellas.

En Santander, llamábamos chulos a los buitres negros. El tío Ariel y Mami nos enseñaron los procedimientos para bajar brujas en caso de que lo que le había sucedido a Nono, llegara a pasarnos a nosotros. Todos nosotros niños practicábamos juntos. Nos pasábamos las horas del día rastreando bandadas de chulos hasta que los descubríamos aglomerados en árboles grandes. A veces, cuando estábamos en medio del procedimiento, un chulo se desplomaba al suelo. ¿Se habría caído de su vuelo por alguna razón inexplicable, o era, en realidad, una bruja?

Les temíamos a las brujas y a lo que nos pudieran hacer. No podíamos imaginarnos algo más horrible que un encantamiento que lo llevara a uno a creer que avanzaba cuando en realidad estaba inmóvil en el mismo lugar.

Había cierto estancamiento que notábamos. Tías y tíos acumulaban deudas y tenían que continuar con relaciones inadecuadas donde ya no había amor, o aguantar malos trabajos, o vivir en barrios peligrosos. Todo nuestro país parecía estancado también. En cualquier momento podíamos convertirnos en víctimas de la guerra.

A veces, me conmovía hasta mojarme los ojos al ver a los hermanos de Mami que, sin importar cuanto pesaba sobre ellos, tocaban discos y bailaban, se deshacían de sus ansiedades entre tambores, maracas y gaitas, tanteaban hasta dar con una alegría. Pronto vendrían a tomarme por las manos, guiándome para que las levantara con abandono a un cielo que en unos momentos brillaría con nubes fluorescentes. Vivíamos entre lo incomprensible.

Cuando cumplí siete años, esa afinidad que conocíamos como familia se esfumó. La hermana de Mami, La Misma de Siempre, se convirtió a la iglesia carismática, y su entusiasmo por el hablar en lenguas, por el cura que lo mordía una serpiente y quien sobrevivía su veneno, era tan palpable que llevó a que otros, entre mis tías y tíos, se convirtieran también.

Ahora los hermanos de Mami se dividieron en dos bandos: los que creían de buena fe que Nono y Mami eran pecadores, y los que no.

Los hermanos que carecían de poderes siempre habían mirado con desconfianza a esa estirpe de la cual se sentían perpetuamente excluidos. Ahora adoptaban el lenguaje cristiano de la condenación. Las tías que jamás habían visto el velo espectral de la muerte se glorificaban de su suerte. Los tíos que habían sido católicos nada más que de dientes para afuera, se convirtieron en vehementes cristianos renacidos de diferentes denominaciones, incluyendo a los Testigos de Jehová. En otros tiempos, habíamos tenido la dicha de ir a Misa de Gallo en Nochebuena, y mirábamos con reverencia cómo la única cúpula de la catedral de Cúcuta, de un azul claro, se llenaba de incienso y el canto de coro. Ahora, los hermanos de Mami nos regañaban por acudir a la iglesia equivocada, o por ir a la iglesia y al mismo tiempo ejercer el curanderismo, o al final de la misa

nos presentaban a personajes de uno u otro grupo religio-
so que se lanzaban en un discurso sin fin proselitista. Al
poco tiempo, ya no soportábamos estar todos en el mismo
cuarto. Las veladas se agriaron, y siempre terminaban en
las mismas peleas.

Nos escribían cartas hablando de salvación, cartas que,
insistían, nacían del amor, pero que se referían a Mami
como bruja o demonio, o a veces ambas cosas. Nos aseguraban que los dones de Nono habían sido obtenidos de un
pacto con el diablo, y que cargábamos con una maldición y
acabaríamos en el infierno. Mami, por su parte, se sentaba
con sus álbumes de fotos, y recortaba con atención las siluetas de cada hermano que la había insultado. Les mandaba a
sus hermanos y hermanas sobres llenos con sus diminutas
caras. Con el tiempo, las fotos de plácidas escenas familiares que había en nuestros álbumes pasaron a tener filas
enteras de siluetas sin cara.

Y Nona, que había recibido Biblias de muchos de sus
hijos, empezó a leer las Escrituras a diario. El Libro le hablaba de falsos profetas, y ella llegó a convencerse de que
eso era lo que Nono había sido. Nona les imploraba a sus
hijos que alejaran de sus vidas todo lo que tenía que ver
con él.

13

MONEDAS

Fue en algún momento de esos tiempos, después de que Mami les mandara a sus hermanos los recortes de sus caras por correo, mientras Ximena y yo nos sentíamos un poco asustadas y solas, dudando si no sería cierto que nos perseguía un maleficio, cuando en Bogotá la lluvia empezó a caer a raudales. Los periódicos difundían fotos de casas inundadas, sofás y lámparas flotando en calles convertidas en ríos. Luego de un año de sequía, la lluvia era bienvenida, y sorprendente. Hay una foto de prensa que recuerdo: un hombre tendido sobre su colchón, con una camiseta sin mangas y pantaloncillos. Clavaba sus manos en las sábanas, y arrugaba los ojos cerrados, como alguien teniendo una pesadilla; pero su colchón iba flotando aguas abajo en una inundación, junto con otros objetos flotantes de otras casas y basura, y él se mantenía a flote.

Y entonces, nos sucedió a nosotros. Mami iba manejando cuando la lluvia tamborileó sobre el carro y la radio emitió una alerta repetida de buscar las partes más altas de la ciudad. Mami aceleró, dio curvas, tomó calles laterales, con afán de llegar a casa. Teníamos un carro pequeño, un

Renault 9, que era más bajo que la mayoría de los carros, y estábamos todavía lejos de donde vivíamos. De repente, nos dejamos de mover. Avanzábamos centímetros detrás de una aburrida caravana. La lluvia resonaba en el techo y el capó del carro. Cerca de un túnel la lluvia se tragó la parte inferior de nuestras llantas, el agua ahogó el motor y el carro se apagó. Otros carros, más altos que el nuestro, se iban a prisa, dejándonos atrás. La calle quedó desierta, y, por encima del eco de la lluvia, podía oír a mi hermana gritándole a Mami que hiciera algo. Mami giró el timón, pisó el freno, y tiró del freno de mano. Fue inútil: las ruedas no tocaban el suelo.

De repente, una marejada que crecía y se impulsaba desde atrás nos arrastró, gritando, hacia el túnel, a la parte más baja de la calle, hacia un montón de carros varados atrapados. Otra riada golpeó la parte trasera de nuestro Renault 9 y nos hizo torcer. Chocamos con el separador de cemento y planeamos hacía la oscuridad del túnel, de lado, golpeándonos contra uno de los otros carros. La colisión provocó que algunos carros se movieran, y avanzaran hacia el frente. Nos quedamos quietas. El túnel era tranquilo, y la lluvia algo ya distante. Luego el agua se chorreó por las ranuras en la parte inferior de las puertas. Mami dijo que eran aguas negras del alcantarillado, y yo alcé los pies para apoyarlos en el asiento delantero y me envolví con los brazos.

Un carro abalanzado por una ola, tal como nos había pasado, nos golpeó por detrás, y dimos media vuelta hasta que quedamos mirando hacia el frente, y nos adentramos cada vez más en el túnel. Pasamos al lado de una pareja sentada sobre el techo de su carro, abrazados en la luz difusa, y luego salimos nuevamente a la luz del día, al ruido de la lluvia. Empezaron a oírse truenos. La lluvia azotaba nuestro carro, golpeándolo hasta moverlo. Mami giró la llave en el arranque. Un taxista, cuyo vehículo se había quedado varado a la derecha de nosotros, trepó hacia fuera por su ventana. Cargaba una pala y nadó contra la corriente del río que se formaba en la calle, hacia el separador, un promontorio que dividía nuestro lado de la calle en bajada, del lado contrario, que subía. Lo vi cavar en el separador, tratando de crear una abertura. Me imaginé que lo hacía para que parte del agua fluyera hacia el otro lado. Justo adelante, un joven golpeaba el vidrio de su carro con el codo, pero el vidrio no quebraba. Ximena lloraba en el asiento de atrás. Abrí mi ventana, me quité uno de los zapatos, lo llené con el agua que ahora aleteaba contra mi asiento y la arrojé por la ventana, pensando "si hago esto mismo con velocidad...". Mami soltó el aire. De repente, pareció caer en cuenta de nuestra situación. Pronunció en voz baja una serie de palabras que no están en ningún idioma que yo reconociera, y que no puedo repetir. Al decirlas, la tormenta se transformó en una llovizna, y en cuestión de minutos escampó.

Me incliné hacia adelante y miré hacia el cielo, y luego al agua que rozaba mi asiento.

—¿Eso acabas de hacerlo tú?

—No fue ella —dijo Ximena desde atrás—. Es una coincidencia.

Ximena y yo temíamos que un carro fuera a chocar con nosotros y hablábamos de lo que haríamos y de qué podría suceder si moríamos.

—No van a morir —nos repitió Mami.

—Debe ser cosa de 'eso' que sabemos —dije yo.

—No existe ningún 'eso' —dijo Mami, volviendo su mirada exasperada hacia la ventana.

Estábamos pensando en treparnos al techo del carro cuando un hombre en un camión de remolque se detuvo junto mi ventana y nos ofreció llevarnos a tierra seca. Mami aceptó. Sacó un tablón de madera que tenía en su vehículo, y lo instaló entre mi ventana y el piso de la cabina del suyo. Yo fui la primera en pasar. Noté que el agua había hundido las llantas del camión hacia el que me dirigía. Me concentré en las vetas de madera del tablón. Más allá, el agua, aún animada por la corriente, arrastraba palos y basura. Por un momento me pregunté qué pasaría si me caía, qué significaría ahogarse en un río pasajero. Las manos del camionero me alcanzaron, y luego a mi hermana, y a mi madre. Una vez que estuvimos todas en el camión, listas para irnos, el motor se apagó. La creciente lo había inundado.

Lo miramos con pena. Había tratado de ayudarnos, y ahora estábamos a la deriva en medio de la calle. El hombre asintió una sola vez y quedamos todos sentados en silencio, mirando al frente, a la calle acuática, esperando que alguien o algo apareciera en nuestro rescate. Mami, Ximena y yo estábamos mojadas y temblando de frío. Una llovizna empezó a caer, y nos inclinamos para mirar por la ventana del chofer cómo el agua engullía los asientos de nuestro carro, que estaba al lado. El agua se acercaba también a las ranuras de las puertas del remolcador.

—No hay manera de que el agua llegue a meterse aquí adentro —dijo Mami.

Tímidas al principio, pero luego con una necesidad animal, nos abrazamos a ese desconocido, pidiéndole que nos rodeara con sus brazos. Nos aferramos buscando su calor. No pareció molestarle y nos acogió en sus brazos, sonriendo para sí mismo, y en esta nueva familia nacida de la lluvia, mientras esperábamos a ver si su vehículo también se inundaría, Mami le pidió que nos contara la historia de su vida.

El hombre dijo que había crecido en las afueras de Bogotá, que sus padres habían muerto hacía poco en un incendio y que tenía el corazón roto. Aunque yo no sabía nada de amor o de pena, le dije que confiara en que algún día estaría bien, y Mami examinó las líneas de su mano para decirle cuándo volvería a enamorarse. Cuando tuve que orinar, me señaló un rincón de la cabina junto a la puerta y se dio la vuelta mientras yo me acurrucaba para hacer mis necesidades, mirando como el chorrito fluía hacia sus pies calzados con botas. Ojalá pudiera recordar su cara, pero solo me acuerdo de sus manos, grandes y morenas y cubiertas de manchas por el sol.

El agua se calmó, y después de horas aparecieron los bomberos en una balsa, para rescatar personas, pero nos quedamos esperando a la grúa y permanecimos donde estábamos, abrazadas al hombre. La grúa era grande y jaló el camión de remolque, que producía olas como si fuera un bote, y salpicaba un rocío de agua hacia ambos lados; las olas chocaban contra el separador y se devolvían hacia la calle, hasta romper en el túnel. Miré a Mami, la piel olivácea de su cara radiante, y me pregunté si realmente ella había detenido la lluvia. Nos despedimos del chofer una vez que estuvimos en tierra. Le agradecimos, lo abrazamos y nunca más lo volvimos a ver. Habíamos estado en un carro naufragado, y después ya no.

Mami paró un taxi, y mientras nos subíamos a él, pensé en que, cuando estábamos todavía sentadas en la cabina del camión, esperando a que la grúa nos enganchara, había mirado por la ventana para saber qué había pasado con nuestro Renault.

El agua lo había inundado hasta al radio, y las monedas que Mami guardaba en el portavasos que había en medio, flotaban en la superficie.

En el recorrido en taxi, camino de zonas más altas, supe que lo que había visto era imposible, que las monedas, por ser de una aleación de metal, habían debido estar hundidas.

Seguro Papi diría que yo acababa de vivir un evento traumático, y que, en mi estado de alteración mental, había alucinado. Ximena me aseguraría que yo era propensa a las fantasías. Mami lo consideraría un encantamiento. Pero yo había experimentado lo inexplicable de primera mano y no tenía que llamarlo nada más que eso. Lo "inexplicable". Me sentía sola en lo que había visto, y con miedo por lo que podría significar, pero con Mami a mi lado, me sentía a salvo.

14

AGUA

En mi familia, hay historias que se repiten de generación a generación. Las vidas se cierran y se abren como acordeón. Al parecer, solo los personajes son diferentes. En Santander, mucha gente venía de poblaciones vecinas para ver a Nono, y así como Mami creció en una sala colmada de gente que aguardaba el tratamiento de su padre, yo crecí en una casa en Bogotá entre gente que buscaba el cuidado de mi madre.

Tal como había hecho Nono, Mami montó su consultorio en nuestra casa, más o menos cuando yo tenía dos o tres años. En el desván, sobre una mesa redonda, tendió una tela de algodón azul estampada con galaxias y lunas y estrellas, y sobre esa imagen del universo distribuyó sus espejitos, pirámides doradas y conos de incienso azul rey.

Los clientes de Mami venían de uno en uno, o de dos o de a tres, a cualquier hora del día. Había médicos, negociantes, sastres y costureras, cocineras, guardias de seguridad, ingenieras. Algunos eran habituales: la diseñadora de modas, la sicóloga, el abogado. Me gustaba sentarme en un montón de cojines en el distribuidor del segundo piso, al final del pasillo que llevaba a las escaleras del desván, donde me esforzaba en anclarme en los únicos libros que teníamos en casa: el diccionario, la enciclopedia, y el *Manifiesto comunista;* pero ahí, frente a mí, yendo y viniendo por las escaleras de mi propia casa, había una literatura mucho más accesible y fascinante.

Los clientes de Mami eran algo normal en la casa desde que tengo memoria; y ese año en que cumplí ocho, cuando me di cuenta de que había quienes pensaban que lo que hacía Mami estaba mal, los observaba con más atención. Caminaban despacio tras ella, mirándome. Yo les devolvía la mirada. Nos estudiábamos como si el otro fuera un objeto en un gabinete de curiosidades.

Lo que yo realmente quería era estar en la habitación cuando Mami hiciera sus lecturas, pero no me estaba permitido. A veces espiaba las conversaciones a través de la puerta cerrada. Oía la voz de sargento de Mami, a sus clientes que sollozaban o gemían; y si no, un silencio poderoso.

Una vez que los clientes se iban, yo iba a buscar a Mami, para que me contara de los males que sufrían. No existe la confidencialidad entre cliente y vidente, así que Mami compartía todo. Estaba la celadora de un colegio que quería saber del padre de su hijo, no de su marido, sino del hombre que vio una vez y del cual nunca volvió a saber nada. Estaba el abogado cuya exesposa le había mandado a hacer un trabajo para destinarlo a morir en un accidente automovilístico; vino doce días seguidos para que Mami le limpiara ese influjo, y después volvió los fines de semana para que le leyera la mano.

A veces Mami no tenía consulta, y me dejaba quedarme con ella en el desván. Yo la contemplaba, absorta, al encender una velita que ponía bajo una tacita de latón con agua de rosas para esparcir la esencia por el aire. Fumaba un cigarrillo tras otro. A Mami siempre le ha gustado oír el sonido de su voz al hablar, y a mí siempre me ha gustado oírla.

Mami me repetía las enseñanzas que Nono le había dado: la buena adivinación es el arte de hilvanar una buena historia. Yo tomaba apuntes como si estuviera en clase. Tenía ocho años, y me tomaba muy en serio el aprendizaje, tal vez hasta un extremo patético. Mami describía la manera de construir leyendas, el aplomo al adivinar los deseos de los clientes, la forma de tender un puente entre lo que ella podía ver con claridad y lo que apenas intuía.

—Hay que hablar en metáforas, en paradojas, en símbolos —decía—. Hay que contar una historia que le permita al cliente sentir la verdad sin que uno tenga que nombrarla.

Yo garabateaba todo, tratando de no perder el hilo.

—Lo más importante que he aprendido en estos años es que nadie quiere saber la verdad, pero todos quieren una historia —me confió Mami en voz baja.

Mami no siempre supo que no debía contar la verdad directamente. Había visto a su padre plantear la verdad a través de símbolos, pero cuando ella empezó, estaba tan concentrada en seguir el proceso de adivinación que se le olvidó disfrazar las respuestas que sus clientes buscaban. En lugar de eso las recitaba así no más: "Sí, su marido la está engañando". "No, usted no debería hacer ese viaje". "Sí, a usted le gusta, pero no lo veo como una relación a largo plazo en su vida". Sus lecturas de clarividente eran escuetas y breves. Ninguno de sus clientes volvía.

La primera vez que logró conservar a uno de sus clientes fue a una mujer joven a quien su padre había desheredado. Mami no le reveló la verdad a secas: que tenía que perdonar a su padre para que así él pudiera perdonarla a ella.

—Hay verdades tan simples que la gente cree que son babosadas —dijo Mami—. Nadie quiere que le digan: sea buena persona, pórtese bien con su familia, sea amable. Pero a veces esa es la respuesta.

Mami le dijo a la mujer que, el día justo antes de que su padre la desheredara, había pellizcado las hojas de una planta, tal era su furia. Y hasta que esta planta no fuera limpiada y liberada en medio de la naturaleza, su padre seguiría mostrándose sordo a sus súplicas. Al parecer, como lo confirmó la cliente, era cierto que el padre había estado maltratando una planta mientras le decía a su hija que no debía esperar más dinero de su parte y que tendría que vérselas por sí misma. Mami y la mujer se pusieron guantes de cirugía y llevaron la planta hasta un río cercano, donde la lavaron en las aguas del río y rezaron. Fue allí que Mami le dijo que debía perdonar a su padre. La planta era una metáfora, pero la mujer no llegaría a saberlo. Mami le había dado una tarea concreta ante una relación rota, le ofreció una historia, y la mujer perdonó a su padre al vivir esa historia. A la larga, él también la perdonó.

¿Fue el ritual lo que surtió efecto? ¿O fue más bien la metáfora? ¿Acaso un ritual es una historia que se lleva a la práctica?

Los rituales fueron los que le permitieron a Mami ayudar a sus clientes, que acudían a ella lastrados por un motín de verdades, que, sin saberlo, preferían no reconocer directamente; preferían ignorar. Eran el tipo de verdades que, al salir a la luz, podían acabar con el delicado equilibrio de una vida.

—Pobres —dije una vez.

—Qué pobres ni qué nada —respondía Mami cortante—. Eso nos pasa a todos y a cada uno de nosotros.

Me mastiqué el labio, y pensé en qué verdades no podíamos reconocer nosotros. Hice todo lo posible por identificarlas, los fantasmas que se escondían al otro lado de una pared.

A los ocho años, yo era más madura y sensata de lo normal, eso era lo que siempre me decía la gente. A lo mejor era porque Mami jamás me había protegido de enterarme del tipo de cosas que se supone que los niños no deben saber. A lo mejor yo era demasiado introvertida y sensible. A lo mejor, el estado nacional de emergencia y violencia me había obligado a crecer demasiado rápido.

Sé que yo era una niña que sentía un miedo diario. Papi se preocupó por encontrarnos una nueva vivienda en el norte de la ciudad, lejos de las edificios y oficinas de policía, prensa, o Gobierno que podían explotar en cualquier momento. En ese entonces, los grupos guerrilleros ponían carros bomba enfrente de bancos y cajeros automáticos, a modo de ataques metafóricos contra el capitalismo, y los paramilitares de Pablo Escobar también dejaban bombas en lugares al azar: donde vivían sus enemigos, o en tiendas y oficinas públicas, como actos rutinarios de terror que obligaban al Estado a sentarse a la mesa de negociación. Vivía en un nido de preocupación.

Si se reventaban nuestras ventanas por el impacto de una bomba que había estallado a cuadras, lo veíamos como un mero inconveniente. Pero en las noches, me nacía un temblor en las manos. Me movía con cuidado en mi pequeño mundo, un mar en calma, compensando exageradamente el miedo que sentía al detectar el olor a fuego, a cosas quemándose que se acercaba cada vez más a nuestra casa.

No sabía cómo llamar al martilleo alado de mi corazón; la respiración entrecortada; los episodios en los cuales perdía la pista del tiempo y caía en abismos de terror absoluto. Cuando le dije a Mami que creía que estaba sufriendo de ataques al corazón, ella me llevó con el médico. El doctor cronometró los latidos de mi corazón, me enchufó a una máquina, y nos aseguró que no había ningún problema. No conocíamos el término "ataque de pánico", porque entre nosotros la gente no se enfermaba de esa manera, o si lo hacían, no teníamos más que llamarle sino "sufrimiento". Veníamos de una gente que cuidaba de su dolor haciendo ofrendas, apoyándose en su pueblo, desafiándolo con alegría. Esto funcionaba bien, por un tiempo. Pero el sufrimiento regresaba.

No había refugio de la creciente ansiedad que sentía, y entonces me concentré en asuntos académicos. Encontraba alivio en los teoremas, las matemáticas, y en la gramática, y superé a mis compañeros. En casa, me esforzaba en desaparecer y así poder espiar las conversaciones de Mami con sus amigas, que le describían los horrores de ser mujer.

El trabajo de sanación de Mami nunca terminaba. Incluso cuando ya había terminado sus consultas, sus amigas venían, en busca de consejo. Si se daban cuenta de mi presencia, preguntaban:

—¿Está bien que tu hija ande por aquí?

Mami me miraba:

—Está bien. Ella es una pequeña adulta.

Mami escuchaba cuál era el problema. Echaba las cartas, leía la mano, daba instrucciones para rituales y para sanar, y yo empecé entender que hay hombres que son violentos toda su vida.

Me tranquilizaba catalogar los posibles agravios que yo podría llegar a sufrir. Los hombres podían emborracharse y luego pegarte, engañarte y luego acusarte de engañarlos, o forzarte a tener relaciones pensando que si había un matrimonio de por medio entonces no era una violación. Los hombres podían controlar el dinero. Podían conseguir que otros hombres dijeran mentiras a su favor en un juzgado para así quedarse con los niños, y de esta manera mantenerte como rehén en una vida que no querías. El corazón se me partía oyendo a las amigas de Mami, pero las escuchaba con oído clínico, planeando metódicamente una manera de evitar un destino semejante.

Como yo era madura para mi edad, pensé que entendía lo que Mami quería decir cuando me hablaba de que la gente no quería la verdad, sino que siempre prefería una historia. Pensé que era una forma de decir que a nadie le gusta oír sus fallas y errores reflejados. Nadie quiere oir que a veces es uno mismo el que está echando su propia vida a perder.

Ahora, pienso que Mami decía algo más profundo, que hay violencia en la verdad. Que una vez que se pronuncia, no se puede retirar. Incluso cuando queremos olvidar lo que ha sido revelado, o dejarlo atrás, no podemos hacerlo.

Mami manejaba las verdades de los demás con cuidado. A sus amigas y a sus clientes les contaba historias en las cuales la verdad que quería expresarles se escondía en el trasfondo, y permanecía allí hasta cuando estuvieran preparados para analizar y entender lo que Mami había disimulado.

A Mami la buscaban por esta habilidad, y era una vidente muy popular, pero su principal fuente de ingresos provenía de llenar botellas plásticas con agua de la llave.

Después de llenar la botella hasta arriba, se ponía el pico en los labios, ponía los ojos en blanco, y soltaba un prolongado murmullo. Nono le había enseñado a hacer eso, a bendecir el agua de manera que sus rezos, flotando en el líquido, pudieran ser ingeridos. Pero para curar, Nono se había apoyado más bien en sueños y en las hierbas que recolectaba en los montes, que siempre tenía a su disposición.

En la ciudad, Mami no tenía montes a su disposición. Compraba las hierbas en un mercado que funciona en un galpón, en Paloquemao, cerca del centro de la ciudad. Cuando uno pasaba más allá de los puestos desbordantes de flores y hortalizas, en un quiosco al fondo, colgaban atados de hierbas de las vigas. Ninguno tenía etiqueta, y si uno preguntaba qué eran o para qué servían, la respuesta era un silencio frío y una mirada penetrante.

Cuando cumplí cinco años, en 1989, mientras Mami iba camino de Paloquemao, un bus lleno de dinamita explotó.

El bus bomba estaba parqueado frente al cuartel general del DAS, el organismo de inteligencia policial, a la vuelta del mercado. Mami oyó la explosión, sintió el suelo temblar; y luego el aire se llenó de alaridos. Murieron sesenta personas.

Así que Mami se apartó de las enseñanzas de Nono y dejó de usar hierbas.

Su filosofía de curar empezaba con entender que las personas sufrían dos tipos de problemas: aflicciones que se podían tratar, cuidar, curar y rehabilitar, y rupturas que no tenían arreglo.

Estas últimas exigían mayor esfuerzo, y Mami tenía que lidiar con clientes que tercamente insistían en que ella hiciera desaparecer sus males.

—¿Quién se creen que soy yo? —preguntaba Mami molesta—. ¿Una maga?

Mami decía que la gente tendía a tratar de resistir al cambio, lo había visto una y otra vez en su consultorio, y se aferraban a un deseo de permanecer siempre "como nuevos", lo cual iba en contra de la naturaleza de la vida y de los cuerpos. Ella sabía que, sin faltar nunca, en el fondo, lo que la gente quería era ser libre.

Siempre que los clientes de Mami venían con problemas del segundo tipo, los que no podían resolverse, la curación procedía del aceptar que hay algunas cosas que nos tocan y que nos cambian para siempre; y más allá de ese encuentro emocional se abría un camino de adaptación, un golpe de creatividad ante una nueva limitación.

Por la módica suma de cincuenta mil pesos, algo así como una cuarta parte de lo que gastábamos en el supermercado, el agua bendecida de Mami prometía reavivar matrimonios, encontrar trabajo, proteger contra el mal de ojo, llevar a cabo pequeños exorcismos, ayudar con la depresión y otras inestabilidades mentales, y aliviar el dolor de los amores no correspondidos.

Mami etiquetaba las botellas, las acostaba formando una fila, y las almacenaba en pirámides en la cocina. Los clientes iban y venían, y le daban a Mami dinero a cambio del agua de nuestra llave.

Siempre nos estaba instando a Ximena y a mí a que tomáramos más gaseosa, para que así tener más botellas para rellenar. La situación nos resultaba graciosa a nosotras. Como buenas colombianas, habíamos estado tomando café desde que teníamos memoria. En las mañanas, antes de salir para el colegio, cuando Mami andaba por ahí y podía oírnos, la una se robaba la taza del café del desayuno de la otra, le soplaba en la superficie y se lo devolvía, diciendo:

—Ya está, ¡vas a sacar un diez en matemáticas hoy!

—¡Ajá! —decía Mami dando una palmada sobre algo de madera en la cocina—. ¿Y ustedes quién creen que paga por el techo que tienen sobre la cabeza y la comida que encuentran en la mesa?

Nos reíamos.

De toda la gente que Mami curaba, a quienes más quería ayudar era a Papi, a mi hermana y a mí. Pero también éramos los más reacios a su ayuda, lo que desesperaba a Mami.

—¿Saben que la gente me paga por hacer lo que les ofrezco a ustedes gratis?

Papi se había quedado sin trabajo, traicionado por una artimaña de unos colegas que consideraba amigos suyos.

Se pasaba los días en el segundo piso de la casa, sentado a oscuras en su cuarto, con la espalda encorvada, mirando al vacío, incapaz de comer. Mami dijo que lo dejáramos en paz: tarde o temprano le pediría sus cuidados. Mientras tanto, las cuentas se apilaban en la mesa del comedor. Aún hoy en día, al pensar que Mami llevaba comida a la mesa y pagaba la hipoteca gracias, más que nada, a susurrar palabras sobre la superficie del agua, me sorprendo.

Hice lo que Mami decía. Me saqué a Papi de la cabeza. No me preocupaban los hermanos de Mami que se habían convertido en cristianos renacidos, cuyas demostraciones de afecto y agresión me confundían. "Para qué perder el tiempo con gente que no te sabe querer", me decía Mami. Puse toda mi confianza a los pies de mi madre, y la seguía a todos lados mientras seguía disertando los teoremas de la adivinación y la quiromancia. Me enseñó a leer las cartas del tarot, lo que significaba cada palo, cada número, y cuando se le agotaban las ideas de qué más enseñar, organizaba las cartas en forma de estrella para ella misma, y las leía.

En el tarot, Mami siempre era La Emperatriz, una mujer coronada de estrellas, sentada en un trono y con un cetro en la mano. Cuando le salía esa carta, aplaudía encantada: "¡Ah! ¡Ahí estoy yo!". Me encantaba ver cómo asomaban a la superficie las historias cuando Mami echaba el tarot. No era la propia Emperatriz la que contaba la historia, sino las cartas a su alrededor. Eran estas las que desplegaban cada capítulo de la vida de Mami: la pobreza y la violencia de su niñez. La brutalidad y la obsesión que despertaba en los hombres a su alrededor. El primo que estuvo a punto de violarla. El hombre con el cual fue obligada a casarse antes de conocer a Papi, sobre el cual no estaba lista para contarme en detalle. Mi padre, quien finalmente había logrado rehabilitarse y con quien tenía un hogar. Mami me contó cómo la había encerrado en el apartamento, y cómo el hombre que él había sido entonces ya no existía. Se hizo consciente del trato sexista que les daba a las mujeres, y se esforzó mucho para convertirse en un hombre diferente para nosotras.

Cuando el ojo de Mami se iba para el área de la estrella de cartas que se refería a su futuro, contenía la respiración, y no me decía lo que veía. Incluso ella se mostraba reticente ante una verdad que no podía controlar.

Para ayudar con el sostenimiento de la casa, bajo la tutela de Mami empecé a leer el futuro en el colegio, con una baraja de cartas de juego. Por ser principiante, solo cobraba quinientos pesos por lectura. Al principio, me esforcé por seguir las instrucciones de Mami, y apegarme a los pasos de la adivinación. Pero a medida que crecía mi clientela, me di cuenta de que no tenía que hacer casi nada. A partir de lo que la gente preguntaba a las cartas, yo podía deducir lo que realmente querían saber, y la curiosidad que siempre había en mi colegio era una de dos cosas: quién estaba enamorado de quién, y quién estaba engañando a quién. Me convertí en un repositorio de información. Echaba las cartas sin siguiera mirarlas, hablaba crípticamente en símbolos, entregaba información, y cobraba una tarifa que, al ir ganando seguridad, fui incrementando exponencialmente.

Cuando llegaba con mis ganancias a casa y se las entregaba a Mami, ella se reía de mi pereza, pero también se enorgullecía de mi treta. Cuando le dije que usaba la deducción y no la clarividencia, me hizo un guiño.

—¡Esa es mi niña!

Esos meses de aprendiz leyendo fortunas y llevando dinero a casa, me parecieron largos, y me olvidé por completo de Papi, hasta que llegó el día que él pasó tres noches seguidas sin dormir. Mi hermana y yo nos preocupamos. Mami dijo que era depresión y que ella podía encargarse, pero Ximena la contrarió:

—Necesita un médico. Llévalo a un hospital.

Mami se negó.

—¿Qué van a hacer con él? ¿Medicarlo hasta que ya no pueda pensar?

Después pasó horas en la cocina, murmurando sobre tres vasos de agua. Jamás la había visto dedicarle tanta concentración a un solo rezo. Necesitaba que el agua fuera potente, nos explicó.

Antes, Papi había rechazado cualquier cosa que Mami hubiera rezado, pero ahora el insomnio lo había hecho obediente. Ella le dijo "bebe" y él se tomó hasta la última gota de cada vaso. Esa tarde cayó en un sueño profundo.

—¿Qué les dije? —inquirió radiante—. Mi agua funciona.

—Es una coincidencia, Mami —contestó Ximena, con fastidio en su mirada—. Tenía que dormirse en algún momento.

Solo que Papi pasó dos días sin despertarse. Ni siquiera si lo sacudíamos, lográbamos que saliera del sueño. Gemía. Se daba la vuelta. No lograba mantener los ojos abiertos. Empezamos a preocuparnos otra vez.

—Ay, jueputa —dijo Mami, y corrió a la cocina—, se me fue la mano.

Me reí. En la cocina, Mami abrió la llave y puso un vaso bajo el chorro.

—Fue porque usé la palabra equivocada —explicó—. Esta vez, voy a bendecir el agua con el objetivo claro de que lo ponga alerta y despierto.

Mientras Mami llenaba otros dos vasos, y el agua se desbordaba y le mojaba la mano, dijo:

—Hay que escoger las palabras con mucho cuidado, ¿si ves? No puede haber inexactitudes. Una vaguedad de tu parte, y pataplum.

"No puede haber inexactitudes", repetí mentalmente, almacenando más de lo que luego se convertiría en la mejor lección de escritura que llegué a recibir. "Una vaguedad de tu parte, y pataplum".

—Ahora, vete —me rogó, poniendo los tres vasos frente a ella en el mesón—. Tengo que empezar.

El agua que debía poner a Papi en alerta lo sacó de su sueño, pero no tuvo ningún otro efecto evidente. Cada día, Mami daba un diagnóstico diferente. Un día preparaba agua para reconectarlo con su propósito. Otro, rezaba para que el agua le permitiera encontrar su voz. Finalmente, bendijo el agua para que su voz, donde fuera que estuviera cautiva, volviera a él. Cuando Papi se tomó la última, fue a vomitar al baño. Y siguió con arcadas y vomitando hasta que salió bilis.

La buena adivinación es el arte de hilvanar una buena historia, decía Mami.
Bogotá, 1981.

—Qué bien —dijo Mami—. Ahora ya vamos encaminados.

Papi volvió a la cama con dificultad, pálido y agotado. Mami me sacó del cuarto para dejarlo descansar y cerró la puerta al salir.

—Y ahora, a esperar —me susurró.

Siguió hacia el desván, y yo fui tras ella. Esperé hasta que ambas nos sentamos en medio de su parafernalia de vidente, y le pregunté:

—¿Esperamos a qué?

—¿Hummm? —Estaba aspirando su cigarrillo a la vez que sacudía el fósforo encendido para apagar la llama—. ¡Ah! ¿De tu papá? Esperamos a que recupere la confianza. Ese era su problema.

—¿Eso era? ¿Y por qué no se lo dijiste?

Mami exhaló el humo.

—Ya te lo expliqué. Al cliente solo se le puede orientar hacia la dirección adecuada. No se le puede decir la verdad.

Dejé a Mami para irme a mi cuarto, pensando en si habría cosas, errores, luchas, que Mami me veía, y de las cuales no me hablaba. Debía haber un mundo de cosas que se me escondían, que yo no alcanzaba a distinguir. Me metí al espacio bajo mi cama, sintiéndome de repente sin aire. Mecánicamente, conté hasta cien, una tarea concreta que me había inventado para tolerar y ser paciente ante esa falta de aire, ese terror sin nombre. (Esta era una estrategia que más adelante, cuando perdí la memoria, me inventaría de nuevo, como si nunca se me hubiera ocurrido). Bajo mi cama, hice todo lo posible por revisar mis entrañas.

¿Dónde estaba aquello que yo pasaba por alto, que evadía, que enterraba muy hondo, y que, si lo reconocía, haría que todo colapsara?

Al día siguiente, Papi se levantó y empezó a buscar trabajo. Acudió a personas que le debían favores y consiguió algunas entrevistas preliminares. Cada vez, el problema se presentaba cuando tenía que explicar por qué lo habían despedido de su anterior puesto.

—Un colega me traicionó por la espalda —explicó la primera vez.

—No se pudo comprobar nada en mi contra —probó en la siguiente entrevista.

Finalmente, dio con las palabras adecuadas:

—Cometí el error de no vigilar el presupuesto del que disponían mis subordinados. No voy a cometer el mismo error dos veces.

En cuestión de una semana, lo invitaron a visitar un campo de explotación petrolera para ver si el proyecto y la compañía congeniaban con él. Al igual que en el caso de Mami, para Papi fue un asunto de encontrar las palabras adecuadas.

El lugar que yo utilizaba para leer la fortuna estaba debajo de un árbol, donde el pasto era áspero y se me clavaba en las piernas. En ese tiempo, teníamos que usar falda escocesa plisada para ir al colegio, y medias azules hasta la rodilla. Yo me sentaba en ese sitio al comenzar el recreo, y trabajaba hasta que terminaba. Siempre tenía una fila: estudiantes de mi curso, y también mayores y menores.

Como la información que di sobre quién le gustaba a quién había resultado ser acertada, empezaron a preguntarme otros detalles. Me enteré de papás divorciados, de casos de adicción a las drogas en hermanos mayores, de abortos y encuentros con guerrillas o paramilitares, de muertes.

Yo echaba las cartas con desespero, entendiendo por primera vez la responsabilidad que implicaba la clarividencia. No era solo un asunto de precisión; sino de interpretar el lenguaje del dolor y encontrar allí un horizonte que pudiera orientar al cliente, y que el cliente no había antes encontrado. Pero la violencia era insensata. ¿Qué podía ofrecerse ante ella?

Seguramente por eso era que los curanderos casi siempre eran personas que habían sobrevivido pérdidas, enfermedades, o a accidentes casi mortales. Era necesario haber indagado en el abismo y regresar para poder saber cómo abrir un camino en el desastre. Yo no sabía nada de eso.

Intuía, por haber visto a mi madre, que lo que se esperaba era que creara un ritual para poder sacar a la superficie esas preguntas más oscuras. Se suponía que debía crear una historia.

Una vez, una compañera me preguntó por su padre, que estaba cautivo en la selva, con la guerrilla. Ella quería mandarle un mensaje y preguntó si yo podía hacer ese tipo de magia.

Otra vez, un compañero me contó que su familia estaba a punto de perder su casa, y me preguntó en dónde estaría viviendo en un par de años.

¿Qué ritual, o qué historia, podía yo armar alrededor de esas confesiones? ¿Eran esos problemas del primer tipo, los que podían resolverse, o del segundo, los que exigían reconocimiento y adaptación? Esas dos veces dije que no, no estaba lo suficientemente avanzada para poder ayudar.

En casa, Mami trataba de instruirme:

—Cuando alguien comparte un dolor, está compartiendo algo que le pesa. Una buena curandera encuentra la manera de hacer espacio para ese peso, pero sabe que no tiene por qué cargar con él.

Yo siempre estaba tratando de cargar con el peso.

—Yo no creo que yo sirva para esto —le dije a Mami.

Mami replicó divertida:

—Eso ya te lo había dicho. Pensé que te estabas divirtiendo.

Mami estaba haciendo algo con las manos, puede ser que remendara una media, pero lo que sí recuerdo es la intensidad de sus ojos, sus largas pestañas, su cabello negro y sedoso, y lo que puede haber sido un hilo rojo vibrante que entraba y salía de una tela negra.

—¿Ya no te resulta entretenido?

Negué con la cabeza.

—Entonces, deja de hacerlo.

Una clienta habitual de Mami me producía una curiosidad infinita. Se vestía con ponchos elegantes y botas de tacón. Era comerciante, exportando algo que mantenía en misterio, y siempre le preguntaba lo mismo a Mami. Traía un almanaque con un montón de días marcados con círculos y quería saber cuáles de esos eran auspiciosos y cuáles no. Mi mamá jamás preguntaba para qué necesitaba que fueran auspiciosos. La mujer dijo que tenía que ver con embarques. Yo le comenté a Mami que creía que la mujer mentía; que probablemente se encargaba de planear bodas. Mami también estaba segura de que la mujer mentía, pero sospechaba que lo que escondía era peor.

—¿Peor como qué?

Mami no me contestaba.

—¿Qué podemos hacer? Necesitamos la plata.

Mientras Papi estaba fuera de la ciudad, en la entrevista en el campo petrolero donde a la larga lo contratarían, la comerciante llegó con un gran sobre. Mami lo sacó para mostrarme: adentro tenía tres pasajes para unas vacaciones con todos los gastos pagos en Medellín.

—¿Y qué hiciste tú para que te diera eso? —pregunté.

Al parecer, una de las fechas que Mami había aprobado resultó ser una fabulosa decisión para sus negocios y la mujer quería agradecérselo. Mami quería rehusar el regalo, pero Ximena y yo le rogamos que aceptara.

—¡Jamás nos llevan a ninguna parte! —dijimos—. ¡Jamás nos sucede nada interesante!

Llegamos a la conclusión de que Papi estaba lejos y que no importaba a dónde fuéramos o lo que hiciéramos. Nos montamos al avión.

Medellín era muy diferente de Bogotá. Era más caliente y rodeado de montañas, y el hotel era lujoso. Nos pasábamos el tiempo junto a la piscina. El personal del hotel era extremadamente atento. Nos soltamos a la libertad del aire tibio, las toallas esponjosas, y todos los daiquirís sin alcohol que pudiéramos desear. Por primera vez en la vida, no pensábamos en el dinero. Nos embadurnábamos brazos y piernas con aceite de coco para broncearnos al sol. Bastaba con que nos cambiáramos de posición en las sillas y miráramos de lado a lado para que alguien del personal apareciera trotando a nuestro lado.

Cuando preguntamos en la recepción sobre lugares para ver, nos disuadieron. Medellín era territorio de Pablo Escobar, y él andaba huyendo de sicarios en moto que lo buscaban.

—Quédense aquí —nos dijeron en la recepción—. Nos encargaremos de que tengan todo lo que necesitan.

Cuando volvimos a casa, encontramos un mensaje en el contestador automático. Papi seguía en el campo petrolero, y había ciertas posibilidades de que le ofrecieran un trabajo de inmediato. Ximena y yo aplaudimos dichosas, pero Mami se quedó mirando la nada desde lejos. Nos explicó que esas vacaciones le habían dejado con un mal presentimiento: "Todo esto me huele a narcotráfico".

Cuando la clienta se apareció para su siguiente cita, Mami le agradeció profusamente el viaje. La mujer sonrió y dijo que le daba gusto que lo hubiéramos disfrutado. Sacó su almanaque con una serie de días señalados con un círculo. "¡A lo mejor me pueda ayudar otra vez!".

Mami dijo, sonriendo:

—Menos mal que usted no está probando suerte como mula.

—¿Yo? —preguntó ella—. No, ¡para nada! Eso es lo que les toca a los que trabajan para mí.

Mami disimuló, se obligó a seguir hablando, y preguntó:

—¿Y el negocio va bien?

—¡Sí! Desde que empecé a venir con usted, a los nuestros casi nunca los llaman aparte en la aduana.

La mujer contó que trabajaba para Pablo Escobar. Mami le dio las fechas buenas por última vez, y cuando salió, prometió que nunca más la recibiría. Prendió una vela para mi padre, y rezó para que le dieran el trabajo. Pensó en ese momento que tal vez era hora de dejar lo que hacía. Había gente que insistía en que era mala suerte cobrar por un don espiritual, y siempre habría personas como esta clienta que aprovecharían sus habilidades con motivos inmorales. Y sus hermanos constantemente le decían que era pecado. Mami se sentía atacada por todos lados. Cuando esta clienta llamó de nuevo, Mami se disculpó:

—Me voy a retirar, y además hay mucha oscuridad en lo que usted hace. No puedo involucrarme.

—En este negocio nada trae buena suerte —nos dijo Mami—. ¿Y si mi vida se deshace por andar metida en lo que no me importa?

Sus ojos brillaban de miedo. Nunca la había visto así. Respiraba lento y con trabajo.

Era condenable que hubiéramos aceptado dinero que venía indirectamente de Pablo Escobar. Eran sus bombas las que veíamos explotar en la pantalla de nuestro televisor, en centros comerciales y autopistas, frente a bancos, bajo puentes, en aviones. Habíamos recibido dinero sucio de sangre; peor aún, Mami había colaborado con el negocio de un asesino.

Preparó vasos de agua para mi hermana y para mí. Yo estaba a punto de rechazarlo, con la certeza de que mi hermana haría lo mismo primero. Pero Ximena no protestó. Creo que ver a Mami asustada también la alteró a ella. Vi a mi hermana tomarse el agua; unos momentos después, sintió náuseas, y vomitó en el baño hasta que salió bilis, tal como había pasado con Papi.

Yo creía en mi madre, pero no podía entender cómo era posible que lo mismo que le había sucedido a Papi ahora le pasara Ximena, hasta que me tomé mi vaso de agua, y sentí arcadas y también vomité. No me había sentido para nada mal, pero el agua que acababa de tragarme se devolvió, y tras ella, un líquido anaranjado hediondo.

Después, me sentí limpia y agotada. Un cosquilleo me recorrió las costillas, y una fatiga profunda se apoderó de mí. Unos momentos antes de quedarme dormida, me deleité con la sensación física de la transformación que acababa de suceder.

Cuando Papi regresó, ya oficialmente con un puesto, Mami redujo su lista de clientes, para ver únicamente aquellos en los que sentía que podía confiar. Nos sonreía la suerte.

Después, llamó la esposa del tío Ariel, Mariana. Quería invitarnos al entierro de su difunto marido. El tío Ariel había muerto.

15

LAGUNA DE MEMORIA

La noche en que murió, en septiembre de 1992, el tío Ariel estaba en su casa, tomando, solo. Cuando Nono aún vivía, él y el tío Ariel dedicaban sus horas nocturnas al ejercicio de invocar espíritus para provocarlos. El sueño de Mariana se interrumpía con el ruido de cosas que se caían. Los espíritus que se materializaban eran de carácter violento. Una vez, corrió hacia el lugar de donde venía el estruendo y alcanzó a ver una lámpara que volaba de un lado de la sala a otro al ser arrojada por alguien invisible, y Nono y Ariel estaban escondidos detrás del sofá, peleando sobre quién iba a intervenir ante el fantasma. Luego de la muerte de Nono, el tío Ariel se había quedado con la costumbre, y Mariana ya no volvió a levantarse para ver si todo estaba bien.

La noche en que murió, el tío Ariel llamó a Mariana, gritando su nombre. Cuando ella llegó a su auxilio, él tenía la cara roja y le tendió un cuchillo.

—Es un ataque al corazón —dijo, y luego puso el cuchillo contra su cuello, sobre la arteria que quería que ella cortara para bajarle la presión sanguínea.

Mariana dio varios pasos para atrás. Llorando, llamó a una ambulancia. Llorando, lo vio morir.

El tío Ariel era uno de los hermanos menores. Su muerte produjo una conmoción. Una mitad de la familia culpó a Mariana, y la otra, culpó a Nono. Mariana debía haberle cortado la vena donde él dijo. Nono debía haber rehusado a contarle los secretos al tío Ariel. No eran adecuados para él, y lo habían enfermado con alcoholismo. Con esta muerte en la familia, Nona exigió que sus hijos hicieran a un lado sus diferencias. Pidió que se reconciliaran y se unieran. Sus hijos suspendieron sus peleas, aturdidos, y en el funeral del tío Ariel lloraron, se abrazaron, se culparon unos a otros, y se fueron cada cual por su camino.

En Bogotá, a Mami le entraba el remordimiento. Había sido ella quien, algún tiempo atrás, le había pedido a Nono que le enseñara los secretos al tío Ariel. Ninguno de nosotros culpaba a Mami, pero era como si ella no pudiera hacerse sorda a las condenas de sus hermanos, y estas se le enquistaron por dentro, como parásitos, hasta llevarla a una crisis de fe. Quizás curar estaba bien, pero predecir el futuro no. Últimamente se venía dando cuenta de que cuando daba acceso a los fragmentos y trozos de futuro que ella podía entrever, sus clientes se amargaban y se hacían adictos a sus adivinaciones. Su deseo era ayudar a la gente a tener una conexión más profunda con lo desconocido, pero en ese proceso terminaban confundiéndola a ella con eso mismo, como si ella fuera la fuente del más allá. Mami concluyó que les estaba privando de su conexión espiritual. Se preparó arroz y se lo llevó a la cama, donde se lo comió a cucharadas, directamente de la olla. Cayó en una depresión profunda que le duraría el resto del año y que, años después, mi hermana y yo pasaríamos a llamar "La época del arroz".

En ese mismo mes de septiembre, Mariana debió haber estado pensado en su difunto marido, y en el legado que él no les había alcanzado a dejar a sus hijos, porque envió a sus hijos Gabriel y Omar, tal como si los mandara a un campamento de verano, a una finca remota para que fueran aprendices de un curandero. La capacitación duró unas cuantas semanas, pero sus hijos volvieron a Bucaramanga sin habilidades nuevas, y Gabriel no podía recordar ni un solo rezo que le hubieran enseñado. Sin embargo, en la mesa, a la hora de comer, la voz de Omar empezó a retumbar de repente como la de Ariel. Le decía "mi amor" a Mariana, y les preguntaba a sus hermanos por las tareas, tal como lo había hecho su padre. Un minuto después, aullaba y se rascaba detrás de la oreja como si fuera un perro. Después, juntaba las manos y entonaba letanías, y se acomodaba lo que parecía una toca invisible de monja. Años más tarde, Omar me contaría que no recordaba nada de nada de los ratos en los que había estado poseído.

Mariana llevó a Omar a otros curanderos en Bucaramanga para que lo ayudaran, para que le cerraran el cuerpo y les impidieran a los espíritus metérsele uno tras otro como si Omar fuera una puerta giratoria. Los médicos le recetaron pastillas, los sacerdotes católicos lo rociaron con agua bendita. Los episodios que padecía Omar se fueron haciendo cada vez menos frecuentes y, a la larga, desaparecieron.

En casa, mientras Mami se abstraía en su luto, Papi negaba que ella lo hubiera curado. Sus propios esfuerzos y el pasar del tiempo lo habían sacado de su angustia, su miseria y del insomnio. Papi iba y venía, pasando los fines de semana en casa y el resto en una instalación petrolera en Chitasuga, en la sabana de Bogotá, una hora al norte de la ciudad.

Cuando Papi se relajaba con una bebida, ponía discos y dibujaba en el revés de las servilletas caricaturas de patatas vistiendo sombreros de copa, y yo me sentaba a su lado. Me daba uno de sus vasos especiales de whisky, sirviéndome agua mineral con una gota minúscula de whisky con hielo, apenas lo suficiente para que yo jugara a compartir el rato con él.

Hasta donde yo sabía, tomar era un requisito para ser hombre. Todo giraba alrededor de la bebida, ese líquido amarillo dorado en el que flotaban constelaciones de hielo. Daba igual si el hombre estaba solo o con otros: en ambos casos bisbiseaban con la música, levantaban el puño al aire en desafío a la memoria de un corazón roto, y se derrumbaban sobre la mesa, la mirada perdida en la superficie, en un estado de desolación total.

Papi dijo que Mami necesitaba espacio, y que todo el mundo estaba adolorido con lo del tío Ariel. Le pregunté si creía que Mami iba a dejar de ser vidente, y me contestó que Mami era una mujer que nunca dejaría de ser lo que era.

Papi la entendía de una manera que yo no podía. Cuando le pregunté qué era lo que lo había atraído a ella, dado que sus creencias me parecían tan incompatibles y cruzadas, Papi lo pensó unos segundos y luego dijo:

—Tu mamá es una persona que vive al borde de la vida, más que cualquiera que haya conocido.

Pero en cuanto a su habilidad para curar, Papi se reservaba sus dudas. No era nada personal, sino que desconfiaba de cualquier religión.

Papi y Mami se conocieron en Bucaramanga, donde él había nacido. No lo impresionó para nada que el padre de ella fuera curandero. Uno de sus tíos también lo era. Se hacía llamar Simón Calambás, curandero de la montaña. A diferencia de Nono, lo del tío Simón era una estafa. Estaba casado con una mujer wayú, conocedora de la medicina tradicional de su pueblo, pero no se la administraba a nadie fuera de su círculo, mucho menos a la muchedumbre, y mucho menos a los blanquitos. Viajaban todo el tiempo, de pueblo en pueblo, y se ganaban la vida vendiendo tratamientos de timo. "Pociones de amor", anunciaban. "Para la plata, contra la brujería". En cuestión de minutos se formaba una fila. Cuando pasaban por Bucaramanga, Papi veía cómo cambiaban de manos el dinero y las botellas de líquidos de colores. La pareja se quedaba en la cama chiquita de Papi, y él dormía afuera, en una hamaca. Al igual que le pasaba a Mami, la familia trataba a la esposa de tío Simón con cierto desprecio. Pero el tío era cristiano, y su treta de ser curandero era solo eso, una treta. Su pecado de engañar a una gente supersticiosa, de sacarle dinero a los extraviados, era algo que la familia de Papi aprobaba.

Cada vez que pasaba por allá, el tío Simón le entregaba a Papi un puñado de monedas para que recogiera hierbas silvestres para preparar tinturas. En la cocina se organizaba una pequeña línea de producción: la mamá de Papi sostenía una botellita mientras el tío Simón le vertía aguardiente, luego agua, y la esposa del tío mezclaba tinturas de diferentes colores, y a veces metía un gusano, para darle más apariencia. Los colores entrañaban un sistema de clasificación: la botella azul servía contra el mal de ojo; la roja, para robarle el corazón a un hombre; la dorada para ganar la lotería. Las botellas no se bendecían, y no se hacía nada más, salvo limpiarlas.

—Mi padre es un curandero de verdad —le decía Mami, a los quince años, a Papi, cuando empezaban a hacerse amigos. Él era seis años mayor.

—Claro, claro.

—Yo también soy vidente —insistía Mami.

—No, por supuesto. Yo a ti te creo —decía Papi, sin creerle ni por un segundo.

Papi y Mami eran una pareja dispareja. Su amistad había nacido en el momento que Mami se había quedado sin nadie que respondiera por ella cuando el director la mandaba llamar a su oficina para reprenderla. Mami andaba emproblemada en el colegio: por contestona, por hacer trampa, por interrumpir, por usar una falda demasiado corta, por peleona, por escaparse. Nono fue, al principio, pero se aburrió de tener que ir tan a menudo. Después, Nona se negó. Luego sus hermanos, uno por uno. Papi había sido el mejor estudiante de todo el colegio en los últimos diez años, y como seguía involucrado con la institución por sus hermanos menores, el director le había pedido que fuera el acudiente de Mami.

Papi hizo todo lo que pudo para reformar a Mami y reforzar lo que había aprendido, pero de nada sirvió. Cuando él iba a su casa, ella le tendía trampas hasta que él terminaba haciéndole la tarea. Papi era serio, maduro. Durante el bachillerato, había ganado más dinero que su propio padre gracias a su trabajo de tutor, esas clases adicionales que les daba a niños ricos, y esos ingresos sirvieron para pagar el arriendo de su familia y la ropa, la comida y los útiles escolares de todos sus hermanos. Mami era lo contrario: de espíritu libre, despreocupada, y más loca que una cabra.

Papi tenía una manera extraña de conversar. Me contaba una historia cuando yo le preguntaba una cosa sencilla, y cuando le pedía una historia, me hablaba de ciencia y filosofía.

—Hace millones de años —empezaba, en respuesta a mi petición de que me contara la historia más fascinante que supiera—, en el fondo de los mares, ríos, lagos, en todas las cuencas del planeta, se fueron acumulando animales microscópicos, algas, restos y materia orgánica. —Hizo una pausa para aumentar el efecto dramático—. Y entonces, a lo que pasaron cientos de años, estos restos quedaron cubiertos bajo sedimentos, y quedaron enterrados y olvidados por otros millones de años. Cuando había temblores en la tierra, estos restos se fueron hundiendo, hasta dar con el calor y la presión que hay cerca del núcleo. Los restos, entonces, se convirtieron en una especie de sopa. Ahora, cuando el suelo se mueve, a veces esta sopa se eleva, nadando, y queda más cerca de la superficie.

—Y ese es el petróleo —explicó Papi—, esa sustancia oscura como la noche, que contaminaba los océanos y que utilizábamos como combustible. ¿No te parece increíble?

Papi decía que nadie entendía que el petróleo era algo casi sagrado: restos de vida orgánica hundidos en lo profundo, rozados por aquello que vivía en el núcleo de la tierra, devuelto a la superficie. Papi dijo que nadie sabía qué era lo que habitaba en el núcleo. Era un lugar inmenso. Ningún instrumento que pudiéramos crear sería capaz de soportar las altas presiones y la volatilidad de lo que existe allí abajo. Los científicos sostienen que el núcleo está compuesto sobre todo por hierro, que, junto con otros minerales pesados, es lo que se ha asentado hasta el centro del planeta. Lo que sí sabemos es que bajo la corteza de la tierra hay una capa de magma. Debajo de esa capa, se cree que hay un mar de hierro fundido e hirviente que rodea una bola de hierro sólido candente, sometida a presiones tan altas que rota lentamente.

Pensé en todas esas cosas que permanecían sin decirse en los hombres que conocía.

Papi y los tíos se jactaban de su desapego, de ser duros y fríos. En cambio, a plena luz del día, las tías lloraban encima de montañas de ropa por lavar, hablaban con una crudeza que marcaba esa hora de la tarde como un cráter eterno en mi mente. Y luego, como si no hubiera pasado nada, se sacudían las manos, se limpiaban las mejillas, y quedaban tranquilas en aquella levedad que les traía haber expresado una verdad que yacía oculta en lo profundo, y empezaban la labor de preparar la cena.

Lo que los hombres de la familia no veían era que, en su sufrimiento aislado y oculto, lo único que conseguían era que nosotras, sus esposas e hijas cargáramos con el peso de lo que ellos no enfrentaban. Papi se ponía de mal humor, inquieto, ansioso, se deprimía, hasta que nosotras resultábamos lastimadas por sus actos y Mami se veía obligada a acudir a su ayuda.

—¿Papi, que te sucedió en la cárcel? —le pregunté un día cuando tenía nueve años.

—Nada, nada —respondía él, de una manera que me hacía pensar que mucho había pasado, más de lo que él podía decir.

Antes de que yo naciera, Papi estuvo en la cárcel por haber encabezado un golpe de estado en el palacio de gobierno en Bucaramanga, en los tiempos en que era un comunista y andaba enamorado de Mami. Papi era un hombre que siempre había estado comprometido con su comunidad. A los nueve años, la misma edad que tenía yo, organizaba peleas de boxeo, recibía el dinero de los espectadores, y, junto con sus hermanos, usaba esos fondos para construir un pozo comunitario. El golpe de estado que encabezó a los veintitantos tenía por causa el hecho de que la tierra en la que se asentaba su barrio estaba sufriendo por la erosión. Cada mes, una casa se derrumbaba en la ladera. Y el alcalde, criminalmente, no hacía nada al respecto.

Me senté junto a Papi, con mi vaso y mi intuición de lo que significaba ser mujer. Esperé hasta que supe que estaba justo en ese punto en donde las fronteras entre lo que se me permitía saber de él y lo que a él se le permitía saber de sí mismo se hacían porosas. Y entonces, le pregunte de nuevo:

—Papi, ¿cómo era la cárcel?

Desarrolló una fobia hacia los lugares encerrados. No podía dormir. Conoció el terror que produce el tiempo que pasa con demasiada lentitud, la crueldad de los guardias con demasiado poder. Pero encontró la amistad de un hombre con el que jugaba ajedrez en el patio. Antes de que yo pudiera preguntar, Papi dijo:

—No puedo decirte quién es. Ahora es el líder de un grupo guerrillero; es raro verlo en los noticieros todo el tiempo.

El silencio zumbaba entre nosotros, e hice unos cálculos en la mente. Papi estuvo en la cárcel durante treinta días. ¿Qué puede suceder en ese período de tiempo para convertir a un comunista en un capitalista?

—¿Qué te hicieron mientras estabas allá?

Papi no contestó, ni siquiera en ese momento.

—Nada se va del todo —dijo, a modo de respuesta, pero nunca supe bien si lo decía para contestar a mi pregunta o si era el comienzo de una nueva historia, que iba a contar para distraer mi atención.

—Nada se va del todo. Cuando yo estaba empezando, el ingeniero jefe, responsable de los cálculos para la perforación, cometió un error matemático. Mi turno era el de la madrugada, y siempre lo hacía con un amigo. Una noche, este amigo me dijo que quería un café. Así que me fui hacia los remolques donde dormíamos, por café para ambos. Volvía hacia donde él estaba, con los dos vasos, cuando la noche se encendió de anaranjado. En un instante, escuché el ruido de la explosión. No pudieron encontrar ni un resto del cuerpo. Ni piel, ni huesos, ni dientes, nada. Se esfumó. Pero nada se va del todo. A veces me parece que siento el calor del vaso de café que él quería todavía quemándome la mano.

Papi me contó de su vida cuando era niño, antes de que los paramilitares incendiaran la finca de su familia. En los Andes, se levantaba temprano para encender el fogón, calentar agua y preparar el café usando una media limpia como filtro. Mataba pájaros con una honda. Cuando la familia perdió sus tierras y se trasladó a Bucaramanga, Papi vio que la educación era un camino para salir de la pobreza. Les dio clases a los ricos. Su familia le mostraba su aprecio solo cuando volvía a casa con plata. Su amor le parecía algo condicionado, que tenía que ganarse.

—Nunca le había dicho eso a nadie —confesó.

A la mañana siguiente, Papi no se acordaba de una palabra de lo que me había contado. Eso les pasaba a las personas que habían tomado mucho, me explicaba. Perdían la memoria de ratos enteros. Se decía que era una "laguna" de memoria. Los recuerdos se inundaban. La tierra era la memoria. El agua era el olvido. Cuando él trataba de evocar la noche anterior, no veía nada más que agua.

Llegaron las vacaciones y Mami, con su tristeza hinchada, no tenía ganas de viajar a Cúcuta a ver a su familia. Le rogamos a Papi que nos llevara a su trabajo, para que pudiéramos ver ese petróleo del cual hablaba tanto. Dijo que no era un lugar adecuado para niños, pero Ximena y yo insistimos hasta que cedió. Y fuimos todos: Mami, Ximena, Papi y yo.

En Chitasuga miraba decepcionada la instalación petrolera, que no se parecía en nada al lugar sagrado que Papi me había descrito. Se veía más bien como destrucción. La tierra había sido arrasada hasta el horizonte, y las máquinas taladraban el suelo en una violenta repetición, escupiendo humo negro. Caminamos con cuidado bordeando un cráter artificial. Tenía kilómetro y medio de ancho. Sentí miedo de resbalarme y caerme dentro. Más allá de una franja de tierra, había un estanque de petróleo crudo en el fondo.

—No todo es crudo —corrigió Papi—. Debajo de la capa superior de petróleo, había agua que la maquinaria dejaba como excedente.

Allí, en el pozo, tuve mi primera laguna de memoria.

Ximena y yo pedimos ver la maquinaria de cerca, y Mami dijo que ella se quedaba en los remolques, donde todo se veía limpio. Ximena y yo seguíamos a Papi por una pasarela metálica, internándonos en un bosque de máquinas. Taladros y poleas se elevaban hacia lo alto, ocupados en soltar silbidos y seguir coreografías repetitivas, salpicando la pasarela con petróleo. A intervalos regulares, unos tubos soltaban chorros de crudo en largas tinas rectangulares. El crudo tenía un destello del negro más oscuro que yo hubiera visto. Aparte de esto, no sé nada más.

Ximena dice que Papi nos dejó solas, que fue a revisar algo con un trabajador, que en su ausencia, jugamos a saltar de un borde al otro de las tinas. Nos mojamos los dedos en ese líquido de noche oscura. Ximena oyó un ruido de algo que salpicaba al caer. Cuando alzó la mirada, yo estaba en una de las tinas hasta el cuello, jadeando, retorciéndome en esa negrura viscosa. Las paredes de la tina eran oblicuas y resbalosas, y cuando traté de treparlas para salir, volví a caer dentro. La oscuridad iridiscente tiró de mí hasta hundirme. Ximena corrió en busca de ayuda.

Papi insiste en que las tinas no eran profundas, y en que nunca nos dejó solas. En su recuerdo, cuando caí dentro de la tina me hundí apenas hasta la cintura en el crudo, y nunca corrí peligro de ahogarme. Más aún, tan pronto como caí dentro, él me sacó.

No sé en cuál memoria confiar. No me acuerdo ni de mirar la negrura del crudo, ni de saltarle por encima, ni tampoco de estar a punto de ahogarme, ni de ser rescatada.

No sé si recuerdo hundirme en la profunda pesadez de líquido, o si me lo imaginé. Sí tengo la memoria presente, vaga, y sin contexto, del descubrimiento, en un instante, de que el tiempo era algo finito, de que tan solo un minuto más a flote y mis músculos cederían y me ahogaría.

Sé que me llevaron con Mami, junto al cráter artificial y los remolques, cubierta de pies a cabeza en petróleo crudo, tal como una criatura salida de una laguna. Me quitaron la ropa enfrente de montones de hombres. Los trabajadores me echaron gasolina sobre el cuerpo para quitarme el petróleo, porque no caía con agua, y el olor me hizo sentir mareada y temblar con náuseas.

Ximena me dice que luego pasé varios días callada, y que no importaba cuántas veces me hubiera bañado, seguía oliendo a gasolina. Dijo que yo no contestaba cuando me hablaban, que mi piel se tornó amarilla y después verde, que no fue hasta varios días después que recuperó su color normal.

Lo que sí puedo recordar es que, unos días después de que caí en la tina de crudo, Mami y Papi, desesperados por alguna diversión, hicieron planes para irse a bailar. Como siempre, Mami invocó a sus espíritus para que nos vigilaran, y se fueron. Recuerdo que yo estaba tomando agua en un vaso y que, justo en el momento en que había tragado, oí una risa incorpórea. Era aguda y enloquecida. Podía sentir en mi cuello la respiración que la acompañaba. Me escondí en el clóset, donde el sonido de la cosa que reía se quedó caminando hacia un lado y a otro por fuera de la puerta. Desde el closet podía oír, el ruido que viajaba desde el otro cuarto y por el pasillo hacia mí, la reverberación digital de Ximena jugando videojuegos. Cuando Mami y Papi volvieron, Mami me encontró encogida sobre un montón de zapatos.

—¿Todo está bien?

—Sí, sí —contesté, levantándome avergonzada.

No le conté acerca de lo que me había visitado. Supuse que sería un incidente aislado y que podía callármelo.

Unos días después, estirada en cama, oí un violín. La melodía se colaba en mi oído, cada nota se sostenía hasta que parecía volcarse temblorosa sobre la siguiente. Me levanté y retrocedí, sitiada por lo que me pareció entonces, y me sigue pareciendo, la secuencia musical más etérea que haya oído nunca. Salí veloz de mi cuarto a encontrar a mi familia, para que así todos pudiéramos vivir juntos la revelación del violín que tocaba algún vecino increíblemente virtuoso, según me imaginaba. Pero cuando llegué a su lado, nadie más podía oír el violín. Papi y Ximena menearon la cabeza confundidos, y Mami ladeó la suya, mirándome con atención. El sonido se desvaneció en un instante.

La música había sido tan maravillosa que no me preocupé por su aparición inexplicable. Pero al final de la semana, cuando estaba sola de nuevo, junto a mi oído detecté una voz, insistente, aunque bajita, de un niño que describía con espeluznante detalle el largo cañón de una pistola.

Me tapé los oídos, y a pesar de eso seguía oyendo esa voz que se hacía cada vez más oscura. Esperé a que se disipara. Pero no hizo más que oírse más fuerte. Corrí hacia Mami, me arrodillé ante ella con las mejillas hinchadas y mojadas, y admití que estaba oyendo cosas. Quería que ella las hiciera callar. Me tapó los oídos con sus manos. Eso era algo que ella podía bloquear.

—¿No quieres oírlo nunca?

Asentí con la cabeza, atrapada en sus manos, varias veces.

Sus palmas crearon un rugido suave en mis oídos. Papi decía que ese era el sonido de mi propia sangre circulando por mi cerebro. Vi que el blanco de sus ojos centelleaba entre sus pestañas. Las mejillas se le colorearon. Vi que sus labios se movían. Quitó las manos de mis orejas, y me besó la frente.

—En cuanto oigas algo de nuevo, vienes conmigo.

Pero la voz del niño se fue, y nunca más tuve que buscar a Mami para que me ayudara: no volví a oír sonidos incorpóreos. Lo que fuera que mi caída había abierto, ahora se había cerrado.

Esa noche, al fin, como si Mami regresara de un viaje arduo y prolongado, me contó una historia. Me contó por primera vez de su caída en el pozo y de cómo le había despertado nuevas habilidades de ver y oir. Una caída era el principio de un viaje misterioso. Algunos accidentes eran iniciación. Oír voces era un don. Pero yo no tenía que seguir el mismo camino que ella sí escogía no hacerlo.

Cuando Papi oyó lo que Mami decía, me hizo sentar frente a un libro de ciencias y me explicó la química del cerebro. Yo había sufrido de alucinaciones auditivas, no de un evento psíquico. Señaló varias secciones del cerebro en el diagrama, con su dedo, nombrando partes de la anatomía que yo no conocía entonces y que no recuerdo ahora. Mami volteó los ojos, molesta, y nos recordó que ella había perdido el poder de oír a los espíritus cuando yo nací. No era mi cerebro la causa del problema, era lo que yo había heredado de ella, que ella podía extirparme. Debíamos dar gracias de que ella aún tuviera suficiente poder y saberes para protegerme de un destino que yo no quería.

Cuando las clases comenzaron de nuevo, todos preguntaron por qué no estaba en mi lugar habitual, bajo los árboles, para leer el futuro. No podía decir que había caído en una tina de petróleo crudo, que había oído voces que no venían de ninguna parte, que me pesaba el corazón con la muerte de mi tío.

En casa, Mami anunció que iba a dejar el negocio de la clarividencia. Si la razón era la tristeza todavía reciente de la muerte de su hermano, o el que yo hubiera oído cosas, o el coro de sus otros hermanos que insistían en que ella estaba pecando, no lo dijo. Fuera cual fuera la causa, tomó su mantel de estrellas, lo dobló, y guardó el incienso y los espejos.

Siguiendo el ejemplo de Mami, eché las cartas en el colegio una última vez, vislumbrando el futuro, y también cerré mi negocio. Mi última cliente fue una niña que quería saber sobre la arquitectura del infierno. No saqué ni una carta para decirle "no sé si es justo ahí donde ya vivimos".

16

DOBLES

D urante una temporada, luego de que Mami decidiera cerrar su negocio de vidente, tuvimos la impresión de que, si habíamos estado bajo una maldición, ya habíamos logrado zafarnos de ella. Poco después de que cumplí diez años, a Pablo Escobar lo mataron a tiros en diciembre, en una azotea en Medellín. Parecía que la paz estuviera a la vuelta de la esquina. Los fuegos artificiales alumbraron el cielo todo ese mes, y la gente bailaba en las calles sin razón. Ahora teníamos dinero y compramos pasajes para ir a Cúcuta, pero al pasar por los filtros de seguridad, entendí por qué nunca viajábamos en avión. Papi tenía un homónimo, un hombre con su mismo nombre (el nombre de pila y ambos apellidos, paterno y materno) y el mismo lugar de nacimiento.

El otro Fernando Rojas Zapata, alias El Diablo, era trece años menor, y estaba acusado de robo y hurto. Yo siempre había sabido del homónimo de Papi, pero al igual que las historias de los desdoblamientos de Mami, parecía demasiado increíble para ser verdad. Sin embargo, justo después de pasar las maletas por la máquina de rayos X, nos llamaron aparte. Papi hacía gestos exagerados. Mostró un fajo de documentos, señalando cómo demostraban que él era el otro Fernando Rojas Zapata. El agente de seguridad lo miraba con tanta duda que se rehusó a revisar las cartas y los registros. Nos varamos en un largo silencio, tensos, hasta que al fin pregunté:

—¿Y cuánto tiempo llevan buscando a este otro Fernando Rojas Zapata?

Mami movió la mano, aleteando, frente a mi cara.

—No le pare bolas. Imagínese mi martirio... la niña quiere ser periodista.

Cuando hago algo que le molesta, Mami se refiere a mí como "la niña", cosa que a mí me mata de risa. También pasa a tratarme de "usted", cosa que normalmente hacemos para marcar una cortés distancia con superiores y desconocidos, pero que usamos de repente contra amigos y familia y seres amados para abrir una brecha cortante e instantánea.

El agente de aduanas dio un silbido.

—¿Y qué tal algo menos arriesgado, mi amor, como ser profesora?

Me encogí de hombros.

—Quiero ser periodista, no me importa si me matan.

—¿Ve? —Mami me hizo a un lado—. Más terca que una cabra, no me joda.

—De tal palo tal astilla —dijo Ximena entre dientes.

El agente nos sonrió, divertido.

—¿Alguna vez ha tenido que usar su pistola?

Papi me fulminó con la mirada. Tenía miedo de las autoridades. Constantemente nos advertía que el Estado ejercía violencia y luego la encubría, que sucedía todo el tiempo y que podía pasarnos a nosotras. A Mami nunca la intimidaba nada. Se sentía segura en el poder hechizante de su carisma y las artimañas de su lengua. Una vez, un policía la detuvo por pasarse un semáforo en rojo, pero el asunto terminó en que Mami le leyó la mano al hombre y fue él quien terminó dándonos dinero.

—Probablemente no ha habido balaceras en el aeropuerto —me explicó Mami, y luego le habló al agente—: ¿Pero habrá tenido que arrestar a alguna celebridad?

Nos condujeron a lo que parecía ser una sala de espera, aunque yo pretendía que era un cuarto de interrogatorio, mientras un superior en otra habitación revisaba los papeles de Papi.

Yo aún no había tenido ningún altercado con las autoridades, y la proximidad de lo ilícito me emocionaba y me llevaba por lugares escarpados hasta la euforia.

—¿Y entonces no queremos todos encontrar a este otro Fernando Rojas Zapata, alias El Diablo? ¿Y qué tal si además tiene la misma cara de Papi? ¿O si es Papi, pero más joven, un Papi de un pasado que mi papi nunca vivió? ¿Qué tal que también tenga esposa y dos hijas, y que ellas sean nuestras gemelas, nada más que han vivido una vida diferente?

Ximena se frotó las sienes.

—¿Cuánto es que dura el vuelo?

—Lo único que sé es que gracias a Dios se inventaron los audífonos —dijo Mami.

—Alabado sea el Señor —dijo Papi.

La compañía del nuevo trabajo de Papi tenía un programa para ayudar a sus empleados a comprar vivienda, y a través de ese programa, Papi y Mami habían comprado un apartamento en Cúcuta, donde planeaban vivir cuando se retiraran. La compañía aportaba la plata para la hipoteca como un préstamo con intereses bajos. Por primera vez teníamos un lugar propio, y estábamos decididos a pasar unas buenas vacaciones.

Los hermanos de Mami se disgustaron cuando se enteraron de sus planes. Muchos de ellos aún estaban pagando sus hipotecas, y si Mami tenía dinero para quemar, debía ayudarles. Mami explicó que no era que tuviéramos dinero, sino que habíamos pedido un préstamo. Nos resentían todo igual, pero a Mami solo le importaba lo que dijera Nona, que le dio su bendición, y que le dijo que éramos bienvenidos y que nos extrañaba.

El brillo de todo lo que era nuevo en el apartamento de Cúcuta nos sorprendió. La entrada del edificio estaba aún en construcción, y las paredes estaban sin terminar. Miramos el abismo en el ducto en el que todavía no habían instalado ascensor, un túnel aterrador, y luego subimos por las escaleras hasta encontrar el apartamento, vacío e inmaculado. La cocina destellaba con electrodomésticos nuevos. No había donde acostarse ni sentarse, pero caminos una cuadra hasta la ferretería para comprar un árbol de navidad, plateado y artificial, y luego ordenamos una pizza. Papi puso música en su pequeño radio portátil, un aparato de pilas que siempre llevaba consigo, como un talismán para combatir sus nervios y su insomnio. Él y Mami adornaron el balcón con lucecitas, mientras Ximena y yo clavábamos las ramas de plástico en el tronco central del árbol, abriendo el follaje metálico. Dormimos sobre toallas

y cobijas dobladas, colmados y felices, pues nunca habíamos soñado con tener un segundo hogar. Al día siguiente,
Ximena y yo recorrimos todo el lugar, bostezando, tomando café en cada rincón, sentándonos frente a los ventilado-
res (comprados también en la ferretería), y seguimos con
nuestras rutinas de fin de semana, discutiendo sobre qué
era lo que vuelve asesinos a los asesinos.

Salimos a buscar muebles de segunda mano, y escogi-
mos mesitas baratas, un juego de sala, ollas y platos. Al
volver, nos encontramos a un tío tomando una siesta en
uno de los cuartos, una tía sirviéndose un té en la sala, primos disfrutando de la vista. Una de las tías había ayudado
con todos los detalles prácticos de compra del apartamento, y tenía la llave. Dedujimos que se habían hecho copias
de esa llave. Parecía que todo se multiplicaba sin nuestro
permiso. No nos importaba mucho cuando los que estaban en nuestro apartamento eran la tía Perla, la tía Nahía o el tío Ángel, con sus hijos, pero a veces era uno de
los evangelistas, con la espalda muy erguida y una actitud
moralizante. Tomaban nota de lo que habíamos comprado, especulaban cuánto habíamos gastado, preguntaban
cómo estábamos, decían que Mami era una bruja y que
nuestras pertenencias eran el producto de sus tratos con
el diablo. Y entonces, como si no fuera una contradicción
total, le pedían remedios:

—Corro peligro, Sojaila. Hazme uno de tus rezos. Si
alguna vez me has amado, ayúdame. No se te olvide que
somos de la misma sangre.

A pesar de que la habían insultado, Mami pensaba
en los hijos de sus hermanos, sus sobrinos y sobrinas, y

preparaba agua para que la bebieran. Ximena y yo mirábamos lo que pasaba desde lejos. Los hermanos evangelistas de Mami nos ofrecían dulces, pelaban y partían manzanas para darnos, decían que nos acercáramos. Pero nos mostrábamos reticentes ante ese comportamiento que nos confundía.

—Cría cuervos —le decían a Mami—. ¿Por qué tus hijas no obedecen a sus mayores? —preguntaban entre toses—. Espera a que lleguen a la edad... y será un embarazo no deseado, y hasta ahí fue la cosa.

Yo trataba de entender a esos hermanos de Mami. Pensaba que sufrían de una envidia proporcional a los problemas que yacían en sus días. Algunos tenían mala salud y trabajo inestable, o les preocupaba a diario el hecho de vivir en un barrio inseguro, o la dificultad de alimentar a sus hijos, algo que les quitaba el sueño, porque solo les alcanzaba para pagar las vacunas, las cantidades que la guerrilla exigía para "mantener la zona segura". Y ahí estábamos nosotros, con una casa en Bogotá, y un apartamento nuevo en Cúcuta. Y aunque Mami había estado girándoles dinero regularmente a sus hermanos, para ayudarlos, la dinámica solo había empeorado las cosas. Y entonces, un día, salimos a caminar por el río y volvimos para encontrar las paredes de nuestro apartamento cubiertas con cruces trazadas con aceite. No tuvimos la menor duda de quién lo había hecho. Debieron llevar un sacerdote para ejecutar un exorcismo del apartamento y deshacer los ritos satánicos de medianoche que se imaginaban que hacíamos. Después, encontramos muñequitas de vudú enterradas en las materas de nuestras plantas.

Era sorprendente hasta qué grado nuestra propia familia nos malquería. Estremecedor. Papi dijo que, en el fondo, se oponían a la diferencia de clases; pero lo que quedaba claro era la fijación implacable ante el hecho de que Mami fuera una curandera. En ese entonces, yo no entendía que su odio hacia nosotros tenía una dimensión histórica, un tono colonialista. Ahora sé que éramos un pueblo al que durante siglos se le instruyó para que odiara la parte morena y negra de sí mismo. Mami era una vidente, y para ellos, vivíamos en los márgenes de lo que se consideraba socialmente aceptable.

En tiempos de la colonia, los europeos que llegaron al continente violaban a las mujeres indígenas y negras, y para clasificar a los hijos de estas mujeres, considerados impuros, inventaron un sistema de castas, donde la sangre blanca sin mezcla estaba en la parte superior, y la negra, también sin mezcla aparente, en el último escalón.

En el asentamiento principal del virreinato de la Nueva España, el México de hoy en día, la mezcla de español e indígena producía un mestizo. Mestizo e indígena producía un coyote. Español y africano producía un mulato. Mestizo y africano producían un lobo. Y si los descendientes de indígenas y negros seguían reproduciéndose, este catálogo de castas dejaba de parecer un bestiario, para convertirse más bien en un listado de etiquetas peyorativas. El nombre de la casta para una persona con la mitad de la sangre española, un cuarto de negra, y un cuarto de indígena, era "Tente en el Aire". De "Tente en el Aire" y mulato resultaba una nueva casta: el "No te Entiendo". De "No te Entiendo" e indígena resultaba otra, llamada "Salta Pa'trás".

En el continente americano, mientras más blanco fuera uno, menos tributos tenía que pagar a la corona, y gozaba de más derechos. Muchas personas de sangre mixta, queriendo escapar de la servidumbre, la esclavitud y los tributos, se concentraban en calcular con quién tenían que casarse y cuántas generaciones les tomaría limpiar su sangre de la influencia de las otras razas.

La categoría más blanca para una persona de color era "castizo", el hijo de un español y de una mestiza. A diferencia de las demás castas, los castizos tenían derecho a hacerse sacerdotes, tenían libre acceso a la educación, y podían convertirse en parte de la aristocracia. Pero, así como la sangre indígena podía blanquearse en generaciones consecutivas, no sucedía lo mismo con la sangre negra. Una sola gota de sangre negra implicaba que la riqueza quedaría fuera del alcance para siempre.

En Colombia, el asunto de la casta afloraba en los matrimonios, los juicios de la Inquisición, los litigios para determinar el tributo que debía pagar una persona, y los documentos relacionados con el linaje. Cuando los representantes de la Corona visitaban la capital para hacerse cargo de los censos, sucedía a menudo que no eran capaces de notar la diferencia entre mestizos e indígenas, ya que estos dos grupos solían vivir juntos y se casaban entre sí con frecuencia. Una persona descendiente de negro e indígena podía clasificar como "indio" en un documento y como "zambo" en otro. Los mestizos a veces resultaban censados como "indios" y los mulatos, como "mestizos". Si una persona pretendía certificar su limpieza de sangre, se tenían en cuenta su color de piel y sus rasgos, así como también su comportamiento para decidir si podía clasificarse un escalón más arriba entre las razas.

En todo el continente, se nos inculcó que tener la piel más morena implicaba ser inferior, y que la valía de una persona tenía que ver con la proporción de su mezcla. Incluso después de que el catálogo cayó en desuso, esta opresión se convirtió en uno odio internalizado, que pasó de madres a hijos a quienes les decían que se cuidaran del sol para no volverse más morenos, o les aconsejaban casarse bien, o sea con alguien más blanco, y a los que los cubrían de ungüentos para blanquear la piel y les enseñaban cómo decolorar el vello corporal para así engañar a la vista, y verse más blancos y por lo tanto más hermosos. En primaria, cuando aprendimos de las jerarquías raciales de la Nueva España en nuestros libros de historia, nuestros compañeros de clase de piel más clara nos insultaban diciéndonos mula, lobo, cerdo, e insistían en que mientras ellos tenían sangre azul, nosotros descendíamos de esclavos. En el colegio, el peor insulto que uno podía recibir de otro era ser considerado un "No te entiendo".

Ahora, mi única esperanza es ser ininteligible, indescifrable. Que el sistema de horrores me deseche por incomprensible.

No sé si los hermanos de Mami que eran evangelistas se daban cuenta de que se limitaban a repetir lo mismo que los que aspiraban a ser castizos habían hecho en otros tiempos, al alinearse con iglesias europeas, y negar el color de su piel y de su sangre a cambio de favores y privilegios. Miramos las marcas de aceite en forma de cruz en nuestras paredes sin poder creer lo que veíamos. Papi soltó un suspiro y chasqueó la lengua.

—Tanto alboroto alrededor de tu madre. Y todo por culpa de la magia, que muy bien ni existe.

Sacudió la cabeza fingiendo decepción. ¿Dónde están sus poderes a la hora de limpiar y trapear? Eso es lo que yo quisiera saber.

Reprimí una risa, y luego mi mirada se asentó de nuevo en las marcas aceitosas.

A lo mejor los hermanos de Mami tenían razón, a lo mejor nos perseguía una maldición. Pero no de la manera en que ellos pensaban. Éramos gente condenada, pero no por Dios, sino por el deseo de suprimir lo que éramos, que nos perseguía desde la colonia.

En los días siguientes, tratamos de pensar en nuestra buena suerte y poblamos el apartamento con los mismos muebles que Mami y yo iríamos a encontrar un día envueltos en forros calzados a la medida en tela blanca en nuestro viaje para exhumar a Nono. Pero nuestra mirada caía una y otra vez en las manchas de aceite. En el punto más alto de cada cruz se veía la huella de cuatro dedos humanos que habían trazado la figura en la pared. El olor del aceite era sutil y neutro. Aceite de palma, supusimos. Finalmente, Mami dijo:

—Es el espíritu mezquino con el que se hizo esto. No los vamos a odiar —continuó—, pero vamos a cortar los lazos.

Mami era generosa y abierta hasta que no, hasta que traicionaban su confianza, hasta que ella perdía la esperanza de un cambio de comportamiento. Reemplazamos las guardas de las cerraduras. Rechazamos las invitaciones que nos hacían sus hermanos evangelistas. Dejamos que la correspondencia que nos enviaban se acumulara sin abrir. Nos pusimos gorritos de fiesta para el 31 de diciembre. Tía Perla y su familia vinieron a celebrar con nosotros. Al igual que la tía Nahía, el tío Ángel, sus respectivas familias, y Nona. La parte de la familia que sí nos quería. Nona tenía solo un vestido de fiesta. Era el mismo que usaba para funerales, bodas y vuelos en avión. En nuestro balcón, sacábamos pollo frito untado de miel de un balde encartulinado de restaurante de cadena, nos quedamos despiertos hasta tarde, apagamos las luces, contamos los segundos. Nuestros pitos y cornetas y sonajas sacudieron el cielo, y pronunciamos deseos de abundancia y dicha, sin saber, mientras estábamos ahí, hundidos en una oscuridad que se renovaba constantemente luego del resplandor fluorescente de los fuegos artificiales, que solo lo contrario sería verdad.

17

CONJUROS

Al regreso a Bogotá, Papi soñó con un hombre blanco que lo señalaba con el dedo. "Una advertencia", dijo Papi mientras se pasaba la corbata amarilla alrededor del cuello de su camisa blanca, vistiéndose para irse a trabajar. Lo miramos, perplejas.

—Pensé que no creías en esas cosas.

Papi se puso el saco, metiendo un brazo tembloroso y luego el otro.

—No, no es que crea.

Después que oímos que Papi encendía el carro abajo, Mami habló. Nos dijo que ella también había tenido un sueño: Papi estaba muerto, en un ataúd, con la misma corbata amarilla que acababa de anudarse al cuello.

Papi empezó a tener una pesadilla recurrente. En ella, se veía desde arriba. Estaba en las instalaciones petroleras de Chitasuga, en la pasarela metálica, discutiendo con un trabajador. Una pieza de maquinaria por encima de él crujía con el viento. Papi estaba parado justo debajo. Y siempre en el mismo momento de la discusión, Papi se llevaba las manos a las caderas, y el pedazo de máquina se desprendía, caía, y lo aplastaba con su peso.

Las pesadillas lo ponían nervioso. Salía para Chitasuga pálido, y sus manos se aferraban angustiadas al timón. Pasaron meses; y luego, ya cuando la pesadilla era algo lejano y olvidado, se vio en Chitasuga discutiendo con el mismo trabajador que en su sueño.

En la pasarela metálica, se llevó las manos a las caderas. La desagradable familiaridad del gesto le invadió el cuerpo; dio un paso atrás, y sus rodillas cedieron. En un instante, un fuerte coletazo de viento le sopló el pelo. Frente a él, justo en el lugar donde había estado parado, un trozo de maquinaria de acero acababa de caer. Había deformado el piso metálico, como si hubiera brotado directamente de sus pesadillas.

Un fin de semana, Papi no volvió a casa. Mami aseguró que se había retrasado en alguna emergencia. Las emergencias eran algo común en ese lugar, con cráteres artificiales y petróleo, y tenían que ver con gases y miedo a explosiones. Mami llamó al campo. Allá tenían un radioteléfono, y a veces no había nadie en la cabina. Su llamada timbró y timbró. Eso la convenció de que en realidad había sucedido una emergencia. Supuso que todo el mundo estaba ocupado haciéndose cargo del problema, lejos del teléfono.

Esa noche, uno de los viejos amigos de Mami se presentó ante nuestra puerta. Era un guerrillero con quien ella había estado en el bachillerato. A Mami la parecía un chiste que él fuera guerrillero.

—Imagínense, ¡empuñar las armas por una cosa tan vaga como la política! —había dicho alguna vez.

En un entonces, su amigo había sido corpulento y jovial. Luego se había vuelto cada año más flaco. Cuando se aparecía, Mami le daba whisky y se les iba la noche entre carcajadas. Él le contaba de su vida, y de vez en cuando, yo alcanzaba a oír algún dato preocupante: que había presencia guerrillera en todas partes, por ejemplo; personas normales de las cuales uno no sospecharía, que el plan era estar preparados para un ataque espontáneo en cualquier momento.

Ahora, mientras Mami lo guiaba adentro, los ojos del hombre se movían por todas partes, enloquecidos. Se veía demacrado, sonriendo como lo haría alguien al llegar a la parte más alta de una montaña rusa. Exigió comida. Mami hizo como si eso fuera normal. Le recibió la chaqueta, le sirvió whisky y le indicó un asiento para que lo ocupara en la mesa del comedor, donde Ximena, Mami, y yo, estábamos tomándonos la sopa. El amigo de Mami tomó entre las manos la taza de sopa que ella le puso al frente, y se la tragó de un sorbo, inclinándose hacia atrás. Mami puso un poco de pan en un plato y él agarró unos pedazos y masticaba con la boca abierta, mirándonos, y noté que sus músculos le tensaban la camisa. Pensé si su visita de alguna manera tendría que ver con la ausencia de Papi. El amigo de Mami empuñó el cuchillo. Los nudillos se le vieron completamente blancos.

Despacio, Mami sopló sobre su cuchara, haciendo que el líquido soltara un humo que se elevó hacia el techo. Empezó a hablar del clima.

—Otro nublado día bogotano. ¡Qué no daría yo por algo de sol!

Puso la cuchara en el plato, y bajó la voz.

—Una vez —dijo—, hace mucho tiempo, en Bogotá, cayó nieve del cielo.

Era una historia que nos contaba de cuando en cuando, y que me encantaba oír de niña, aunque nunca he encontrado prueba de que fuera verdad. Me he volcado en periódicos y bases de datos históricas del clima sin llegar a nada. Bogotá se encuentra a unos quinientos kilómetros de la línea del Ecuador. La nieve habría sido un evento mágico. En la mesa, Mami describió caballos con los cascos empolvados de nieve, mujeres vestidas con pieles, niños haciendo muñecos de nieve, dueños de restaurantes echando un tronco tras otro a sus chimeneas.

Seguí tomándome la sopa, una cucharada tras otra, saboreando a duras penas lo que me pasaba por la boca, pero consciente de que este remedo de cotidianidad doméstica, mi pulso firme, la voz suave de Mami tejiendo el cuento, la silenciosa presencia de Ximena, eran el hechizo que mantenía a raya la violencia de este hombre.

En el momento en que mi hermana y yo nos terminamos la sopa, Mami nos dijo que nos fuéramos para arriba. Subimos los escalones de dos en dos, y nos encerramos en el cuarto que compartíamos. Pero, angustiada por Mami, entreabrí la puerta tratando de no hacer el menor ruido y me acosté en las escaleras para alcanzar a oír lo que decían abajo. Se podía oír un rumor bajo, pero nada definido. Pasó un largo rato, y me quedé dormida.

Y entonces, Mami estaba de pie a mi lado, sacudiéndome. Cuando le pregunté si su amigo se había ido, me dijo que sí, que quería nuestro dinero. Mami buscó todo el efectivo que encontró y se lo entregó; mientras tanto, para evitar que la agrediera, le describía cómo se imaginaba la nieve.

—Debe ser muy ligera y fría al tacto —le dijo—. Como harina. Debe formar remolinos al caer por el aire si uno la lanza hacia lo alto.

En ese entonces, ella no conocía la nieve.

Él tampoco.

Yo tampoco.

Mami también pensó que su amigo había visitado nuestra casa por algo relacionado con Papi, pero cuando le preguntó, él alzó las cejas sorprendido. Le preguntó si ella creía que lo habían secuestrado. Mami le contestó que no estaba segura. Él le contó que muchos años antes, había visto el nombre de Papi en una lista de posibles víctimas de secuestro. La guerrilla mantenía esas listas para poder planear así la forma de conseguir las cuotas de dinero que debían pagarle al secretariado. El amigo de Mami había borrado el nombre de Papi de la lista, pero siempre existía la posibilidad de que alguien lo hubiera vuelto a poner. ¿Habíamos hecho alguna compra grande? Quiso saber el amigo de Mami. ¿Algo así como un carro o unas vacaciones costosas, cualquier cosa que nos hubiera podido volver a poner en el radar de la guerrilla? Mami negó con la cabeza, como si no entendiera, pero de inmediato pensó en el apartamento de Cúcuta. Su amigo le prometió averiguar dónde estaba Papi, si se lo habían llevado, y llamarnos a darnos noticias cuando supiera algo; y luego se perdió en la oscuridad de la calle. Mami llamó a los hospitales y a la policía, preguntando por accidentes automovilísticos y cuerpos sin identificar. Seguían sin contestar en el campo petrolero. No se sabía nada. Papi había desaparecido sin dejar rastro.

No sé cómo pasaron los días ese fin de semana, no supe cómo salía el sol ni caía la noche. Sé que Papi volvió a casa el lunes, y que parecía la sombra de sí mismo. Algo les sucede a las personas que pasan por un susto. Papi no parecía el mismo de siempre. Era como ver al papá de alguien más, sentado, contándonos que unos muchachos de la misma edad que Ximena y yo lo habían encañonado en Chitasuga y se lo habían llevado a pie fuera del campo petrolero hacia las montañas. Lo ataron y lo encerraron en un cobertizo sin ventanas. Pensó que iba a morir. Cuando al fin lo llevaron a encontrarse con el jefe guerrillero, Papi esperaba que le dijeran cuánto tiempo lo tendrían en cautiverio, cuánto iban a pedir a cambio de su vida. En lugar de eso, recibió una palmada amistosa en la espalda.

—¡Fer! ¡Qué bueno volverte a ver! ¿Cómo está Sojaila? ¿Y las niñas?

Papi miró hacia arriba. Tenía ante sí a un hombre con el cual había jugado canicas cuando niño. El jefe guerrillero le aseguró que no tenía idea de que él era quien habían secuestrado, y ordenó que le cortaran las ataduras de las manos. Lo escoltaron a través del bosque los mismos muchachos que lo habían capturado, y mientras lo iban empujando con el cañón de sus fusiles, a través de árboles enmarañados y las colas de las guacamayas que alzaban el vuelo a su paso, estaba seguro de que tenían órdenes de ejecutarlo. Una vez que estuvo de regreso en su carro, salió a toda velocidad hasta Bogotá.

Un año después, el teléfono empezó a timbrar todos los días con amenazas, esta vez dirigidas a Ximena y a mí. Mami trató de evitar que contestáramos y llegáramos a oír esas voces, aunque ya nos las podíamos imaginar. Yo contesté una vez, y me dieron un informe detallado de lo que había hecho ese día en el colegio, una recomendación sobre la cantidad que Mami debía reunir para pagar mi rescate, y después me preguntaron si ya me había salido el vello púbico o si todavía no. Todos los días nos alimentábamos de miedo.

Era fácil creer entonces en los maleficios.

Sabíamos de personas, más adineradas y también menos, que habían sido secuestradas, y algunas no habían regresado. Dejamos de salir. Nuestro círculo de confianza se redujo a nosotros cuatro, nuestros amigos cercanos y una joven de dieciséis años cuya familia había sido desplazada de sus tierras por los paramilitares, que llevaba con nosotros unos cinco años. Cuando Mami se enteró de que ella era la única fuente de ingresos de su familia, le ofreció trabajo haciendo el oficio doméstico en nuestra casa. Mami tenía la costumbre de hacer ese tipo de cosas, ayudar a niñas y jovencitas que estaban atrapadas en situaciones imposibles y que le recordaban su caso. Yo pasaba mis tardes con esta chica, viendo telenovelas, leyéndole el horóscopo. Nos turnábamos para hacer sus quehaceres diarios. Pero ninguna consideración o amistad profunda cambiaban el hecho de que, en algún momento del día, yo me iba a hacer mis tareas del colegio y ella se quedaba para seguir con el oficio de la casa. Vivíamos en lados opuestos de un abismo, las comodidades de nuestra vida por una parte y la precariedad de la suya por la otra. No lo sabíamos en ese momento, pero la guerrilla había amenazado con matar a su familia si ella no aceptaba colaborar con sus planes.

Al final, Ximena y yo fuimos raptadas. En el punto de entrega, mientras esperábamos a que los guerrilleros aparecieran, Ximena se escapó. La chica me agarró con más fuerza por la muñeca. Mis dedos se amorataron. Le rogué que me dejara ir. Su expresión se endureció, y luego le tembló el labio. Pensé: "Esto es lo que pasa cuando uno pone vidas en una balanza", y después, me desentendí de mi cuerpo.

No sé por qué, al final, ella me ayudó, por qué llamó un taxi y me sostuvo amablemente la mano mientras me subía, y le dio al chofer la dirección de mi casa.

El terror volvió como sangre chicoteada, corriendo por mi cuerpo cuando vi a Mami erguida justamente en el sitio donde el taxi se detuvo. Abrió la puerta, y me sacó zarandeándome por el pelo, y me arrastró por toda una cuadra, pegándome por no ser ágil, por no ser capaz de escapar, por ser una idiota sensible.

Esos fueron los sucesos que nos llevaron a dejar Colombia: un golpe de sufrimiento como un trueno. Cuando nos enteramos de que la chica que nos había dejado escapar había sido violada como represalia, el tormento se me incrustó en el cuerpo. Y cuando la vi de nuevo, magullada y embarazada, todos los detalles de los abusos cometidos contra ella aún vivos en su piel, sentí que caía a través de muchas trampillas que se abrían y se abrían otra vez en el suelo, hacia un dolor cada vez más profundo. Ojalá nunca le hubiera pedido que se apiadara de mí. El remordimiento era un ardor que me impedía respirar. Después, venía un aire aturdido. La vista y el oído se amortiguaba, y todo se hacía gris, tranquilo y en calma como una tumba.

Nos enteramos de que, cuando algunos de los tíos y las tías evangelistas se habían enterado de que tres de nosotros estuvimos a punto de ser secuestrados, aplaudieron. Siempre habían sabido que recibiríamos un castigo por no seguir el buen camino.

Vivimos otros tres años en Bogotá, en los cuales las frases que pronunciábamos se metamorfoseaban en exclamaciones, y la confianza se nos acababa. Y cuando salíamos y Mami iba manejando, volteaba a toda velocidad en las esquinas y se pasaba los semáforos en rojo y no usaba las luces direccionales para no anunciar hacia dónde nos dirigíamos, de manera que nuestro paradero y nuestro destino eran un misterio todo el tiempo.

Yo oía insistentemente en mi cabeza a las tías y los tíos que una vez habían preguntado, "¿Cómo es posible que todo esto pase en una sola familia?". Los hermanos de Mami, para entonces, se habían alejado de la Iglesia protestante, pero seguían en su deriva a través de una secta y otra, siguiendo a este y tal líder carismático, así que continuamos llamándolos evangelistas, aunque ya no fuera cierto.

Después de que salimos del país para irnos a Venezuela, en 1998, y en los siguientes años de nuestras migraciones por toda Latinoamérica, en busca de seguridad, vi que cruzar una frontera, empezar de nuevo, era el conjuro por el cual tratábamos de olvidar lo que había sucedido. Pero allí donde la mente olvida, el cuerpo recuerda. El pasado regresa, especialmente cuando se intenta suprimirlo, como un cable conectado a la corriente.

Así que, muchos años después, cuando me fui a vivir yo sola a los Estados Unidos, cada año me mudaba de apartamento, como si hubiera algo persiguiéndome, algo que trataba de alcanzarme, algo que yo no lograba dejar atrás. Como no quería decepcionar a mi madre por segunda vez, me levantaba cada día con una sensación de galope en mi interior, y hacía lo mejor posible por correr.

18

CUATRO MUJERES

Inspirada en la canción de Nina Simone

Cualquier cosa puede considerarse una maldición, sobre todo, aquellas cosas de las que no podemos escapar.

Mami tenía trece años cuando Nono trasladó a toda la familia a vivir en Bucaramanga para así poder ampliar su negocio. La casa tenía un patio interior, un rectángulo lleno de cielo, ocho habitaciones, agua corriente, una estufa de gas. En la misma calle vivían las trabajadoras sexuales, todas juntas, chicas no mucho mayores que Mami. Cuando tocaban a la puerta, Nono les daba sopa y curaba sus males. Nunca les predijo el futuro. Las calles estaban llenas de tabernas, lagartijas escurridizas y guayacanes en flor. Los viejos se sentaban afuera en sillas de plástico, a jugar dominó. Allí fue donde Mami creció hasta alcanzar su cuerpo de busto prominente.

—Tu belleza —le dijo Nona, en caso de que ella aún no lo supiera—, te va a empantanar.

Es decir, una forma de maldición.

Cuando Mami regresaba del colegio y se bajaba del bus, los hombres le hacían gestos obscenos con la lengua, le murmuraban groserías, y le gritaban:

—¿Cuánto, cuánto?

A veces, furiosos, como si se les debiera algo, la seguían. Las trabajadoras sexuales vigilaban atentamente la calle. Se interponían entre Mami y los hombres cuando era necesario, pues sabían que era la hija del curandero.

El cuerpo de Mami enfurecía también a sus hermanos. No les importaba que tuviera poderes de bruja; decían que la matarían si llegaba a acostarse con cualquiera de sus amigos.

Hombres mayores iban a la casa a ofrecerle a Nono tierras a cambio de Mami. Llevaban extractos bancarios, presumían de sus joyas. Me gustaría poder decir que Nono se ofendía, que les decía que Mami no estaba a la venta. En lugar de eso, disuadía a los admiradores de Mami alegando que era una mala inversión.

—Es más terca que una mula —Empezaba, enumerando sus defectos—. No cocina, no limpia, no hace lo que uno le dice. Yo, de usted, compraría un florero. Hágame caso, va a quedar mucho más contento.

A Mami le gustaban los muchachos. Se escabullía en las noches, y volvía tarde en puntas de pies. Se brincaba la tapia para evitar salir por la puerta metálica, que crujía y seguramente despertaría a alguien. Se trepaba por encima de la tapia, recitando rezos inventados para hacer que el sueño de su padre fuera pesado, que la lengua se le hiciera lenta, que se le nublara la mente. Pero Nono siempre la estaba esperando, sentado en el patio con un trago, a salvo de los hechizos de ella.

—¿Vos no sabés que tu magia no funciona conmigo? —le preguntaba.

Los espíritus le habían dicho dónde estaba ella, contaba él, pero no lo que había estado haciendo. ¿Qué era lo que había estado haciendo?

Mami siempre estaba bailando.

Mami anhelaba que sus conjuros doblegaran la mente hábil de su padre. Probó a llevarle una taza de café en las mañanas. A veces, escupía en el café; otras veces, no. Quería que él no se diera cuenta. Cuando le llevaba el café intacto, Nono le guiñaba un ojo y se lo tomaba. Pero cuando le susurraba embrujos, mezclando su saliva en la bebida, él se negaba a mirar en su dirección. Mami le llevaba regalos toda la tarde.

—Papá, no lo hice con mala intención. Usted dice ser muy poderoso; yo nada más quiero saber qué tanto.

Cuando yo andaba en ese territorio entre niña y mujer, a los catorce años, también me escapaba. Me veía con amigos a medianoche, y nos metíamos en la casita que había en el parque, un fuerte de madera, donde vivíamos en Venezuela. Fumábamos y tomábamos. Mami no me esperaba despierta, pero al día siguiente me decía, fría:

—Si quieres arruinarte la vida, allá tú.

En esas nuevas tierras, cuando la lluvia resonaba en el tejado de la casa, y el agua chorreaba por las ventanas, yo pensaba en aquel día en que Mami había hecho parar la lluvia, y dudaba de lo que habían visto mis ojos. Iba a buscarla y le decía una obviedad total:

—Mami, está lloviendo. —Ella bien podía estar haciendo un mapa de las estrellas en un diario, o sentada en la cama en ropa interior, comiendo uvas rojas congeladas—. ¿Por qué no haces que deje de llover?

Mami redoblaba la atención que le estaba prestando a lo que comía o a las páginas de su libreta, como si yo no hubiera dicho nada. Miraba sin respirar lo que fuera que estuviera haciendo, como si tratara de solucionar un problema complicado y no pudiera permitirse una distracción de un solo instante.

Yo suspiraba.

—Tienes razón. —Me sentaba en su cama—. Probablemente no puedes hacerlo.

Mami me arrojaba las libretas, los bolígrafos, las almohadas. Se frotaba alrededor de los ojos.

—¡Dios mío! Ya sé lo que sentía mi padre. ¡Qué desespero! No te voy a demostrar mi magia, déjame en paz.

Había una rotación gradual pero constante en los pacientes que Nono trataba durante una temporada larga, y que vivían en la casa. A Mami le fascinaba turnarse para cuidar a los pocos elegidos que Nono acogía. Uno de ellos era una niña de doce años que sufría de epilepsia. Mami y la niña se inventaron un método. Siempre que andaban juntas, llevaban una almohada y una cuchara de palo. Si la niña sentía que venía un ataque, se tiraba sobre la almohada, y Mami le embutía la cuchara entre dientes, y trataba de mantenerla acostada mientras recitaba las palabras para expulsar a un espíritu. La epilepsia era un espíritu que la poseía. La niña estaba en un tratamiento de hierbas que Nono le preparaba diariamente.

Había también una mujer que sufría episodios de pánico durante los cuales se desgarraba la ropa hasta quedar desnuda, y miraba hacia el espacio vacío que había ante ella, donde, según dedujo Mami, se encontraba un agresor invisible. Se llamaba Aura. Nono se la encargó a Mami diciendo:

—A veces solo una mujer puede entender el dolor de otra mujer.

Durante sus episodios, Aura repetía: "¡No, no!", llamando a gritos a una tal Benicia.

Mami le preguntó cuando volvió en sí:

—¿Quién es Benicia?

Ella bajó la mirada.

—Era una amiga. Ahora está muerta.

Cuando Aura tenía uno de sus episodios, Mami la envolvía en una cobija, y trataba de calmarla, diciéndole que ella era Benicia:

—Aquí estoy, aquí estoy.

Eso parecía ayudarle. Todo lo que Aura decía era un rompecabezas. Las ranas le molestaban... le cubrían todo el cuerpo. La puerta tenía demasiadas cerraduras. Lentamente, día tras día, Mami fue entendiendo lo que había sucedido. El marido de Aura la había amarrado al horno. Por la noche, la cocina del piso de barro se llenaba de ranas. Las ranas se sentían frías contra su piel. Otro día, la amarró a la cama. Otro día, trató de matarla. Mami se dio cuenta de que ese era el hombre que había dejado a Aura al cuidado de Nono.

A medida que la narración durante sus momentos de pánico se hacía más comprensible, ella también lograba recordar más cuando estaba consciente. Mami sabía que poder nombrar lo sucedido era una medicina fuerte. A medida que recordaba, sus episodios se iban haciendo menos frecuentes, hasta cesar del todo. Cuando su marido vino a visitarla, salió del cuarto de Aura blandiendo un cuchillo, buscando a Mami, acusándola de implantar recuerdos falsos en la memoria de su mujer.

Mami, que a lo largo de toda su vida había sido amenazada por muchos hombres, se rio cuando él la encontró y le mostró el cuchillo desde cierta distancia. Mami se quedó a la espera, pero como pasaban los instantes y él no hacía nada, ella empezó a provocarlo:

—Ahora sí separamos a los niños de los hombres.

Para sí, sentía miedo de que el marido de Aura sí llegara a matarla, pero había aprendido de sus hermanos que a los hombres les gustaba más inspirar miedo que pelear. No dio un paso más hacia Mami, pero sí se llevó a Aura, y Mami no pudo hacer nada más que quedarse mirando.

Una vez que Nono llegó de pasar todo el día en el monte recogiendo hierbas, él y Mami rezaron. Pidieron, en nombre de Aura, que ella encontrara la forma de escapar, que su marido la dejara ir, que le llegara ayuda por todos lados. Nono sabía que vivían en una vereda en las montañas, pero no había preguntado dónde. Se tomó un par de tragos de aguardiente y luego encendió una vela.

Sufro de lo que los médicos llaman un trastorno de ansiedad. Mami lo llama un mal del espíritu. Ella dice que el problema son las historias que hay en mi interior que no han sanado. Y por eso es que estoy enferma. Ella ha tratado de curarme. He tomado sus tés, me he limpiado con sus baños, recostada frente a ella, he dejado que me dé azotes suaves con hierbas. Nada ha funcionado. El problema es que no es el momento, dice Mami; que no estoy preparada para dejar atrás esas historias.

Cuando experimentamos un trauma, este graba un mapa sensorial de lo que el cuerpo sintió en el momento en que se produjo. Por eso, a veces, me despierto en medio de mi vida de relativa paz atacada por un miedo inescrutable. Cuando en mi vida actual el mapa sensorial se alinea con lo que sentí en aquellos momentos monstruosos de susto, me pongo en alerta. Puede ser que esté en medio de la calma, de la nada, donde vivo ahora en California, en una caminata, en un baño, lavando los platos, barriendo el piso, cuando de repente algo en mi interior me asegura que estoy en peligro, y que estoy de regreso en aquello, reviviendo todos esos horrores de la infancia.

Es fácil que eso desemboque en un ataque de pánico.

Mi cerebro entra en un círculo vicioso, y le dice a mi cuerpo:

—No podemos respirar. —Y el cuerpo lo confirma—: Es cierto, no podemos respirar.

La sensación es asfixia.

Me parece lo más difícil que he intentado hacer en mi vida: concentrarme en el reloj digital del horno. Camino de un lado a otro y jadeo por aire y trato de leer los números de neón. La idea es calcular cuánto me queda por resistir, los ataques por lo general duran una hora, pero soy incapaz de leer el reloj. Soy una turbulencia. En esta rutina que se está produciendo, me veo a mí misma como un pez del tamaño de un ser humano, fuera del agua, respirando agitada, vestida con una combinación de seda. Eso me hace reír, y empeora la sensación de ahogo.

Trato de oprimir los dos botones de mi teléfono al mismo tiempo para hacer una captura de pantalla y que se vea la hora. A veces logro leer el reloj de esa manera. Con frecuencia, no consigo oprimir ambos botones a la vez, desbloqueo el teléfono, o se me cae de las manos. Cuando al fin puedo sacar la foto de la pantalla, aguanto la sensación de asfixia todo lo que puedo. Lloro y rogándole a nadie: "Por favor, no más".

Cuando me parece que ya no soporto más, forcejeo nuevamente con el teléfono hasta que logro sacar una nueva foto de la pantalla. Tengo la garganta agarrotada, pero lucho por seguir en la tarea el tiempo suficiente como para abrir el archivo de fotos. Comparo las dos últimas, me esfuerzo en la tarea de descodificar los números de una de las fotos, tratando de recordarlos, y luego leo los de la otra, para restar el uno del otro.

"Por favor".

"Por favor".

Es muy probable que a estas alturas no sea capaz de pronunciar palabras: tengo la mandíbula atenazada, e inhalo por entre los dientes porque no puedo abrir la boca. He perdido el control de la mandíbula. Bien puede ser que suene como si no fuera humana.

Cuando logro descifrar los números, casi siempre han pasado apenas cinco minutos, y entonces no soy nada más que pánico puro. Sigo caminando, diciéndome "Aguanta cinco minutos más. Ya va a pasar". Más sonidos inhumanos.

Sé que en realidad no me estoy muriendo. Sé que creo que me estoy quedando sin aire, y he llegado a creerlo con tal fervor que he convencido a mi cuerpo de que es verdad. Si un médico fuera a medirme el nivel de oxígeno en la sangre, estaría en el ciento por ciento. Eso me pasó una vez en Urgencias, adonde había llegado pensando que un ataque me iba a matar en serio. Batallé para pronunciar las palabras, preguntarle a la doctora:

—¿Y qué pasa si no se termina?

Me estaba poniendo suero.

—Puede ser que empiece a convulsionar —dijo—, pero podemos darle algo para eso.

—¿Y después?

La doctora ya se estaba levantando para salir.

—Me imagino que podría experimentar calambres, como lo que se siente luego de recibir un choque eléctrico. Pero aquí estamos para asistirla. No se preocupe.

A veces, cuando el sufrimiento que me causa el ataque es demasiado, mi mente se vuela de mi cuerpo. Me despierto con mis balbuceos no humanos en un cuarto al que no recuerdo haber entrado, pero le agradezco a mi mente que me ha protegido, borrando el tiempo; que ha creado, como respuesta inmediata a un dolor insufrible, una laguna de memoria. Un lugar sin tiempo, de gris suspensión, de disociación.

Cada vez que pasa, no estoy segura de cómo sobreviviré el ciclo, pero al final lo logro. Lucho con el terremoto que descontrola mis manos, tomo capturas de pantalla, aguanto la asfixia, me veo como un enorme pez, me rio, desbloqueo el teléfono, le ruego al vacío, comparo pantallazos, calculo diferencias de hora.

Cuando todo acaba, siento como si hubiera estado en un accidente automovilístico. Quiero acostarme a dormir, pero no puedo conciliar el sueño. Quiero que alguien me abrace, pero no soporto que me toquen. Sería capaz de hacer cualquier cosa con tal de no sufrir otro ataque de pánico. Llamo a Mami al día siguiente. No le digo qué me ha pasado, pero a veces me parece que ella lo sabe, porque dice, frustrada, así no más, sin que venga a cuento:

—Si me entregaras tus cargas, yo podría curarlas en mi cuerpo.

Guardamos silencio. "No puedo", pienso, sin decirlo.

Había un muchacho que Mami conocía. No se había acostado con él. Pero un día se apareció, ocupando espacio en la sala de su casa, llenándole el oído a Nono con el cuento de que ella había ido a su casa y se le había insinuado. Él no quería dañar el buen nombre de la familia, dijo, y si Mami se casaba con él, no habría nada que temer.

—Pregúntele a sus espíritus —le suplicó Mami a Nono—. Yo no me acosté con él.

Si Mami no tuviera la costumbre de salirse a escondidas de la casa, dijo Nono, estaría a salvo de las amenazas del muchacho. Ahora él ya no podía protegerla. Si la gente se enteraba de lo que decía el muchacho, las hermanas de Mami ya no podrían aspirar a casarse bien, sus hermanos no podrían encontrar trabajo, y los carniceros iban a dejar de venderles carne.

La familia entera le pidió a Mami que se casara. ¿Qué podía hacer ella? Era decidir entre su libertad y el bienestar de su familia. Escogió el bienestar. Le dijo al muchacho:

—Voy a empezar a practicar cómo cruzar los dedos de los pies dentro de los zapatos, para cuando estemos frente al altar.

Tenía dieciséis años. Llevaba un vestido azul, y cruzó los dedos de la mano derecha, y también los de ambos pies dentro de los zapatos de satín.

No sé cómo se llamaba el hombre con el cual Mami se tuvo que casar. No quiero saberlo. Mami no lo menciona mucho.

Después de la boda, él pensó que el cuerpo de Mami era su propiedad.

Decidió que la quería embarazada.

Mami escondió los anticonceptivos debajo de una teja, en el techo, y se hizo estéril.

Trató de abandonarlo, y después de que él la dejó magullada y sangrando, Mami llamó al tío Ariel. Ariel llegó en cuestión de días. Su pistola mantuvo a distancia al tipo mientras Mami salía. Mami subió al bus rumbo a Cúcuta con el tío Ariel, y viajaron todo el camino, ella con la cabeza recostada en el hombro de él, y él con el arma sobre las piernas. Mami lloró días enteros, agradecida con Ariel y furiosa con todos los demás. Nono jamás se perdonó por haberla obligado a casarse. Comprendió, tarde, que las mujeres no son de nadie. Le ayudó a Mami a conseguir el divorcio. Unos meses después, Mami le suplicaría a Nono que le enseñara al tío Ariel a mover las nubes.

———

Mi hermana también sufre de un mal del espíritu. Pero el de Ximena no es ansiedad; ella vive con un desorden alimenticio. Hubo momentos en que no sabíamos si sobreviviría. Una persona tiene que escoger vivir. Hubo momentos en que parecía que había decidido irse.

Durante un mes, en el invierno de 2010, dormí en el piso en su apartamento, ya meses vacío, y Mami y Papi durmieron en su cama. Todos los días íbamos a ver a Ximena al centro en el que estaba internada como paciente. Ella y yo no sabíamos de qué hablar. En ese lugar había muchachas que morían. Se convertían en esqueletos sentados, y al otro día no estaban.

Nos sentábamos juntas a ver TV. A mi hermana la calmaba ver CNN, no sé por qué. Eso era lo que veíamos. Como ella bien podía morirse, y no había nada en el mundo que yo pudiera hacer al respecto, di todo lo que podía dar en esos momentos de sentarme a su lado mientras, semana a semana, la piel se le encogía, se le chupaba hasta quedar pegada a los huesos. La televisión destellaba con una cinta que nos alertaba de novedades que ya sabíamos. Las noticias nunca eran nuevas en CNN, pero a Ximena la calmaban. Le hacían soportable la vida. Se quedaba dormida mientras las veía, y yo miraba el filo de sus costillas que se marcaba y luego se desvanecía, bajo su camiseta. Parecía una niña, con los ojos más grandes. Los párpados no se le cerraban del todo, y la ranura blanca de sus ojos quedaba velada por lo negro de sus pestañas.

El programa de tratamiento para Ximena había proporcionado un intérprete para Mami. El intérprete traducía al español con rigor y diligencia lo que decían psicólogos y terapeutas, pero sus palabras no tenían ningún significado para Mami. Síndrome de estrés postraumático, trauma, desorden alimenticio... Todos esos eran pilares terminológicos en un sistema de medicina con el que Mami nunca había tenido contacto y que no podía entender. Como el intérprete en realidad no podía traducir para Mami, yo me encargué de hacerlo. Traduje buscando transmitir el significado, al mismo tiempo que trataba de dar cuenta de la historia, el contexto, y el colonialismo, y trataba de mediar entre dos visiones culturales de la enfermedad.

—Lo que ellos llaman síndrome de estrés postraumático, lo que tú conoces como los restos de un susto... Lo que ellos llaman trastorno alimenticio, lo que tú llamas un mal del espíritu...

Yo odiaba algunas de las cosas que tenía que recitarle a Mami en nuestra lengua:

—Ella no puede caminar durante más de quince minutos, porque corre el riesgo de sufrir un ataque al corazón.

Mami me veía como si le hubiera dado una cachetada.

—¿Cómo así? ¿Qué quiere decir eso?

—Le ha exigido mucho a su corazón. —Tuve que explicar—. Se está muriendo —agregué, a duras penas manteniendo el control.

De vez en cuando, Mami y yo asistíamos también a las sesiones de terapia de mi hermana. Yo cumplía con mi rol de intérprete, y cuando terminaba, pasaba a participar en la conversación, y luego traducía mis propios comentarios.

Ximena y Mami lloraban. Yo no lloraba. Dejaba que sus palabras viajaran por mi cerebro a través de las lenguas, y luego hablaba de horizontes.

—Lo que ella necesita es una nueva historia —me dijo Mami—. Eso es lo que la va a ayudar.

Me sentía desesperada por alguna esperanza, pero anticipar el futuro de mi hermana me parecía peligroso, así que no le pregunté a Mami qué era lo que quería decir.

Mami rezaba vasos de agua y le pedía a Ximena que se los tomara.

Ximena y yo peleábamos en inglés. Ximena no quería ni tocarlos; no creía en el agua ni en el poder curativo de Mami.

—Ustedes siempre están tratando de atraparme y arreglarme. Pero nada me puede arreglar. Dile a ella que nada me puede arreglar.

No solo era en el programa de atención para trastornos alimenticios, yo siempre me sentía en medio entre Mami y Ximena, como si fuera el puente para el lenguaje de las realidades que cada una había escogido. Mi hermana siempre se había aliado al escepticismo de Papi, pero con los años, el escepticismo de Papi se transformó en una creencia sosegada, y el de Ximena, en desdén. Ella era mayor que yo, así que cuando sufrimos nuestra época del terror, su vivencia fue más nítida y concentrada. Ahora prefiere no tener nada que ver con Colombia, ni con nuestras tradiciones.

—Tómatela —le suplicaba—, no es más que agua. La hará sentir mejor a ella y te dejará en paz.

Ximena se tomaba el agua con los ojos bien abiertos, llena de furia, y dejaba el vaso vacío en la mesa.

—Listo. ¿Estás contenta?

Se sentaba de nuevo frente a la televisión. Retomaba el tejido de las bufandas que siempre estaba produciendo, al compás de las alarmas estridentes y la música ominosa que introducía cada segmento de noticias de CNN. Y entonces, unos momentos después, todavía tan desnutrida que no podía estar despierta más que unas cuantas horas, volvía a quedarse dormida.

Le susurré a Mami en español: "Espero que funcione".

Mami podía desterrar a los espíritus que habían poseído los cuerpos de sus clientes: malos aires, espíritus enojados y hambrientos, hechizos. Decía que si mi hermana y yo nos hubiéramos presentado ante su puerta en Bogotá hubiera diagnosticado nuestros males como pertenecientes al segundo tipo, problemas que no pueden arreglarse, a los que hay que adaptarse y con los que hay que aprender a vivir.

Pero desconocía todo lo relacionado con ese espíritu occidental que los médicos llamaban desorden alimenticio. Quería entender cómo era ese espíritu, así que me interrogaba sobre sus orígenes, su funcionamiento, qué instrumentos temibles tenía a su disposición.

Yo podía ver en dónde coincidían los dos tipos de pensamiento, el de Mami y el de los médicos de mi hermana. Los médicos definían el trauma como el choque emocional que permanece después de un evento estresante. Mami decía que los embrujos son lo que ya no se ve, pero se sigue sintiendo, el signo de interrogación, lo no resuelto, aquello que, con la fuerza de un fantasma perfora nuestra realidad y llena el aire de miedo.

Pasé muchas horas haciendo esto para mi madre, traduciendo la medicina occidental a los términos del curanderismo. Yo había tenido un trastorno alimenticio también, así que conocía la experiencia. Si Ximena se estaba matando de hambre para sentirse bajo control ante el derrumbe de lo que había sido nuestra vida en Colombia y los inciertos años después, por consiguiente, yo podía ubicar el lugar y el momento en que el espíritu había nacido.

—Es un espíritu que se le metió... A mí también... cuando cruzamos la frontera. A lo mejor es un espíritu que habita en lugares de transición.

—Muy bien —dijo Mami—. ¿Qué más?

—Proyecta un espejismo impresionante —le dije, pensando en la dismorfia corporal, en que mi hermana seguramente se miraba en el espejo y veía gordura sana alrededor de sus huesos que en realidad no estaba allí, o en que yo podía aspirar aire a bocanadas mientras me sentía asfixiada—. Sí —seguí—, así es como te atrapa.

Mami preparó agua para Ximena y para mí basándose en esa información, pidiendo que encontráramos eso que ayuda a reconocer un espejismo como espejismo.

Vivíamos en la intersección de diferentes medicinas, y ninguna funcionaba. Mami habría querido ocuparse de los síntomas de mi hermana, el problema del corazón, la pelusa de durazno que cubría su piel, y que su cuerpo había producido para mantener la temperatura, ya que las escasas calorías que ella consumía no eran suficientes para generar calor corporal, pero no tenía las hierbas necesarias a su disposición, y no sabía cómo se llamaban, así que tampoco podía comprarlas yo. Mami conocía las hierbas por ojo, y ninguno de los bonitos manojos envueltos en rocío en el rincón refrigerado del supermercado era lo que buscaba. Así que Mami perfeccionó sus rezos del agua que bebíamos, para que así tuviéramos la claridad frente a lo que nos mantenía aprisionadas.

Los terapistas y los médicos de Ximena utilizaban frases recurrentes con respecto a la recuperación. Que no era un proceso lineal. Que la recaída creaba fortaleza. En el fondo de todo lo que decían, había un anhelo inexpresable de un estado puro, de un retorno a un cuerpo y una mente que no había sido afectada por nada ni nadie, antes de que cualquier cosa hubiera ocurrido. Sus palabras orbitaban alrededor de binarios: valentía y miedo, lógica e insensatez, entereza y fractura.

Las pastillas que le daban a mi hermana eran para regresarla a un estado de paz y bienestar. Pero ¿habíamos conocido alguna vez un estado de paz y bienestar a la manera en que lo imagina la medicina occidental? Nuestra niñez había sido feliz en otro lugar, entre bombas y muerte. Y a pesar de eso, ese índice de bienestar se nos presentaba como un estado puro que debíamos alcanzar.

Para Mami y para Nono, lo puro nunca entraba en juego en la curación, porque la pureza no existía. Una persona siempre encontraría dolor y la pena. Como los continentes, que se forman por adición de materia, una persona iba creciendo constantemente en extrañamiento, convirtiéndose en una acumulación. La sanación venía de expandirse hacia la abundancia. No tenía que ver con dejar el pasado atrás, dividiendo el yo entre lo bueno y lo malo; sino con abrir un camino por las ruinas que se presenten.

———

No importa cuánta violencia ha experimentado mi familia, en conjunto y por separado, ni importan los nombres que le demos. Puedo decir: "ha habido desesperación y guerra", pero nunca me parece suficiente. Ya no trato de explicar qué fue lo que nos pasó. Ahora me limito a decir: "¿Esto no es lo que resulta de la guerra y la migración?".

Una vez, Mami me dio una mata de sábila para que me sirviera de protección. Luego del peor ataque de pánico que he tenido en mi vida, la planta se marchitó y se secó. La raíz se le pudrió.

—Muchos remedios no agarran bien —me dice Mami, y pasa a explicarme por qué no ha podido desarraigar todo lo que me aqueja—. El cuerpo debe estar listo para recibir la medicina. Tú tienes que permitírselo.

Pienso en permitir que la medicina entre. Le explico a todo el mundo cuál es mi problema, diciendo:

—No sé cuál es mi problema.

Llamémoslo sufrimiento, llamémoslo maleficio.

Mami ha estado tratando de enseñarme toda la vida: no existe alguna cosa como el maleficio. La crisis es normal. Cualquier cosa puede considerarse un maleficio, así como cualquier cosa puede considerarse un don.

Ella no lo dice, pero yo lo sé: la diferencia entre un maleficio y un don es el fin de la historia.

Una cosa es sobrevivir, y otra sobrevivir al hecho de haber sobrevivido. Hay una versión de la historia en la cual el sobreviviente no lo consigue; y una versión en la cual el sobreviviente se rehace.

Puedo localizar en diccionarios, en español o en inglés, el término acordado para denominar ese deseo de castigarse tras haber sobrevivido a costillas de otros. *Survivor guilt*. Síndrome de supervivencia. Pero ningún término parece capaz de contener la vivencia.

—Tus sueños me dicen más que cualquier cosa que me puedas contar —me dice Mami.

—Soñé que vivía en una casa en llamas. Caminaba a través del fuego hasta la cocina para prepararme un café.

—Sí, pero ¿te quemaste? —pregunta Mami—. ¿Ardías en llamas?

—Soñé que vivía en una casa de hielo; mi mascota era un oso polar al cual alimentaba con todo lo que encontraba en el refrigerador y luego con los muebles. El oso polar estaba destruyendo mi casa, así que mi única opción era internarme con él en la blancura, en la nieve.

—Tu única opción —repite Mami, para que yo pueda oír lo que digo.

A menudo me sueño en el mismo edificio. Hay siete pisos. Estoy presa en su arquitectura, un laberinto que nunca puedo descifrar. Subo escaleras que, extrañamente, me llevan al sótano. Atravieso una puerta y de repente me veo atrapada en un ascensor. La salida es un tragaluz. Una vez, traté de alcanzar el azul que veía a través de él, pero de inmediato algo tiró de mí hacia abajo, de vuelta al sótano. Hay un minotauro que me sigue. No sé cómo se ve. Nunca he llegado a verlo.

—Cuéntame de cada piso —continúa Mami.

De adolescente, traté de hacerme cortadas y tajos en la piel.

A los veintitantos, me preparaba abundantes platos de comida. Me sentaba frente a ellos llevándome a los labios bocados imaginarios. Terminaba mi comida en el teatro de mi mente, y luego llevaba los platos intactos a la basura.

Quería acabar destruida. Coqueteaba con hombres peligrosos. Una vez, terminé acostada debajo de un hombre. Él me forzó.

—No puedo hablar de esos tiempos —dice Papi cuando le pregunto cualquier cosa sobre nuestra vida en Colombia—. Si miro hacia atrás, me hundo.

—Creo que hay cosas que no recuerdas —me dice Ximena—. Yo sí me acuerdo, porque era un poco mayor. Me doy cuenta de que esas cosas te afectaron, incluso si tú no te das cuenta.

Todos los pisos llevan al sótano.

Una vez me acosté con un hombre, debajo de él. Al principio me resistí, y luego dejé de hacerlo, tras decidir que me lo merecía, por perdurar por encima de otros.

—Nadie quiere la verdad, pero todos quieren una historia —decía Mami.

—Ármate una nueva historia —me dice Mami ahora.

Toda la vida, Mami ha estado tratando de enseñarme que no existen los maleficios.

Cada vez entiendo mejor lo que ella quiere decir.

Todo el mundo sufre.

Creer en un maleficio implica pensar que uno está por encima del sufrimiento.

Nadie está por encima del sufrimiento.

Solo se puede creer en un maleficio si también se cree que se nos debe el estar libres del sufrimiento.

19

HAMBRE

Mami dice que lo que los espíritus más extrañan es el hambre. La necesidad. Las punzadas de una carencia. La órbita del deseo. La saciedad.

—¿Por qué no come, y ya? —preguntaba Mami con respecto a mi hermana.

Constantemente estábamos hablando de lo que afligía a Ximena, y Mami, en forma rutinaria, se olvidaba de todo lo que yo le decía, tal vez porque todo venía con un dolor que era muy agudo para ella. No podía hacer nada más que ver cómo se consumía su hija mayor. Papi había regresado a la ciudad de México, y yo, a San Francisco. Mami se había quedado en Minneapolis para acompañar a Ximena. Era 2011, y Mami me llamaba todos los días, mientras recorría el camino hasta el centro donde mi hermana estaba internada. Mami, sin hablar inglés, tomaba el transporte público, descifraba la moneda extranjera, y se comunicaba con la gente sobre su destino por medio de gestos de cara y manos. Su concentración en tratar de ayudar a mi hermana, y su desacierto, me hacían pensar en Nono. ¿Qué hubiera hecho él?

—El problema no es el hambre —le insistía a Mami. Habían pasado seis meses, y, todavía, no había conseguido explicarle que el que Ximena dedicara todas sus fuerzas a matarse de hambre era una agonía autoinfligida que servía para desplazar un problema emocional peor. Dominar el hambre del cuerpo producía una sensación de conquista. ¿Cómo podía explicarle a mi madre que se sentía bien, como lo mejor del mundo, cuando la mente se convertía en una especie de trono desde el cual se podía observar el marchitar del cuerpo? ¿Cómo decirle que tal vez Ximena también lo pensaba así? ¿Con qué palabras podía evitar herir los sentimientos de Mami al decirle que había una sensación de un poder puro, que, en la otra orilla del hambre, luego de que uno había soportado las peores punzadas, había una emoción limpia, adictiva, casi espiritual?

—Es un espíritu engañoso —intenté explicarle. Era lo más cercano a la verdad que me había atrevido a decirle—. Quiere arrastrarlo a uno al otro lado, así que nos convence de dejar de comer. Mientras menos comemos, mejor nos sentimos, y mientras mejor nos sentimos, más cerca estamos de morir.

Mami quedó satisfecha con esto, pero lo olvidó al día siguiente.

—¿Por qué no escribes lo que me cuentas? No se me queda en la memoria.

—Escríbelo tú, Mami.

Ninguna de las dos escribió nada, supongo, porque no queríamos enunciar la verdad en palabras que luego no pudiéramos olvidar ni arrepentirnos de haber dicho.

Cuando me cansaba de traducir lo que conocía de esta experiencia al lenguaje de Mami, le transmitía lo que los psiquiatras occidentales me repetían sobre los trastornos alimenticios: "No es un asunto relacionado con el hambre; sino con el control". Esos eran términos en los que Mami no se movía cómodamente, y a pesar de eso, semana tras semana, cuando ya no era capaz de arriesgarme a deambular en una gramática que revelaba tanto sobre mí como sobre mi hermana, eso era lo que le ofrecía:

—Cuando la vida es demasiado caótica, entonces la gente se vuelca en su interior y controla lo que puede controlar... y a veces eso es el hambre.

—¿Quién se niega su propia hambre? —preguntaba Mami.

Los espíritus anhelaban el hambre porque, al carecer de cuerpo, recordaban con nostalgia la sensación de sequía interior, el hueco que se abre alrededor del cosquilleo de una necesidad. Añoraban en el hambre como una tierra de exilio.

Yo siempre había querido ver un espíritu.

Antes de que nuestro teléfono empezara a timbrar con amenazas para Ximena y para mí, antes de que buscáramos consuelo en el hambre, cuando yo tenía doce años y aún vivíamos en Colombia, en Ocaña le dije a la tía abuela Carmen que daría lo que fuera por ver un espíritu, no importaba que eso implicara quedarme con el susto por el resto de mi vida.

Estábamos sentados formando un círculo en el patio de atrás de la tía Carmen, el mismo patio que en tiempos de Mami había sido el de la bisabuela Mamaría, donde Nona le había dicho a Nono una vez a través de la grieta de la tapia "Todavía me estremezco por tu beso". En algún lugar más arriba en el cerro estaba el pozo en el que Mami había caído. Estábamos rodeados por la familia de Ocaña, primos en el suelo y adultos en sillas de plástico. El cielo era de un azul intenso resplandeciente. La tía abuela Carmen dio una palmada en el aire para espantar mis palabras.

—¡Cuidado, acá no se dice eso; aquí hay espíritus que pueden oír!

La tía abuela dijo que no sabía cómo eran las cosas en la ciudad, pero que los espíritus no eran una cosa que uno pudiera querer para sí mismo. Y después nos contó una historia.

Una vez había una niña que había quedado huérfana en la guerra. La niña no era capaz de oír ni de hablar; estaba aturdida por lo que había visto. Se apareció en la puerta de la casa de la tía abuela Carmen, y ella la acogió. Un día, hubo un terremoto. La niña se quedó inmóvil, paralizada en un punto del patio, mientras la familia se refugiaba bajo el marco de una puerta y le suplicaba que buscara refugio. La pared del patio se cayó. La tía abuela temía que la niña hubiera quedado sepultada bajo la pared. Pero cuando el polvo se asentó, la niña estaba intacta. Había una ventana, un espacio abierto en el muro de adobe. Cuando cayó el muro, la abertura de la ventana encajó alrededor de la cabeza de la niña, como quien se pone un vestido. Había un pequeño cuadrado de pasto alrededor de sus pies;

y después, a unos cuantos centímetros más allá, las ruinas del muro caído se extendían en un rectángulo imperfecto.

Cuando la pared cayó, reveló un segundo muro. Un muro escondido, lo llamaba la tía abuela, la pared original, que alguien se había tomado el trabajo de tapiar con otro muro. Oculto en una grieta entre los ladrillos había un collar de plata. Era plata de la buena. La tía abuela Carmen supo que estaba destinado a la niña, así que lo vendió y le entregó a ella el dinero. A la mañana siguiente, la niña se había ido, y la tía abuela no estaba segura de si había sido una niña o un espíritu.

—Espíritu —votaron los primos.

—Niña —votó Mami.

Yo no sabía cómo votar. Pensé en cómo sería pasarse la vida sin saber si una persona que vivía cerca de uno estaba viva o muerta.

Cantamos hasta el anochecer, y mientras tanto pensé en algo peor. A lo mejor la misma niña no estaba segura de qué era. Miré a mi alrededor, pensando en cuántas personas, entre las que estábamos allí, incluidas nosotras, podíamos ser en realidad espíritus, y sin saber.

Luego de sobrevivir a los años del terror, Ximena y yo no podíamos entender bien quiénes o qué éramos. Papi aprovechó sus contactos profesionales, y así pudo encontrar trabajo durante unos cuantos meses en países limítrofes con Colombia. Íbamos de un lugar a otro, agradecidas, ilesas. Nos prometimos comenzar de nuevo desde cero, pero luego caíamos de nuevo en nuestras tendencias ascéticas.

Yo me cortaba el brazo y, como por arte de magia, el trauma perdurable de que nos hubieran seguido y luego raptado, y la culpa de sobrevivir, se disipaba, y luego desaparecía. Una tranquilidad maniática venía en su lugar. En ese momento, yo veía esos cortes como los exorcismos que Mami llevaba a cabo para otras personas, eran un acto a través del cual yo me libraba de venenos, aunque ahora puedo ver que lo que hacía era establecer una conexión más sólida con mis fantasmas.

Antes de irme a los Estados Unidos, yo había supuesto que todo el mundo tenía en la familia un curandero de verdad o ficticio, que todo el mundo analizaba los sueños, o recibía profecías... O, si no, que al menos no era algo tan fuera de lo común. En Chicago, donde estudié en la universidad y viví por mi cuenta, descubrí que este no era el caso. Entre toda la gente que conocí en esa ciudad, nadie había visto un fantasma, ni daban importancia a sus sueños. Se hablaba de las historias sobre espíritus en tono burlón, catalogándolas como leyendas y *old wives' tales*, cuentos de viejas, un lenguaje que me decía todo lo que necesitaba saber. El continente entero agrupaba en el mismo cajón lo que quería devaluar, junto con las mujeres.

Los blancos en los Estados Unidos se aferraban a un límite definido entre la realidad y la ficción, entre lo que era posible y lo que no. Eso tenía sentido desde mi punto de vista. Los estadounidenses hacían ondear la bandera confederada, y luego insistían en que el racismo no existía. Me decían que su país estaba fundado sobre ideales, pero se molestaban si yo tocaba el tema del genocidio de los pueblos indígenas, o la esclavitud, que para mí eran indicaciones claras de que el país tenía sus cimientos en algo diferente.

Creer en fantasmas era saber que los restos de un pasado violento vuelven.

Un país que no cree en su propia historia no puede creer en fantasmas.

Es por eso que, en Colombia, nos perseguía una fiebre del oro espectral. Sabíamos que era lo que había arrasado el país y le temíamos, vigilábamos que no nos fuera a poseer; observábamos cómo podría abrirse camino en nuestro interior, y saquearnos a nosotros mismos.

En mi segundo año en Chicago, Mami me llamó para contarme que, en Venezuela, donde vivían Papi y ella, una mujer había llamado a la casa y le había dicho que en un sueño le habían dado su número telefónico, y que lo había marcado porque necesitaba a alguien para ayudarle a establecer una conexión con el mundo de los muertos. Al día siguiente, mientras yo le quitaba el candado a mi bicicleta frente a la facultad de periodismo, donde estudiaba, un hombre enjuto se me acercó y me dijo que él tenía acceso a cadáveres.

—En un sueño recibí instrucciones de buscarla en este lugar y a esta hora. Yo practico la nigromancia... ¿Sabe a qué me refiero?

Mami y yo bromeábamos sobre la posibilidad de que en el mundo de los sueños también existieran listas de teléfonos con el aviso de "No llamar", y cómo lograr anotarse en una de ellas. No le conté a nadie sobre el nigromante, solo a Mami, porque ¿quién más iba entenderlo? Yo llevaba dos mundos diferentes en mi interior, que no podían comunicarse entre sí. Era más fácil eso que tener que explicarle a la gente. ¿Por dónde empezar a hacerlo? Cuando uno ha visto demasiada muerte, empieza a vivir dentro de lo inexplicable, y se establece una comunicación porosa con el pasado. Pero yo no tenía un vocabulario para este tipo de cosas, ni siquiera conocía el concepto de *code switching*, de alternar entre dos códigos en una conversación. Yo caminaba por ahí dilatándome, y una frontera estrechísima, pero infranqueable, separaba a la mujer que era de la mujer en la cual me iba a convertir.

Empecé a negar mi propia hambre cuando llegué a los Estados Unidos. Por primera vez me fui acostumbrando a las curvas pronunciadas de mi esqueleto, exploré las hendiduras entre mis huesos, establecí que llevaban a la aterradora nada. Chupaba cubos de hielo y llenaba páginas con palabras. Si salía con amigos, tomaba cantidades absurdas, me despertaba magullada en sofás o en camas en las cuales no recordaba haberme desplomado.

Pero hubo algo que impidió que siguiera por ese camino. Ese verano, viajé a Virginia con dos amigas, y fuimos a nadar en un lago. El cielo estaba despejado y luminoso. Calculamos que nos tomaría unos diez minutos nadar hasta la pequeña isla que había en el centro, en las aguas oscuras. Mis músculos se aprestaron para el frío del lago cuando me lancé. Me sorprendió sentirme fatigada tras unos pocos minutos, y luego recordé que debía ser la debilidad por no comer. Estaba acostumbrada a que mi mente sometiera los dolores y las necesidades de mi cuerpo, así que continué pensando que esto sería como soportar el hambre, que en algún momento habría un amanecer hacia una sensación deslumbrante en su plenitud. Pataleé con las piernas, y fui hundiendo cada brazo en el agua, desplazándome bajo la superficie. Un cosquilleo se extendió por mis extremidades. A mitad de camino hacia la isla, traté de levantar un brazo y no pude. El músculo sufrió un espasmo, quedó quieto y rígido, al igual que mis piernas. No había grasa en mi cuerpo, no quedaba nada que pudiera aprovechar como combustible. Me asustó esa traición de mi cuerpo, pero luego entendí mi parte de la culpa: lo había privado de comer. La superficie del agua, el juego de luz centelleante que salpicaba la parte de arriba quedó atrás, y yo me hundí en la profundidad verdosa.

Me habría podido morir, si no hubiera sido porque una de mis amigas había trabajado como salvavidas durante los veranos. Ella me pescó y me abrazó, tal y como se sostiene a los que han estado a punto de ahogarse. Su antebrazo me rodeó el pecho, sus piernas se abrieron y cerraron como tijeras por debajo de mí, y golpe a golpe, nos acercamos a la isla. Miré hacia la playa, miré la estela que dejaban mis dos pies al arrastrarse por el agua detrás de nosotros. En la isla, dije que era peor nadadora de lo que me imaginaba, y fingimos que no había pasado nada. Luego, mi amiga me llevó nadando de regreso a la playa.

En la arena, yo estaba mareada y medio ida. Las chicas compartían un porro, y al aspirarlo la punta se encendía, y yo miraba el cielo, y hablábamos de abortos. Les conté que mi mejor amiga de infancia quedó embarazada de una violación. No podía contarles a sus padres, así que, para esconder la causa de su barriga cada vez más notoria, comíamos chocolate juntas. Nos engordamos rápidamente, en dúo, hasta que ella pudo hacerse un aborto. Mientras les hablaba de explorar con mi cuerpo el dolor de otro cuerpo, les mostré las estrías blancas en mis muslos, que eran una huella del amor y el cuidado que yo era capaz de dar.

Pensé en cuántas mujeres, acosadas, se habían ahogado en lagunas, y si había muchas, y si esa sería la razón por la cual en Colombia hablábamos de espíritus hambrientos que habitaban en las lagunas.

A lo mejor toda el agua está embrujada. A lo mejor toda el agua lleva en sí el coro de voces de los muertos, con su poder de sortilegio, o tiene una mujer de pie en el centro, una boca hambrienta que pide un ahogamiento.

Sé que, al negar mi propia hambre, yo había querido deshacerme de mi vulnerabilidad, como si al drenarla por completo fuera a encontrar un premio en el fondo que luego pudiera extraer. Me estremecí. Era fácil hundirse, y más fácil aún ahogarse. Cedí a la idea de la rendición, la entrega.

La imagen de una mujer de pie en el centro de una laguna aparece por todas partes en estas historias, me doy cuenta mientras escribo esto. No es que estuviera planeando incluirla, sino que brota por sí misma… en medio de un bosque, en el centro de una falda de seda negra, rodeada por petróleo crudo, tendida en el fondo de un pozo, de pie entre las ruinas de un muro… llamándome para que mire.

Supongo que una mujer que se mete al agua siempre está desapareciendo de cierta manera. Desaparecer en el agua es convertirse a medias en nada: la parte de uno que está ahí, y la parte que se va. El espíritu debe estar en el reflejo, la mitad superior que ondea sobre la superficie del agua.

Pasar hambre por voluntad propia es también una manera de hacerse desaparecer.

Desde los recuerdos más antiguos que aún se conservan en nuestra tierra hasta ahora, las historias que contaban los hombres nos hacían creer que nuestra hambre estaba mal. Sus cuentos están llenos de mujeres con apetito arrasador, ambiciones, y deseos, que, debido a su hambre, sufren destinos terribles y mezquinos.

Como siempre, esos hombres estaban equivocados.

El hambre no tiene vileza.

El hambre nos moldea hacía una sabiduría que todavía se nos escapa.

Nunca llegué tan lejos en un desorden alimenticio como mi hermana. Cuando estuve a punto de ahogarme, me vi obligada a admitir que el poder que se me ofrecía a través de negar mi hambre era una ilusión.

Al empezar a comer de nuevo, mis ataques de ansiedad y pánico, encarnación de recuerdos que yo quería reprimir, regresaron. Permití que esos miedos del pasado que no había resuelto me atravesaran como un corrientazo y me dejaran arrasada. Muchas de las cosas que somos vienen envueltas en alambre de púas. Ahora sé que se deben alcanzar y tocar las púas, para así llegar a lo bueno.

—Pero ahora estás bien —me dice Mami, exasperada, cuando le cuento de esas visitas del miedo que me pasan—.

Tienes vivienda, ingresos, alimento. Sobreviviste. ¿Por qué tanto miedo ante la abundancia?

¿Cómo convence uno al cuerpo que ya ha decidido tener miedo? El miedo alguna vez le enseñó al cuerpo cómo sobrevivir. Las enseñanzas dejan un eco que resuena.

—Es un espíritu, Mami —le digo cuando quiero que entienda.

—Es que tú nunca entiendes —le digo cuando no quiero que entienda.

"Una cosa es sobrevivir, y otra sobrevivir al hecho de haber sobrevivido", eso nunca lo digo, pero siempre lo pienso.

Mami dice que ella no puede librarme de mis ataques de pánico. Hay fantasmas a los que hay que enfrentar, y yo debo enfrentarlos. Por teléfono, ella reza agua para mí para que yo pueda comprender qué es lo que quiere el espíritu que me hostiga. Mami dice que los espíritus tienen su propia lengua, su manera de articular. Es cosa mía oírla o no.

2011 fue el año en que los síntomas de mi hermana fueron más graves, y el año en que mis ataques de pánico y episodios en medio de la noche se hicieron más frecuentes.

Durante el día, hacía cuanto podía para mantener los ataques de pánico bajo control, pero dos veces por semana, en las noches, pasaba de ser casi un fantasma a un cuerpo revivificado. Hacían todo lo que podía para ser un buen público de mi transición entre estados. Nunca sabía cuándo exactamente iba a presentarse la amnesia nocturna. Me tensionaba anticipando el horror que sentiría al sentarme en la cama sin reconocer lo que me rodeaba. Sabía que escudriñaría la habitación y sentiría un inmenso vacío, aislamiento, traslucidez. Yo era solo un fantasma. Pero una vez que me daba cuenta de que tenía cuerpo, como siempre, me iba a acordar mal, llegaría a la conclusión de que me había acostado con mi hermano, o de que mi cuerpo era una cárcel. Después, sentiría una desesperación tan grande de que parecía formar un cráter justo en el lugar en el que yo estaba sentada, en el colchón.

Mami sabía mucho sobre espíritus.

—Los que no tienen un conocimiento de sí mismos son los peores —compartió—: Están atrapados en un momento del pasado, que viven y vuelven a vivir hasta la eternidad.

—¿Cómo se deshace uno de ese tipo de espíritu? —pregunté, pensando en mis episodios nocturnos de amnesia.

—Tú sabes... —dijo Mami y luego calló—. Yo siempre rechacé esos trabajos.

—¿Y eso?

—Los fantasmas siempre están hambrientos de hambre. El tipo de espíritu que está atrapado viviendo un determinado momento tiene el peor tipo de hambre insatisfecha. Están metidos en un círculo vicioso, siempre persiguiendo algo que nunca pueden conseguir del todo. Se tendría que romper su realidad para liberarlos de lo que los condena a actuar siempre la misma escena. Y eso puede tomar tanto tiempo que no se justifica el dinero.

Consideré lo que Mami había dicho una vez sobre mí, que yo prefería morirme antes que pedir ayuda. Era cierto y sería mucho más sencillo pedirle a ella su medicina. En lugar de eso, hacía preguntas inescrutables y buscaba entre sus palabras la manera de ayudarme a mí misma.

A lo mejor, me había hecho adicta al recuerdo de ser una página en blanco, y al descubrir que yo era nada más una humana olvidada de su vida, inevitablemente la experiencia se convertía en una pesadilla. Si quería romper el círculo de la amnesia recurrente, iba a tener que extirpar la idea de que ser una página en blanco era mejor que ser una acumulación. Tendría que practicar la rendición, la entrega.

Hubo muchas cosas que el accidente de Chicago cambió en mí, aunque muchas de ellas pasaron sin llamar mi atención mientras yo me preocupaba por superar el miedo que la memoria había incitado en mi interior. Al principio no me di cuenta de que cuando llegaba a una tienda que tenía una sola entrada, luego de recorrer uno de los pasillos, era incapaz de encontrar la salida. Tardé en entender que me estaba costando trabajo recordar dónde estaba la tienda de comestibles, aunque iba con frecuencia y quedaba apenas a una cuadra. Y entonces, un día en que iba al volante del carro de un amigo, él me pidió que le diera la vuelta a la manzana, y pude voltear la primera esquina, pero a la segunda ya no sabía para donde debía seguir. Al ir a pie de un lugar a otro, miraba los mapas, y tenía que sentarme, sudando, porque no conseguía traducir la información del mapa a algo que pudiera entender.

En 2011, yo sabía que esa condición neurológica era efecto de un daño cerebral, y que tenía un nombre: desorientación topográfica. Eso quería decir que mi cerebro ya no era capaz de hacer mapas. No es lo mismo que lo que llamamos coloquialmente un buen sentido de la orientación, que es un concepto que alude a un rango para determinar la facilidad con la cual el cerebro elabora un mapa cognitivo. La mayoría de las personas pueden formarse un mapa mental tras haber ido a un lugar una vez, o dos o veinte, pero en el caso de la desorientación topográfica el mapa no se crea nunca. Vivir con esa condición implica estar permanentemente perdido. Incluso cuando estoy en mi casa y sin moverme, si estoy concentrada pensando, mirándome las manos, o los cubos de hielo de mi bebida, me pierdo. Miro por la ventana para ver una vista que he contemplado miles de veces, pero espero ver una calle diferente.

Antes, invertía mucho tiempo tratando de reconstruir lo que había perdido. Me alejaba de mi casa, y luego me asignaba la misión de encontrar el camino de regreso. Pasaba horas mirando el mapa en la pantalla de mi teléfono y el círculo que representaba mi cuerpo. Estaba nada más a seis cuadras hacia el sur y dos al oriente de mi apartamento en San Francisco. Mi intelecto podía entender la disposición espacial en la superficie de la pantalla, podía contar las cuadras que había de un punto a otro, podía vislumbrar la ruta que debía seguir. Pero en el momento en que levantaba la vista, no podía comprender por dónde tomar. Veía el punto moviéndose hacia la izquierda en mi pantalla a medida que avanzaba. "Bueno... entonces...".

El punto avanzaba un poco más. "Bueno... entonces...".

Traducir la información espacial que me ofrecía mi teléfono y aplicarla al entorno que me rodeaba era como tratar de atrapar arena que se cuela por entre los dedos. Después de mis esfuerzos, sentía vértigo, me doblaba en dos, temiendo que iba a vomitar. Al final, cuando me daba por vencida, activaba las instrucciones de voz del teléfono y, siguiendo esos sencillos pasos en los momentos adecuados, conseguía volver.

En 2011, yo ya me había hecho a la idea de que el espacio era como un mar siempre cambiante en el cual las calles desaparecían y reaparecían sin orden ni concierto, y tenía que reconsiderar lo que la orientación podía significar para mí.

La orientación no es más que la capacidad de señalar la posición del yo en un punto con algún significado. Cualquier cosa puede ser un punto significativo. Aprendí a armar mis rutas frecuentes a través del lenguaje.

Cuando voy a la biblioteca, salgo por la puerta de mi edificio y busco los toldos y marquesinas que se ven desde el escalón de la entrada, hacia un lado y hacia el otro, hasta que vislumbro la palabra "Odd", y camino hacia ella. Por el trayecto, he escogido otras palabras en puntos cruciales, que sirven como migajas de pan que me guían para saber si debo voltear a la derecha, a la izquierda, o seguir recto. La frase que se forma con las palabras del mapa que me lleva a la biblioteca es "*Odd temple American warfield*", una frase sin sentido cuya poesía igual me atrae: insólito templo, campo de batalla americano. Para llegar a la tienda de abarrotes, es otra sin sentido, igual hermosa: "*Except longitude no warning*", excepto la longitud, no hay advertencia. A mis ojos, el mundo sigue siendo indómito, se mantiene aún por descubrir y es ingobernable. Hay algo de carácter salvaje en él. Vivo fuera de las convenciones de los mapas, a través de la cual buena parte del mundo ha sido sometido.

¿Y qué espacio podía abrir yo frente al pánico y los episodios nocturnos de amnesia? Tenía que hacerme una casa en la angustia. La rendición es ceder a lo que nos moldea, a las capas que nos conforman. Hay muchas cosas que no es necesario doblegar, sino solo superar, y luego aprender a convivir con ellas.

—Para deshacerte de un círculo, lo externalizas —dice Mami—. Cuentas una historia.

Yo también necesitaba una nueva historia.

Para 2011, como suele suceder en una recuperación, Ximena mejoraba, y luego se ponía peor. La daban de alta del centro de atención, y luego la volvían a internar. Todo dependía de su sinceridad... su capacidad para decirnos si estaba comiendo o no, y si nos mentía cuando afirmaba que estaba comiendo. Mami dudaba de su habilidad para sanarla, y Ximena tampoco cooperaba. "Si se llega a morir", nos decíamos una a otra, y no decíamos más.

Ese diciembre, pasamos la navidad en Minnesota, comiendo lo mismo que Ximena, para no ir a desatar un impulso de restricción de su parte. Seguimos el estricto régimen dietético que habían diseñado sus nutricionistas y psicólogos. Mami y yo nos sentíamos repletas todo el tiempo, pero no dijimos nada. Cada comida venía con un postre, con más dulce de lo que estábamos acostumbradas.

Tal vez fue justo después de nuestra segunda tajada de torta de chocolate el día que Ximena anunció:

—Creo que quiero tener un bebé.

Recuerdo que me abalancé sobre ella, la abracé, que brindamos para celebrar ese paso hacia su propia vida. Mi felicidad duró una hora, y luego se me ocurrió que, si Ximena se embarazaba, tendría que ser testigo de cómo crecía su barriga. ¿Qué tal que su dismorfia se agravara? Si llegaba a ser así, podía empezar a pasar hambre, y con eso, privar al bebé de alimentación. Me guardé esa espantosa preocupación hasta la noche, cuando se la conté a Mami. Ella se mostró irritada e impaciente conmigo.

—Pon atención —me dijo—. Esta es la nueva historia.

Papi y yo teníamos que trabajar, así que regresamos a nuestros respectivos lugares de residencia. Pedimos extensiones para la visa de Mami, una tras otra. Necesitábamos a alguien que cuidara a Ximena. Mami y ella vivían juntas, y no se llevaban bien. Mami me llamaba todos los días para contarme que estaba afinando sus rezos, tal como había hecho en el caso de Papi, cuando no podía dormir y cayó en la depresión. Ahora preparaba agua para Ximena para desterrar lo ilusorio, y después, para desterrar el fantasma del desorden alimenticio. Ximena luchaba por mantenerse en su régimen de comidas. Mami seguía tratando de hacer pasar su agua de exorcismos como parte de esos menús, pero Ximena siempre se daba cuenta. La una me llamaba para quejarse de la otra.

—Usa el agua para regar tus matas —le dije a Ximena.

—Dale esa agua al perro —le dije a Mami.

Ximena me llamó unos días después, asustada.

—No sé cómo explicártelo, pero... vi una sombra salir de mi perro. —Me quedé en silencio, procesando lo que ella había dicho, pero continuó—: O sea, una sombra negra, de verdad, brotó de mi perro, y después el perro ladró... como si él también hubiera sentido una sombra que salía de él... y ahora el perro está escondido en su caja.

—Entonces...

—Lo único que puedo decir es que fue extraño.

—Bueno. Pues... entonces. Yo le dije a Mami que le diera a tu perro agua para exorcizar.

Ximena suspiró.

—¿Y por qué le dijiste semejante cosa?

—No lo sé. —Traté de limpiar con una uña una mancha inexistente en mis pantalones—. Siempre quedo en medio.

Cuando la visa de Mami expiró, nos preocupamos por lo que pasaría. Habíamos hecho todo lo posible. Ximena tenía que decidirse a vivir.

Lloramos de la emoción cuando nos enteramos del embarazo. Mami estaba de regreso en la ciudad de México con Papi, y yo estaba todavía en California. La alegría nos duró cuatro meses; hasta que llegó otra llamada. Los médicos le habían hecho una ecografía, y no habían detectado el latido del corazón. Quedé a cargo de contarles a Papi y Mami, pero Mami exhaló frustrada por el teléfono.

—El bebé está perfectamente.

—No, Mami, no estás entendiendo.

Y entonces, como una idiota, le explicaba a mi mamá lo que era una ecografía, como si a ella no le hubieran hecho múltiples de esas cuando estaba embarazada de nosotras.

—No me importa lo que digan los médicos —repitió Mami—: el bebé está perfectamente.

Ximena tenía la opción de ir al hospital, donde le aspirarían el tejido muerto para sacarlo de su matriz, o podía esperar a que su propio cuerpo lo expulsara. Discutimos por teléfono las ventajas de la operación, las ventajas de esperar. Parecía que yo acababa de colgar cuando Ximena me llamaba de nuevo, llorando:

—¿Por qué tiene que ser tan loca nuestra mamá? El bebé está muerto... ¿No sabe cuánto me duele oírla decir que no lo está?

—Lo siento, lo lamento mucho —dije, y llamé de nuevo a Mami—. Tienes que dejar de decirle a Ximena que crees que el bebé está vivo.

—¡Pero es que está vivo! —protestó.

—¡Pues deja de decírselo!

Pero claro que Mami no me hizo caso. Al igual que muchas personas que me precedieron, me di cuenta de que, una vez que ella se había hecho a la idea, no había manera de que hiciera lo que uno quería. Nada que le dijera a Mami tenía el menor efecto:

—¿Y qué tal que te equivoques? ¿Qué tal que la lleves a una recaída? Déjala en paz, acaba de perder un bebé.

También se lo rogué a Ximena:

—No contestes sus llamadas. Por favor, bloquea su número de teléfono.

Mami siguió llamando a Ximena para advertirle que no fuera a proceder con la operación, porque si lo hacía, mataría al bebé que los doctores estaban seguros de que estaba muerto, pero que Mami sabía que estaba vivo. Ximena siguió contestando sus llamadas. Me sentaba junto a mi teléfono, durante horas, aguardando lo peor. Al final, Ximena decidió esperar, pero no por Mami. Se sentía incapaz de levantarse, vestirse y manejar hasta el hospital. Solté todo el aire que tenía, y luego dormí muchas horas. Me reportaba con frecuencia con Ximena, pero los días se convirtieron en noches, y Ximena seguía sin sangrar, como los médicos habían dicho que sucedería.

Tras una cita de control, llamó:

—Pues... el bebé está vivo.

—¿Qué?

Me acuerdo de que en ese momento estaba hirviendo agua para preparar té, que inmediatamente apagué la estufa y me senté en las baldosas negras del piso de mi cocina.

—El bebé está vivo —repitió.

—Espera... O sea, ¿quieres decir que Mami tenía razón?

—Desde el punto de vista técnico, estaba a medias en lo correcto —dijo Ximena—. Creen que eran gemelos y que uno de los dos murió y el otro sigue con vida.

—Entonces... ¿El bebé que tienes en la barriga tiene un hermano fantasma?

—Peor aún. El feto que vive absorbió al feto muerto.

—¡Mierda! No te lo puedo creer.

—Lo sé —contestó ella, con exceso de dicha en su voz. La oí encender su carro—. La vida es rara.

Mientras iba saliendo del estacionamiento del hospital, Ximena me contaba emocionada que su bebé había sido del tamaño de una semilla de amapola, de un grano de pimienta, de una semilla de granada, y que pronto alcanzaría a ser tan grande como un durazno, un mango y, al final, una sandía. Me acordé de que Ximena siempre había sido así, inmutable ante lo extraño.

Seguía a la espera de que a mi hermana le costara ver los cambios en su cuerpo, pero si le resultó difícil, nunca lo admitió. En lugar de eso, le cobró una nueva forma de respeto a su cuerpo, no podía contarme, sin maravillarse, el hecho de que lo que ella comía, su cuerpo lo transformaba en hueso, leche, tejidos.

—¿Ves? —Me preguntaba Mami continuamente, de una manera exasperante, cada vez que el tema de la recuperación de Ximena salía a flote—: Te dije que necesitaba una nueva historia.

Mami no podía perdonarme el hecho de que, cuando más importaba, yo le había creído más a los médicos que a ella.

—No sé por qué todos en esta familia dudan de mí... Luego de todo lo que he hecho, ¿qué más pruebas necesitan?

20

MEMORIA

Toda historia surge y termina en la memoria. La memoria personal que hay en el golpe que fractura un cráneo contra una piedra, contra el suelo. La memoria cultural oprimida y revestida con los ropajes ajenos del catolicismo. La memoria ancestral oculta durante siglos a los ojos de los poderes invasores, y que en secreto se va transformando en algo nuevo, algo bifurcado.

Una función de la amnesia es la supervivencia.

Los españoles llamaron conquista a su brutal invasión y posterior sometimiento del continente y de su gente. Tras el genocidio, muchos mestizos se concentraron en hacerse tan blancos como fuera posible para así desaparecer. En otros, la memoria fue resiliente. Bajo el manto del secreto, tras generaciones de guerra y para contrarrestar la erosión del tiempo, nuestras historias y saberes medicinales se fueron transmitiendo, y se convirtieron en nuestro propio mapa de lo que éramos y de donde proveníamos. Los cuentos que amábamos nos hacían indigeribles ante las presiones de asimilación y el olvido de la historia.

Cuando Mami y yo perdimos la memoria en nuestros accidentes, la función de la amnesia era heredar una ruta distinta. Al perder nuestro pasado y ver cómo volvía, cómo se ensamblaba de nuevo, llegamos a pertenecer la una a la otra, a nosotras mismas y a una historia más amplia. En mi familia, el destino es una fuerza que elige, que actúa sobre unos y no sobre otros, y las historias parecieran repetirse a través de las generaciones, diferenciándose únicamente en detalles particulares. Después de que Nono le hizo el amor a Nona en un sueño, la noche en que murió, ella se despertó y encontró tierra entre sus sábanas. La mañana en que Papi trató de robarle un beso a la aparición de Mami, descubrió que era como besar el aire. Estaba la circunferencia oscura del fondo del pozo en el cual Mami yacía inconsciente, y la falda negra y circular del vestido que acomodé a mi alrededor cuando yo era simplemente olvido.

Ximena y yo aprendimos que el olvido era un camino hacia la subsistencia. Estábamos hechas de esa manera, para abandonar todo lo que es demasiado pesado para seguirlo cargando. Pero el cuerpo es un documento. Conserva una memoria propia. Estamos hechos de bucles y bucles de tiempo.

Por ejemplo: cuando voy por la calle y me invade el miedo, al tensar la mandíbula, también se tensa mi vagina. Me han dicho que esto es común entre mujeres que han sido agredidas sexualmente. El cuerpo hace sus propias asociaciones.

El don de la amnesia era el asombro. Luego de mi accidente, en pleno período sin memoria, yo era una persona a la que aún no le había sucedido nada. Era un proceso en cúspide. Pertenecía al instante perpetuo. Y ese instante perpetuo era una maravilla desconocida e intensa.

El don de la memoria era la furia que me permitía entender las partes que me componían. Las cosas que se me habían transmitido y me habían convertido en un campo de batalla. Todo aquello descendiente de un legado indígena era motivo de burla, y las partes asimiladas a la cultura española, motivo de elogio. Recordaba cada parte que conformaba quien era, y soñaba con el lecho marino que el océano revelaba al desaparecer, y mientras descendía por los ásperos y duros montículos de lo que algún día había sido lava, recorriendo con mis manos los negros pliegues de la roca, supe que allí había una segunda oportunidad para volver a hacerme.

Hay una diferencia entre guardar secretos, esas cosas que no tengo permitido decir y que nunca contaré, y guardar la vida en secreto. No podemos vivir en mitades.

La textura maleable de la memoria tiene sus usos. Deja espacio para que entre lo que siempre se nos hará desconocido.

Mami y yo reclamamos nuestra memoria, al igual que reivindicamos nuestra hambre, y nuestros fantasmas.

Pero, si somos honestas, nos tocaría admitir que nos gustaba más nuestra vida cuando estábamos más en allá que aquí, cuando éramos más fantasma que carne y hueso.

De vez en cuando, Mami y yo nos llamamos por teléfono para preguntarnos:

—¿Te acuerdas de lo que era no recordar nada de nada?

—Sí —decimos, con la larga nostalgia de alguien enamorado—. Sí.

21

REGISTROS

Algunas historias vuelven, y es casi como si parte de ellas las contaran los espíritus. Justo antes de que Mami y yo voláramos de Cúcuta a Bucaramanga para exhumar a Nono, fuimos a Ocaña. Le había dicho a Mami que era esencial que fuéramos, para que así yo pudiera desenterrar registros genealógicos y reunir información y datos. Mami volteó los ojos al cielo al oír la palabra "datos", y en el asiento trasero del taxi de su primo José, hijo de la tía abuela Carmen, cuya ayuda Mami había reclutado para que nos llevara a Ocaña, me señaló y dijo:

—¿Puede creer que aquella que ve ahí va a ir a Ocaña a buscar 'datos'? ¡En Ocaña! ¡En una familia como la nuestra! ¡Con la calidad de nuestras historias!

José, ancho de pecho y moreno, se inclinó hacia delante al oír nuestra discusión privada, y, por el espejo retrovisor, nos sonrió, tocándose levemente los dientes con la lengua.

—Quién se lo hubiera imaginado.

Los asientos tenían tapicería aterciopelada, amarilla y de apariencia arrugada, y llevábamos las ventanas abiertas. Un par de dados de peluche colgaban del espejo retrovisor, y se columpiaban frente a la niebla y la montaña que íbamos cruzando tan temprano por la mañana. Empecé a decir que los datos y los hechos constituían la carne y sangre de una historia, pero Mami me interrumpió.

—¿Mira, tú te acuerdas de la calavera? ¿La que el dentista le dio a Nono para darle un toque de atmósfera a su consultorio?

Me reí con plenitud. No sabía cuál razón tenía para mencionar a la calavera en ese momento.

—¿Por qué?

—Cuéntale, José... Una vez la calavera viajó en este taxi, y justo aquí, donde vamos sentadas.

La calavera había desaparecido durante el velorio de Nono, pero después de la muerte de tío Ariel, reapareció. Mariana la había descubierto en el consultorio de curandero de su difunto marido, en el piso, junto a un armario, donde él la debió haber puesto, justo antes de morir, en el momento de organizar su consultorio. Mariana la envolvió en una sábana blanca y salió de la casa, se montó en un bus y transcurrió las cuatro horas hasta Ocaña con la calavera sobre las piernas. Quería deshacerse de una vez por todas del drama infinito de nuestra familia, con nuestras calaveras y curanderos y secretos, y ahora que Ariel había muerto, aún más.

Cuando Mariana llegó a Cristo Rey, la tía abuela Carmen le dio la bienvenida a su cocina, como si Mariana viviera a la vuelta de la esquina y tuviera la costumbre de pasar a saludar por allá todo el tiempo. Le ofreció asiento donde la familia estaba desayunando, y le alcanzó café, y le preguntó si había dormido bien la noche anterior. Sin aceptar silla ni café, Mariana depositó el envoltorio blanco en el centro de la mesa, entre los platos llenos de arepas, los tazones de fruta y queso, y las tazas de café que la familia había estado a punto de disfrutar. Jaló las puntas de la sábana, cubriendo toda la comida, pelando lo que había adentro.

—Aquí está —dijo, exponiendo la calavera—. Aquí tienen a papá Luciano. —La tía abuela se prendió contra la pared.

Cuando Nono se murió, el tío Ariel se robó la calavera. Aparentemente, Ariel tenía entendido que la calavera del altar de Nono había pertenecido al papá de Nona, a quien toda la familia llamaba papá Luciano. Aparentemente, el propio Nono había comenzado este rumor. Nadie puede imaginarse por qué, a menos que fuera por carbonero, por tener la oportunidad póstuma de echarle carbón a la vaina, dirigir una comedia shakespeariana desde su tumba y armar una confusión entre el tío Ariel y Nona.

Para empezar, papá Luciano no había sido curandero, y ni siquiera tenía inclinaciones hacia lo sobrenatural; vendía alpargatas que él mismo hacía, con detalle y cuidado, con llantas viejas. A pesar de eso, el tío Ariel le había comentado a Mariana, su esposa, que la calavera era de papá Luciano, y que esa era la verdadera fuente de los poderes de Nono, y que una vez que estuviera bajo su propio brazo, sus poderes serían iguales a los de Nono. Ariel construyó su propio altar imitando exactamente el de su padre. Pero, a diferencia de Nono, le pedía a la calavera con toda seriedad las respuestas a los problemas que traían sus clientes.

En casa de la tía abuela Carmen, cuando Mariana descubrió la calavera, José permaneció inmóvil, mirando las órbitas huecas del cráneo. Mariana decía que Nono y el tío Ariel la habían usado como puente hacia el mundo de los muertos, y que ahora que ambos se habían ido, la calavera la había estado atormentando, impidiéndole dormir, y no podía soportar más su presencia. Desahogándose totalmente, y sin decir más, salió.

La tía abuela Carmen puso la calavera en un rincón de la cocina, y se puso a recitarle un largo rosario, mientras le mandó preguntar a Nona qué quería hacer con la calavera de su padre, que ahora había sido devuelta. Nona se hundió en la furia más grande que había tenido en la vida. Sabía que Nono podía ser un hombre insensible, pero ¿llegar al punto de crueldad de robarse la calavera de su propio padre? Y Nono estaba muerto... ¿cómo era posible que siguiera lastimándola? Llamó a nuestra casa y dejó un mensaje iracundo en nuestro contestador automático para Mami: la calavera de su padre había aparecido, "sin el resto de su esqueleto", en Ocaña... ¿Qué sabía Mami de semejante falta de todo, semejante insolencia?

Cuando Mami dedujo lo que Nono le debió haber contado a Ariel, a Mami le dio un ataque de risa histérica que duró media hora. Tuvo que meterse en otro cuarto para que no la hiciéramos reír mientras llamaba a la tía abuela Carmen, que se encontraban en el proceso de levantar las baldosas del patio para darle sepultura a la calavera, para decirle que dejaran de hacer eso. La calavera no era de papá

Luciano; pertenecía a algún personaje anónimo y Nono la había recibido como regalo de un dentista hacía muchos años, para darle un ambiente augural a su consultorio.

En segundos, cualquier remordimiento, tristeza o conmoción que hubiera empezado a brotar en la familia de la tía abuela Carmen mientras miraban la calavera se transformó en el urgente deseo de deshacerse de ella. Guille, el papá de José, se había imaginado varios escenarios en los cuales se acercaba al cementerio y le explicaba al señor que lo cuidaba que la calavera era de un antepasado que le había estado ayudando a los curanderos de la familia, y que ahora que todos habían muerto, él quería regresar la calavera sagrada al reposo. Pero todos los escenarios terminaban con el cuidandero sospechando que era un asesino y llamando a la policía.

Así que, en lugar de eso, a medianoche, Guille y José se montaron al taxi de este último. La calavera, envuelta en la misma sábana blanca en la que Mariana la había llevado, quedó sola en el asiento trasero. José y Guille tenían miedo de que las autoridades los encontraran en posesión de la calavera, pero también temían ofender a su desconocido dueño, provocando sus espantos. Por esta razón, aunque resultara sospechoso, dieron varias vueltas alrededor del cementerio en el taxi, tratando de encontrar la mejor manera de colarse dentro.

—Dejemos la calavera en la puerta —propuso José.

—¿Vos estás loco o qué? ¿Querés que ese espíritu te ronde por el resto de la vida?

Miraron hacia atrás, hacia la calavera, el bulto blanco en el asiento trasero.

Guille le susurró a José su plan: podían arrojar la calavera por encima de la tapia del cementerio.

—Si rezamos un Padre Nuestro y la tiramos con toda la delicadeza posible, y cae, ya sabes, en suelo consagrado, te apuesto a vos que ya no vamos a atraer al espíritu.

Se turnaron para salir y entonar la oración, primero José y luego Guille, pero apenas estaban listos para arrojar la calavera por encima de la tapia, oyeron que alguien se acercaba. Como si los persiguieran, se metieron en el taxi y salieron huyendo. Siguieron dando vueltas alrededor del cementerio como hasta las dos de la mañana. Ahí fue cuando Guille reunió valor suficiente. Se bajó, pisando firme, recitó apresurado un Padre Nuestro, arrojó la calavera, se sentó de un brinco en el asiento trasero y gritó: "¡Vámonos! ¡Vámonos!". Y todo eso, según él, antes de que la calavera alcanzara a tocar el suelo en el otro lado.

Al día siguiente, la familia de José se arregló para ir al cementerio. Si alguien les preguntaba, dirían que habían ido a honrar a sus difuntos. Una vez allí, caminaron por entre las tumbas buscando la calavera.

Finalmente, se toparon con el cuidandero.

—¡Ay! ¡Buenas!

Le preguntaron por su salud, sí tenía familia en el pueblo, si eran de Ocaña, quisieron saber cómo había llegado a trabajar como cuidador de cementerio. Cuando ya no supieron qué más preguntar, la tía abuela Carmen dijo con una voz sutil y suave que le parecería interesante saber si en los últimos días había sucedido algo extraño allí.

—Qué curioso que me lo pregunte.

Y entonces, les contó que la gente dejaba huesos por allí todo el tiempo, quién sabe por qué, y que precisamente había sucedido la noche anterior. Señaló un pequeño nicho abierto en la tapia del cementerio, donde había todo tipo de huesos amontonados.

—Los pongo en un rincón con el resto y rezo. ¿Qué más puedo yo hacer?

—¡Quién se lo iba a imaginar! —dijo la tía abuela en voz baja—. ¡Qué gentecita!

Se mantuvo inalterable, pero solo porque, incluso a esa distancia, podía entrever con absoluta familiaridad, la que había sido por un tiempo su calavera.

Tras asegurarse unos a otros de que nadie iba a buscar huellas digitales en la calavera, y que no corrían peligro de que las autoridades los interrogaran por su procedencia, la tía abuela y su familia fueron a visitar la cripta familiar para así poder darle noticias tranquilizantes a Nona. Detrás de una barda de malla de gallinero había un grupo de pequeños osarios sobre dos criptas que sobresalían del suelo, y todo se veía en orden. Nada había sido profanado.

En el taxi de José, el asunto de la calavera nos hizo reír durante horas. Después, a medida que nos acercábamos a Ocaña, nos acordamos de tener miedo. Parecía muy colombiano el asunto: reírse de la muerte un segundo, y tenerle un miedo mortal al siguiente instante. Ocaña está ubicada en la principal región productora de drogas en el nororiente de Colombia: el Catatumbo, cuyo suelo es increíblemente fértil. Las guerrillas, grupos paramilitares, disidencias de las guerrillas, y el propio ejército se peleaban por el control de la zona. En ese entonces, las FARC todavía no se habían desmovilizado, y faltaban años para que negociaran un acuerdo con el gobierno a cambio de la paz. Mami decía que su intuición indicaba que no nos iba a pasar nada. Mi intuición me indicaba que no me importaba. Yo quería poner los pies en nuestra tierra. Seguimos el recorrido en silencio hasta que llegamos a un puesto en la carretera, junto a una finca, con una pila de mandarinas de color vívido, y allí preguntamos por la "situación". Las mujeres que vendían la fruta nos dijeron que, lo último que habían oído, era que las FARC habían levantado el campamento para meterse más arriba en el monte; no debíamos tener ningún problema atravesando esa zona.

Un paisaje verdoso e imponente transcurrió por mi ventana por el resto del viaje, y después los vimos: parados al borde de la carretera, con una hoguera prendida a sus pies. Eran tres, vestidos de camuflaje y con brazaletes de las FARC, las ametralladoras recostadas contra un árbol. Estaban de espaldas a nosotros, abrazados, y uno de ellos señalaba el cielo. Debían estar admirando los rayos de sol que atravesaban la niebla, besando las copas de los árboles, tal como yo lo había hecho hacía unos instantes. José aceleró.

No le teníamos miedo a las FARC como tal, sino a los hombres individuales. Conocemos historias, las hemos vivido, hemos oído lo que sucede cuando unos cuantos hombres aburridos o resentidos, que gozan de cierta impunidad, ven algo que codician.

En Ocaña, conseguí un hotel barato para quedarnos. Mami y yo compartimos una habitación. Después José nos llevó en el carro a ver el pueblo, para mostrarnos lo que había cambiado desde la última vez que yo había estado allá, a los trece años. No me acordaba bien del pueblo, así que todo me parecía nuevo. El aire era caliente y húmedo, y hacía que la ropa se me pegara a la piel. El horizonte se veía lleno de árboles, tejas de barro y de metal; y aquí y allá había vendedores empujando carritos de fruta fresca.

El eco de la violencia nos seguía adonde quiera que fuéramos en Ocaña. Una mujer me contó de su hija, una joven muy bonita, que iba atravesando la plaza del pueblo cuando respondió con una palabrota a un chiflido de un tipo. Poco después, el hombre al que había insultado la emboscó con otros cuatro, y resultó que todos eran paramilitares. La mujer suponía que su hija había sido violada, pero lo que sí sabía con certeza era que habían tirado su cuerpo en el concreto fresco con el que estaban pavimentando una carretera y que la habían sepultado así, bajo la carretera; y me contó todo esto así nada más, cuando le pregunté dónde creía que pudiera conseguir un mapa del pueblo. Estábamos en la sala de espera de la registraduría municipal. Yo coleccionaba mapas, me gustaba examinarlos, sobre todo porque no era capaz de descifrar toda la información codificada en ellos. La mujer me contó que seguía tratando de averiguar dónde habían dejado el cuerpo, para poderlo recuperar, y luego al recordar porqué me había dirigido a ella en un principio, me dijo:

—No sé dónde podrá conseguir un mapa, tal vez en una librería; pero yo sigo tratando de encontrar información sobre el paradero del cadáver de mi hija para recuperarlo.

—¿Alguien le está ayudando? —pregunté.

—Un periodista —dijo, abriendo y luego cerrando un cajón—. Él está tratando de hablar con paramilitares encarcelados. A lo mejor ellos vieron algo. A lo mejor ellos participaron.

Le estreché la mano, y luego la solté. Todo el mundo había perdido tanto, y la justicia siempre estaba tan lejos.

Parte del edificio del Palacio de Gobierno, donde está ubicada la Registraduría Municipal, solía ser una prisión. Se construyó para alojar la misión española, con ventanas cuadradas y balcones, y una torre, todo techado con tejas de barro. Ahora el alcalde tenía su oficina en el segundo piso, y el primero se reservaba para los diversos servicios municipales. Yo había ido para hablar con los archivistas. La oficina de archivo estaba más allá del patio, luego de atravesar las palmeras y el prado cuidadosamente recortado, al final de un corredor y algo escondida. Cada uno de los cuatro archivistas tenía un escritorio en uno de los rincones de la sala, y todos miraban hacia el centro. Me paré en medio, y fui girando para hablar con todos a la vez, como si estuviera saludando a los cuatro puntos cardinales:

—Estoy buscando los nombres de las víctimas de la Inquisición española.

Yo no creía tener parentesco con ninguna víctima, o más bien, no tenía idea, pero quería saber qué era lo que había hecho la ciudad y contra quién.

Soplaba una brisa dentro de la sala cuyo origen yo no podía determinar. Sin responder a mi pregunta, los archivistas me informaron que lo que me hacía temblar era que el lugar estaba embrujado.

Hacía un tiempo, habían oído pasos en el techo. Un par de veces subieron a revisar si alguien andaba en el tejado, pero no había nadie. Al final, tomaron un martillo y abrieron un agujero en el pañete del techo. Allí descubrieron un nicho sellado, donde además de polvo, había antiguos documentos de identidad de la ciudad, y seguramente era eso lo que atraía a los espíritus. Miré hacia arriba.

—¿Y esos documentos aún siguen ahí? —El archivista que estaba a mi izquierda pareció iluminarse.

—No. —Sacó un cuadernito rayado de su maletín—. Yo los vendo.

Con el dedo pasó las páginas, y vi que las fotos en sepia arrancadas de los documentos de identidad estaban pegadas en orden en cada una. Debajo de cada retrato, este empleado del archivo había escrito el nombre y la fecha de nacimiento de la persona. Yo no estaba segura de por qué se había tomado el trabajo de hacer algo tan laborioso, pero me moría de ganas por ver las fotos.

—¿Y no deberían estar en el archivo municipal? —pregunté, divertida.

—Están embrujadas, y son de contrabando, reina. La gente siempre anda en busca de sus muertos, y a veces están aquí.

Sonreí burlona mientras tomaba el cuaderno y pasaba las páginas. Y de repente quedé helada y quieta al encontrarme una foto conocida. Era papá Luciano, el padre de Nona, cuyo nombre habíamos pronunciado durante horas en el camino a Ocaña hacía unos días. El empleado del archivo se levantó de su silla y vino hacia mí para mirar por encima de mi hombro.

—¿Ese es uno de los suyos?

Me reí, asintiendo.

—Van a ser cinco mil pesos.

Le entregué los billetes y lo vi desprender la cinta adhesiva que mantenía cuidadosamente pegada la foto tamaño pasaporte al cuaderno. Me la entregó en perfecto estado. Mientras yo metía la foto de Papá Luciano entre las páginas de un libro sobre la historia de Ocaña que acababa de comprar, el archivista municipal se recostó en su silla y me dijo que le parecía recordar que se decía que había una lista de las víctimas de la Inquisición. Un documento con sellos y firmas, que la alcaldía había enterrado bajo el pedestal de cemento en el cual reposa la estatua de Jesús que se encuentra en la cima de Cristo Rey.

Dijo, recostándose todavía más, que esa estatua había sido llevada a la cima más que nada por los rumores de espantos en ese lugar.

—Los que murieron en ese monte no recibieron justicia. Quien caminaba por ahí sentía que le tironeaban el cabello, o que le susurraban cosas al oído, o veían algo. Así que la alcaldía trató de darles a esos difuntos un entierro como debía ser; hubo un curita y todo.

Miré al techo de nuevo, pensando si tras el nicho sellado de allá arriba subyacía la misma lógica, o si sencillamente sería que a alguien se le había olvidado que esos documentos estaban ahí.

Yo quería creer, al igual que el archivista municipal, que existía una lista que podíamos desenterrar, cuyos nombres podríamos aprender y repetir. Pero más adelante averiguaría que las ejecuciones que se produjeron en el cerro durante la colonia eran extrajudiciales y, por eso mismo, no existen en ningún registro. No tenemos nada más que nuestra historia oral.

—Tal vez no era únicamente algo relacionado con los espantos —dije—. A lo mejor, la Alcaldía quería esconder partes inconvenientes de la historia. —Los cuatro archivistas asintieron.

Cuando terminé en el Palacio de Gobierno, José nos llevó a Cristo Rey, subiendo cerro arriba durante diez minutos, tan lejos como era posible llegar en carro, y después seguimos a pie. A los cinco minutos, la estatua se levantaba en el centro de lo que era una plaza del barrio: Jesús abriendo los brazos. Había una iglesita a un lado, y una baranda de protección con vista al abismo. Cuando miré hacia el punto del cual habíamos venido, los Andes se elevaban en el horizonte. Las lejanas montañas de un azul grisáceo brotaban por encima de la bóveda de la selva, y, aún más cerca de nosotros, destacaba el núcleo de construcciones de adobe que la gente conocía como el centro de Ocaña, bordeadas de verdor agreste: la plaza alrededor de la cual, en otros tiempos, Nono y la familia habían dado vueltas al atardecer para verse con los vecinos y recibir

Fotografía "de contrabando" de papá Luciano. San Francisco, 2021.

el correo de las brujas, y el Palacio de Gobierno donde acabábamos de estar.

Cuando Mami era niña, subía desde su casa hasta la cima de Cristo Rey. Le gustaba dormirse en el pasto que, según decía la gente, era frecuentado por espíritus, porque allí nadie la molestaba, aunque de vez en cuando algún espíritu le tiraba del pelo.

Mientras Mami se sentaba a conversar con José, yo fui a saludar a la gente del lugar; jóvenes que se paraban por ahí a disfrutar del sol, y les pregunté si conocían la historia de alguna de las ejecuciones. Se encogieron de hombros.

—Únicamente lo que cuentan los abuelos. Que hubo ahorcados y quemados en la hoguera. Que el olor de los cuerpos calcinados duraba días. Y por eso es que aquí hay espantos.

A otros les dio curiosidad saber de mí, la razón de mi acento citadino, y querían saber qué andaba haciendo entre ellos. Mencioné a mi abuelo, y un anciano sonrió largamente.

—Tenés sus mismos ojos.

Llamó a otras personas, y de repente me vi rodeada por abuelos y abuelas que buscaban en mis ojos y discutían entre sí sobre dónde, en mi rostro, podían ver con más exactitud a mi abuelo. Me sentí rodeada de bondad, y traté de no llorar frente a ellos, pero terminé haciéndolo. Me sequé las mejillas, y les expliqué que vivía muy lejos y que llevaba varios años sin volver allá. Una abuela me frotó la espalda; otra me susurró: "Bienvenida". Mami se acercó para ver por qué me tenían rodeada, y al momento los abuelos y las abuelas volvieron su atención hacia ella y se dedicaron a examinar su cara tal como lo habían hecho con la mía. Me escabullí para caminar alrededor de la estatua, hacia esa zona embrujada por aquellos que habían desaparecido.

La estatua de Cristo Rey, en el lugar donde se llevaban a cabo las ejecuciones en la Colonia, según nuestros relatos orales. Ocaña, 2012.

22

EL LIBRO QUE SE AUTODESTRUYE

En Ocaña, Mami y yo caminamos en medio del camino de tierra que bajaba serpenteando por el cerro en Cristo Rey, recorriendo lo que había sido su ruta de peregrinación acostumbrada. Mami examinaba las plantas al borde del camino.

—Estas son buenas para los nervios —decía de las flores amarillas de la ruda silvestre—. Las hojas son buenas como protección. —Yo estaba aspirando su aroma a naranja, cuando Mami señaló las casas de techo de palma y paredes de adobe que trepaban por la pendiente, y me contó que Nono las había construido.

—¿Nono construyó casas?

En mi familia, lo cotidiano es lo que asombra.

Una vez, me dijo Mami, mientras estaba conversando con la gente en la plaza, a Nono le presentaron al alcalde, que comentó que quería renovar las viviendas en Cristo Rey. Nono contestó:

—¡Pero qué coincidencia! ¡Resulta que soy arquitecto!

Había hecho grandes esfuerzos para construirse una casa antes, pero a la manera en que lo habían hecho sus antepasados, siguiendo el modelo de las chozas indígenas. No mentía del todo. Pero en todo caso no decía la verdad. Pagó por un diploma falsificado, y luego contrató a un arquitecto de verdad para dibujar un plano. Mami revisó ambas cosas, ya que Nono no sabía leer, y los dos documentos se le entregaron al alcalde en un sobre de manila. En cuestión de días, con puesto nuevo, Nono se acercaba a personas que necesitaban vivienda, y en susurros les confió que lo normal para ese tipo de cosa era una cuadrilla de obreros, pero que él también podía ayudarles a construir y pagarles a los obreros, así mismo, un sueldo de las arcas de la ciudad. También se encargó de que los futuros propietarios pudieran comprar las casas por un precio asequible. Muchas de esas casas que construyó siguen aún en pie. Las encontré bastante bonitas. En su interior, uno podía mirar hacia arriba y sentir que estaba en el bosque.

Cuando habíamos bajado por el cerro como un cuarto del camino, Mami dijo que estábamos cerca del sitio donde había estado el pozo, aquel en el que ella cayó. Se detuvo. Señaló una casa amarilla de adobe con techo de hoja de palma y me dijo que era la casa de Nil.

—¿Cuál Nil?

—Nil como tu tío Nil —aclaró Mami—. El hijo de tu tío abuelo Nil. Tu tío abuelo Nil el hermano de Nono, que logró relajar sus manos en el ataúd el día del entierro.

—¡Ah! ¿Pero también el que se enfermó de esa fiebre fantasmal del oro y que oía el sonido de monedas cayendo por todas partes, sin que nada originara el ruido?

Una de las casas que Nono construyó. Ocaña, 2012.

Me apresuré tras Mami, que había llegado hasta la puerta de la casa señalada, y estaba golpeando.

—¡El mismo que dices!

Cuando el tío Nil abrió la puerta, quedó boquiabierto:

—¡Uy!

No le habíamos dicho a nadie fuera de la tía abuela Carmen y de José que íbamos a Ocaña, y ahora el tío Nil nos miraba detenidamente, sus ojos repasando nuestros rostros. Al igual que todos nuestros parientes en Ocaña, insistió en mi parecido con Mami cuando ella tenía mi edad.

—¿Cómo hiciste? ¿Pediste una fotocopia?

—Ella es una copia mejor que el original —contestó Mami—. Es más inteligente, más bonita; desbordante de cualidades que yo nunca tuve.

Mami estaba de buen humor porque esa mañana yo había hecho una labor ejemplar ocupándome de sus necesidades... Le había llevado café (con un chorrito de leche de soya) y un plato de fruta y arepas, y le había preguntado por sus sueños mientras ella seguía calientita y a gusto en la cama. Cuando yo no me comportaba de manera tan considerada, Mami respondía a ese tipo de comentarios mirándome con disgusto y aburrimiento:

—No sé por qué pasan esas cosas: te imaginas que vas a tener una hija y en lugar de eso das a luz un espejo.

En el interior de la casa del tío Nil, el techo era alto, el aire, fresco. Era una casa construida por Nono. Una cortina delgada y hermosa ocultaba una cama. El tío acercó unas sillas de espaldar duro, de diferentes rincones, y las dispuso en un triángulo. Nos sentamos. Había estado pensando en

Instrumento de adivinación para encontrar tesoros del tío abuelo Nil,
hermano de Nono. Ocaña, 2012.

Europa, contó. Nos habló de viajar a París, de ir a museos, de tomar en los cafés.

—El mundo es tan grande —concluyó—. Pero, al mismo tiempo, nunca es lo suficientemente grande cuando lo que uno quiere es olvidar a una mujer.

Reí.

—¿Y qué fue lo que hizo esta mujer en particular?

El tío Nil levantó ambas manos.

—¡Las mujeres no hacen nada! ¡Nunca! Tan solo se meten en el cerebro, como gusanito, y se niegan a irse. —Se cruzó de brazos, asintiendo ante sus propias palabras—. Eso es lo que hacen, sí.

Quise saber si el tío Nil sería de los que buscan guacas, un guaquero, o si, debido a lo que había pasado con su padre, se mantendría bien alejado de todo eso. Como no sabía si era un tema delicado, decidí que era mejor preguntar si conocía algún guaquero.

Se inclinó un poco hacia atrás, sorprendido, llevándose las manos al pecho.

—Yo —dijo—. Yo.

Estaba escandalizado de que yo no lo supiera. Salía al monte a menudo, en busca de sitios donde el suelo brillara. Utilizaba la herramienta de adivinación de su padre: un péndulo de hierro que acababa en tres puntas. Lo sacó de algún rincón en la parte de atrás de la casa y nos lo mostró. Lo vimos oscilar sobre el piso de cemento. Yo jamás había visto un instrumento de adivinación que sirviera para indicar dónde había tesoros. El tío Nil dijo que este estaba bendito, y que había sido fabricado de tal manera que apuntaba en la dirección en la cual se ocultaba la guaca.

Desafortunadamente, él nunca se había topado con las luces brillantes en el suelo. Salía a buscar guacas a lo largo del año, a la espera de que algún espíritu lo escogiera para darle su tesoro.

Eso yo ya lo sabía, pero, solo por si acaso iba a contarme algo que desconocía, evité interrumpirlo. Me explicaba que las guacas se revelan durante la Semana Santa, y el resto del año escogen a quién se le aparecen. Si un espíritu lo escogía a uno para entregarle su tesoro, no iba a parar sino hasta que uno empezara a excavar. Muchas personas, su padre incluido, cometían el error de excavar justo en donde estaban las luces en el suelo, pero eso no servía sino para desatar la ira del tesoro. Para evitarlo, había que esperar a que el espíritu se materializara. Podía ser un espíritu terrorífico o sereno; un hombre colgado de un árbol; una mujer arrastrando la cola de su vestido de novia por la selva. Donde quiera que desapareciera el fantasma, en ese punto era que había que abrir hueco.

Cuando el espíritu no quería entregar el tesoro, o si no se seguían al pie de la letra los procedimientos para sacar la guaca, el resultado era un embrujo. Había otros secretos para sacar tesoros con total seguridad, pero el tío dijo que eso era todo lo que yo podía llegar a saber.

Yo sabía una cosa más, y se la dije:

—Uno debe buscar tesoros en un grupo impar. Es importante que el número de personas sea impar. —El tío Nil se rio.

Me quedé devolviéndole la sonrisa, y algo en las arrugas que se le formaban alrededor de los ojos y en las comisuras de los labios me hizo recordar de repente que yo había conocido a su padre, el tío abuelo Nil, muchos años antes.

Fue cuando tenía doce años, y la tía abuela Carmen contó aquella historia sobre la niña que no se sabía si era un espíritu o de carne y hueso. La familia por el lado de Nono era reservada, difícil de contactar, así que cuando Mami se enteró de que el tío abuelo Nil estaba en el pueblo, hizo lo posible para que pudiéramos pasar un rato con él. Ximena estaba invitada también, pero ella prefería evitar cualquier cosa relacionada con la magia, y se quedó en compañía de su *GameBoy,* que toqueteaba con gran entusiasmo.

El tío abuelo Nil, Mami y yo subimos por el camino andando el cerro de Cristo Rey. El tío era serio, hablaba con voz suave. El polvo se acumulaba en mis tobillos, y teñía mis medias de anaranjado. Pero los pantalones blancos de lino del tío abuelo permanecían impecables.

Mami le contó sus sueños, y después yo le conté los míos. Esa era la manera adecuada de presentarnos. Los sueños indicaban el verdadero estado de nuestra vida. Ojalá pudiera recordar lo que soñaba en esos tiempos. Sé que el tío abuelo Nil nos escuchó atentamente. Cuando dejé de hablar, miró cerro arriba, donde las casas se aglutinaban, pegadas a la falda de la montaña amarilla como nichos, y alrededor había oasis de palmeras verdes y jacarandas.

Yo quería preguntarle qué había hecho para relajar las manos de Nono en el ataúd, pero sabía que no estaría bien visto. En lugar de eso, sin saber que en otros tiempos lo había asolado la fiebre fantasmal del oro, le pregunté si le gustaba buscar guacas.

Tras unos momentos en silencio, dijo:

—Ya pronto me iré de este mundo. Me doy cuenta de que no me queda mucho tiempo.

Comprendí que mi pregunta había sido una estupidez. Clavé la vista en el suelo. Mami asintió.

—¿Estás listo?

Sus ojos se movieron a la luz del sol. Se veían color caramelo cuando miraba a Mami, color miel cuando me miraba a mí.

—Ya estoy más allá que acá.

—¿Cuidarás a mi hija desde allá?

Estábamos parados en medio del camino de tierra. El tío abuelo Nil buscó mis ojos con tal cuidado que me sentí incómoda, pero no en peligro. Mi pregunta sobre las guacas lo había herido de alguna manera. No sentía que yo mereciera su protección. Ladeó la cabeza.

Los grillos en los arbustos que nos rodeaban llenaron el aire en un estruendo. Una brisa sopló entre nosotros.

Miró arriba, hacia el cielo, y luego a mí. Sonrió.

—La cuidaré —asintió mirando al suelo—. La cuidaré.

Tras despedirnos y salir de la casa del hijo del tío abuelo Nil, Mami y yo seguimos cerro arriba, encaminándonos hacia el lugar donde había estado el pozo. Después de unos cinco minutos de andar por el camino de tierra, nos metimos por un camino entre el bosque. El suelo en declive se desmoronaba bajo nuestros pasos, así que de repente nos resbalábamos. El sol estaba en lo alto del cielo, y nos hacía sudar y caminar despacio. A lado y lado del camino había arbustos espinosos, y luego llegamos a un claro.

—Aquí es donde solía estar el pozo —dijo Mami.

Caminé hasta donde había un sector de tierra cubierto con pasto ralo.

—¿Estás segura? —Mami asintió.

En cosa de una hora, llegaríamos adonde la tía abuela Carmen, y allí nos esperaban unas arepas con queso derretido. Pero ahora, en lo que me pareció una hora interminable, infinita, en el claro de la vegetación con mi madre, me agaché y presioné la palma de mi mano contra el suelo, tratando de sentir el trazo fantasmal del túnel por el cual había caído mi madre, a través del cual todo cambió.

Durante los días siguientes, me presentaron a muchos familiares que no había conocido en viajes anteriores. Algunos eran parientes lejanos, y con otros los lazos de familia databan de muchas generaciones atrás, así que técnicamente ya no éramos familia. De alguna manera todos seguían al tanto unos de otros. Había multitud de Nils, Luises, Alicias, y los tíos abuelos me presentaron a sus primos, y a sus amigos, diciendo cosas como "este es el hijo de un primo de tu tía bisabuela Alicia". La mayoría de la gente se contentaba con ver mis cejas y mi piel canela para declarar que éramos familia en algún grado.

Caminé por Cristo Rey, al lado de Mami, y en cada cuadra nos invitaban a entrar a alguna casa. A mediodía, yo ya

me había cansado de tratar de seguir las derivaciones ge-
nealógicas que todo el mundo parecía tener naturalmente
claras, así que decidí dirigirme a todos como tíos o tías; ya
había tenido suficiente chocolate con queso, pero no se me
cruzaba por la mente rechazar cuando me ofrecían más.
Algunas tías me dijeron que podíamos considerarnos parientes, o no, dependiendo de si yo opinaba que los hijos
nacidos fuera del matrimonio eran familia, y si los hijos de
aquellos hijos contaban como parientes.

—Pero claro que somos familia —dije. Una tía miró para
otro lado, se secó las lágrimas, y sonrió—. Te sorprendería
saber cuánta gente por aquí es capaz de no dirigirle la palabra a uno por algo que hizo tu padre.

Y de tanto entrar a una casa y a otra, fue que terminé
donde la tía Alba, que era una parienta lejana por el lado
de Nono. Los temas preferidos en Ocaña, hasta donde había visto, eran las infidelidades, las huidas, y los espantos,
y con la tía Alba eran los fantasmas y los espantos. Desde
niña la había perseguido el fantasma de un colonizador español. Siempre se le aparecía vestido de la misma manera:
una camisa con volantes, pantalones de montar a caballo,
botas altas. Le hacía señas con un dedo para que se acercara
y siempre estaba en el mismo lugar. La tía Alba pasaba por
ahí con frecuencia, en su ruta hacia la carretera principal, y
siempre, al andar por ahí, el sonido de monedas que caían
reverberaba en sus oídos.

En Ocaña, toda la tierra está infectada con la fiebre
del oro.

Cuando fui a un restaurante con Mami, un mesero que
no era pariente nuestro nos contó que su tío oía también

las monedas, luego de una búsqueda fallida de guacas. Abrió huecos en las paredes de su casa. Un día, la familia se despertó y encontró que un venado se había metido por uno de los huecos durante la noche y estaba durmiendo plácidamente junto a la estufa de carbón. Otro día, encontraron una anaconda enrollada en el cojín central del sofá de la sala.

—Tuvimos que amarrar a mi tío con una cuerda —nos contó, y luego repitió—: al final, tuvimos que amarrarlo. No había nada más que pudiéramos hacer. Se había chiflado.

Como conocía los cuentos, la tía alba no quería tener nada que ver con un tesoro o una guaca que la pudiera volver loca.

—¿Y usted cree que tiene la fiebre? —pregunté.

Como si no hubiera oído mi pregunta, la tía Alba me contó sobre otro espanto: una mujer que grita en medio de la noche. Los gritos de esa aparición transmiten un terror profundo, una mujer en peligro. Pero uno no debe ayudarle a la mujer.

—Si llegas a oírla —dijo la tía Alba—, nunca se te ocurra abrir la puerta.

—¿Por qué? ¿Qué puede pasar? —pregunté.

—Te llevará a ti también. Pasarás a ser la mujer que grita en la noche.

Le dije a Mami que estaba planeando encontrar datos genealógicos de la familia de Nono por medio de los registros de las fes de bautismo, y se rio en mi cara.

El lugar exacto donde la tía Alba oía el sonido de monedas cayendo.
Ocaña, 2012.

—Primero que todo —dijo— en Ocaña la gente no se acogía a los sistemas occidentales de registro como sucedía en otros lugares, como Bogotá. —El ejemplo perfecto de exactitud era el archivista municipal vendiéndome historia de contrabando durante su turno de trabajo—. En pleno Palacio de Gobierno —insistió ella—; segundo que todo —agregó— ¿quiénes crees que somos? ¿Crees que somos el tipo de persona que figura en los registros públicos?

Según me cuenta Mami, en Ocaña había otros Contreras, los que tenían tez blanca y habían heredado riquezas y propiedades. A esos sí los podría encontrar en los registros oficiales. Ocaña está lleno de Contreras. Algunos son parientes de verdad del europeo que fundó el pueblo, pero otros llevan el apellido porque se les dio a los grupos indígenas del lugar cuyas tradiciones en cuanto a nombres y relaciones filiales no correspondían con las europeas. Una de las bisabuelas de Nono se casó con un Contreras, uno de los que "de verdad" se registraban, hasta donde sé. Esta bisabuela era campesina, pobre y de piel morena, y los Contreras jamás la aceptaron como miembro de la familia. Así que ella vivió siempre entre su gente, en el campo, junto con su esposo blanco.

Los Contreras blancos eran propietarios de una casona, llena de antigüedades traídas de España, y una tienda en un local esquinero. Tenían álbumes de fotos que databan de varias generaciones atrás. Mami dice que eran el tipo de familia que conservaba un árbol genealógico cuidadosamente investigado, junto con documentos e informes que demostraban su origen español.

En cambio, en nuestro lado de la familia, decía Mami, era imposible rastrear los vínculos. No tenemos álbumes familiares. Nuestras antepasadas parieron a sus hijos en casa, así que no había registros de nacimiento. No había tampoco informes de los censos, porque las guerras civiles impidieron llevar a cabo censos. Y tampoco había títulos de propiedad de tierras: no poseíamos nada.

Como soy terca, y siempre creo que sé más que Mami, pasé muchas horas en el despacho parroquial anexo a la capilla de Santa Rita, en el centro de Ocaña, tratando de demostrar que se equivocaba. El bautizo era un prerrequisito cultural para tener cierto estatus social, y yo estaba segura de que podría rastrear los lazos familiares por esa vía. Sucede que la capilla de Santa Rita había sido en otros tiempos el cuartel general de los funcionarios de la Inquisición. No se sabe mucho de esa parte de la historia, salvo que en algún momento se descubrió un calabozo con grilletes y restos humanos.

Dejé a Mami en el hotel cercano a primera hora de la mañana, y seguí las instrucciones de mi teléfono para llegar a la capilla y, como lo iba a hacer durante varios días, buscaba nombres en los libros de registro de la parroquia. El despacho parroquial está justo al lado de la capilla, con sus paredes de estuco y sus techos altos. El despacho era todo el opuesto de la capilla, un lugar reducido y caluroso, y era una mujer (no un sacerdote) quien se encargaba de las necesidades de la comunidad, que eran inscripciones para bautizar bebés, solicitudes de copias de fes de bautismo o avisos de un matrimonio, una muerte, un divorcio. Mi pregunta pidiendo autorización para consultar los archivos le pareció rara a la mujer, así que me obligó a permanecer de pie a un lado, fuera del camino del resto de la gente. Pasé muchas tardes allí, parada, apoyándome más en un pie y luego en el otro, con el mostrador como mesa para poner allí los libros de registros.

Fue fácil encontrar el libro con el registro de Mami, y también el que tenía los de Nona y Nono. Fue difícil, mas no imposible, encontrar a los abuelos de Mami en ambos lados, materno y paterno. Pero más allá, en las dos ramas de la familia de Mami, llegué a un punto muerto. Por el lado de Nona, me quedé en su padre, Papá Luciano. Papá Luciano era hijo ilegítimo. Había tomado el apellido de su madre, y el sistema de registro está diseñado para seguir la pista genealógica por el lado de los hombres. Sin el apellido de su padre, yo no podía retroceder a la generación anterior. Tampoco tuve suerte con Mamaría. Un día tras otro seguí yendo a pedir los libros correspondientes a 1870, 1860, 1850 o 1840, volteando las páginas polvorientas, en busca de la fe de bautismo de los papás de Papá Luciano o de Mamaría, pero de nada sirvió. Los abuelos de Nono resultaron ser igual de escurridizos. No pude encontrarlos en ningún registro.

En lugar de eso, hallé otra cosa: una nota del sacerdote a cargo, escrita en el libro de registro en 1877, donde explica que los registros del año anterior se perdieron, y que no se han anotado muchos bautizos desde entonces debido a la guerra; y, como muchos colombianos en ese entonces y desde esa época, pasa a describir la trama de violencia que llevó de un conflicto al siguiente.

El párroco actual, que se acostumbró a verme parada frente al mostrador del despacho inhalando el polvo de los libros, me oyó exclamar sorprendida que muchos niños figuraban como ilegítimos. Estaba en la página dedicada a un hombre y a las dieciséis mujeres que engendraron a sus hijos, a los cuales le dio su apellido, pero sin reconocerlos como legítimos. El párroco se pasó la mano por la sotana negra y se apoyó contra el mesón, para explicarme que, a menudo, "ilegítimo" se refería a que el padre era blanco, estaba casado y tenía su familia, y que la madre bien podía ser india o negra. Asentí y seguí pasando las páginas. Me dijo que, en su opinión, si mi abuelo provenía de una línea de curanderos, era probable que jamás hubieran ido al pueblo a bautizarse, y que tal vez era por eso que yo no lograba encontrarlos.

Sonreí, concediendo que probablemente tenía razón; pero, a pesar de todo, me gustaría seguir buscando.

—En todo caso, debería usar una mascarilla —comentó—. Se puede llegar a enfermar con tanto polvo.

Le di las gracias. En el momento en que él desaparecía por la puertecita lateral que llevaba a la capilla, yo abrí la solapa oscura de un libro de registros especialmente viejo.

Casi no respiraba admirando la caligrafía. Las páginas estaban amarillentas, pero la tinta que daba los detalles de los bautizos todavía era intensamente negra, y las notas en los márgenes, de color escarlata. Los nombres de los bautizados estaban en letras capitales inclinadas, pero la caligrafía era tan ornamentada que resultaba difícil de entender.

Estaba admirando la curva descendente de una serifa tipográfica cuando moví el brazo debajo del grueso tomo encuadernado en cuero y eso provocó que el fajo de páginas cosidas entre sí, se deslizaran, desprendidas del lomo por el tiempo. Habría que volverlas a coser a la pasta, pensé, y luego observé horrorizada que el papel, como la tierra que se abre, se cuarteaba en grietas irregulares. En los instantes que me tomó un gemido, una reacción, la evocación de los movimientos para dejar el libro sobre la mesa, el papel desprendido se deslizó sobre el declive que yo había creado; se enredó en sí mismo y se volvió a enredar, formando una cascada, pulverizándose, rodando, haciéndose polvo, como si el propio libro hubiera decidido autodestruirse. Inhalé y me cubrí la boca. El libro era polvo formando espirales en el aire. El libro era polvo amontonándose sobre unas cuantas páginas sobrevivientes encima de la pasta de cuero. Todos esos nombres, perdidos para siempre.

La mujer que supervisaba el archivo de registros llegó al mostrador y me arrebató lo que quedaba del libro de las manos, para nada preocupada ni sorprendida por lo que acababa de suceder. Metió el libro en su lugar en el anaquel, horizontal, donde debía estar.

—Es un libro antiguo. ¿Qué esperaba?

Me senté en la acera afuera y lloré. Mami tuvo que ir a buscarme allí.

—No es más que un libro —me dijo.

Me limpié la nariz con la manga. Es inevitable que, para algunos de nosotros, nuestra herencia parezca insignificante, nada. Que la guerra, la pobreza, la violencia, la política del archivo borre cualquier huella palpable de nuestro pasado. No supe cómo explicar que había tenido en mis manos un libro que creía sólido, pero en cierta forma no era más que arena, y que fui engañada por una ilusión.

—Fue como ver a la historia borrándose a sí misma —dije.

Ella me miró fijamente.

—¿Y qué crees que sucede a cada instante?

"Creo que estoy llena de los muertos", pensé sin decirle. "Inhalé sus nombres", no se lo conté. Sabía que Mami me daría agua para exorcizarme, pero si las guacas escogen a la persona que las va a sacar, decidí que no quería desprenderme de los muertos todavía.

Una vez, me contó Mami, ella tuvo la oportunidad de conocer a los Contreras blancos. Ocurrió cuando tenía alrededor de seis años, y Nono tuvo que irse a Venezuela a un trabajo. En ese entonces, como Nona a menudo estaba sola con sus hijos, los otros Contreras le permitían vivir gratis en el sótano, donde había habitaciones para empleados de servicio.

Mami era chiquita, pero se acuerda de aguardar en los cuartos del servicio a que no se oyera ningún ruido proveniente de la casa grande. Aunque ella y sus hermanos lo tenían terminantemente prohibido, una vez que sabían la casa estaba sola, abrieron las puertas dobles que llevaban a ella, y examinaron los valiosos tapetes, las cortinas de encaje, los baúles de cuero, los cuadros y toda una abundancia de objetos que formaban parte de un nivel de opulencia que ellos no sabían que podía existir. Abrieron cajas laqueadas en las mesas laterales, y las encontraron siempre exasperantemente vacías. Había camas con dosel, y postes de madera maciza, de los cuales colgaban telas de suave algodón.

—Puede ser que los otros Contreras tuvieran riquezas —dice Mami—. Pero nosotros siempre fuimos ricos en nuestros cuentos.

Luego de que Mami y yo volvimos a Cúcuta, mucho después de que yo hubiera dejado de buscar rastros de la familia de Nono, me topé con lo que había estado tratando de hallar, aunque no era exactamente lo que esperaba. Eran documentos judiciales que tenía la tía Perla, donde se detallaban deudas, ínfimas herencias, lotes de tumbas en el cementerio que se prestaban. En todos esos papeles, los hermanos y hermanas de Nono firmaban con una X.

No hay mucho que pueda decirse de una X, dos trazos sencillos que se cruzan en medio. Una X es una puerta cerrada. Pero también marcan tesoros en los mapas.

Nono es el único que tiene una firma en esos documentos.

Mami me contó que le había pedido a alguien que escribiera su nombre en letra cursiva y aprendió a imitar los trazos de las palabras. Pasó tanto tiempo tratando de pasar por alguien que sí sabía leer y escribir... firmaba con su nombre, redactaba contratos, entregaba tarjetas de presentación... y Mami dice que no era porque le diera vergüenza no serlo, sino para poder robarse la abundancia que se suponía debería permanecer fuera de su alcance. Nono sabía que no hay nada verdaderamente inaccesible, que la creatividad ante las limitaciones es una forma de inteligencia, y que, cuando el poder se usa para someter, siempre merece convertirse en objeto de burla.

Esa noche en Ocaña, después de que el libro se desintegró en el despacho parroquial, una vez que Mami se quedó dormida, recité mis encantamientos en contra de la amnesia: "La mujer que tienes al lado es tu madre, la mujer que tienes al lado es tu madre". Aunque desde niña había ansiado ver un fantasma, después de que me tocó ver al clon de Mami leyendo su propio tarot en la sala de nuestra casa en Bogotá, tenía pánico de que llegara a suceder de nuevo. Ver el clon de Mami ahora me parecía caótico y aterrador. Pero sucedió, a pesar de todo. Su respiración era profunda a mi lado en la cama, y al mismo tiempo, la vi salir por la puerta del cuarto hacia el baño. La vi apenas por unos instantes, pero era evidente que era ella. La iluminaba la luz amarillenta de la calle que entraba por la ventana del hotel, y tenía puesta la ropa que había llevado ese día, que estaba doblada hacia mi izquierda junto a su maleta. Tenía su negro pelo todo hacia un lado y se lo cepillaba, para hacerlo brillar.

No sentí tanto miedo como pensé.

No tenía que temerle a ninguna mujer fantasma... No a las que flotaban en lagunas o que gritaban frente a las puertas, y no a mi madre, que se desdoblaba durante las fiebres, o mientras dormía profundamente. No importaba si lo que estaba sucediendo pasaba dentro o fuera de mi cerebro. Cuestionar la naturaleza del desdoblamiento era perderse esta historia en concreto. No era necesario que yo fuera a ver qué era lo que estaba sucediendo en el baño. No era necesario que probara si en realidad estaba viendo algo o no. En lugar de eso, me di la vuelta para quedar de lado, mirando a Mami, que se veía plácida en su sueño. Entendí lo que Papi había dicho, que ver al clon de Mami era reconfortante. Cerré los ojos y le hablé a Papi en mi mente, como si pudiera oírme: "Es como si ella me estuviera cuidando".

EL ESPEJO

volvemos al mar.
los que no saben dejar sus botines en la arena
se ahogarán en el aire.

—RAQUEL SALAS RIVERA

Hay espacio en el lenguaje para vivir
sin lenguaje.

—KAVEH AKBAR

EL ESPEJO

Cuando los europeos se establecieron en el continente, parcelaron la tierra en cuadrículas, forzando a esa heredad inabarcable a encajar en límites y bordes. Para comprender mejor lo que habían invadido, a lo largo de los siglos delimitaron el territorio. También delimitaron nuestro pensamiento. Nos dijeron qué era real y qué no lo era; qué era historia y qué, leyenda; hasta dónde llegaba la historia oral y en dónde empezaba el folclor; qué era religión y qué era superstición. Nos entregaron una hoja de ruta para desaparecer. Toda mi vida, he caído en las trampas tendidas por esa colonización.

Hay muchas maneras de borrar el pasado. En los años noventa, en Bogotá, cuando yo estaba cursando el bachillerato, mi colegio consideraba importante que los estudiantes aprendiéramos inglés. Acogían a profesores que venían de Inglaterra, y más adelante de los Estados Unidos, jóvenes veinteañeros que querían pasar un año en el exterior, en medio del exotismo. Los británicos nos hacían pronunciar las palabras del inglés con su acento, y después los profesores de los Estados Unidos corrigieron ese acento, diciéndonos que "eso no era inglés". Unos y otros se esforzaban en supervisar nuestra asimilación, a pesar de que la tierra en la que estaban era nuestra.

En sus clases, pasábamos absurdas cantidades de tiempo concentrados en historias y literatura escrita por los hombres blancos de sus tierras. Nos instruían sobre cosas que nos resultaba difícil aprehender. Por ejemplo: que Jane Austen era literatura realista, mientras que Gabriel García Márquez era literatura fantástica. El realismo mágico era simple y llanamente realismo para nosotros, y Jane Austen no retrataba una vida que fuera posible en nuestra tierra. En otras palabras, estos profesores hacían todo lo que podían para enseñarnos límites definidos, diferencias estrictas. Había nombres para eso que algunos de nosotros vivíamos, veíamos y creíamos... leyendas, supersticiones, ficciones.

Las historias y cuentos y relatos de un pueblo son su espejo: cuentan cómo y cuándo y dónde y por qué vive un pueblo. Sin importar el año o la hora, los imperios siempre buscarán destruir los espejos en los cuales no se ven reflejados. Es por eso que la cultura colonizadora no considera que nuestras historias, preservadas en la memoria, sean un documento válido; por eso se las ve como sueños más que como historia, así como las realidades que percibimos se consideran ficciones.

Ese es el lenguaje del poder, que se nombra a sí mismo y nunca ha sido capaz de imaginar nada fuera de su pensamiento. Pero donde termina su pensamiento, comienza el nuestro.

———

En todo el mundo, los espejos más antiguos pueden haber sido los ojos ajenos, el agua en las noches de luna. Llenamos cuencos oscuros con agua, inventando espejos portátiles de los que podíamos adueñarnos.

En el departamento de Santander, uno de los principales ríos que atraviesan sus tierras había sido llamado Chicamocha por los indígenas guanes: hilo de plata en la montaña en una noche de luna llena. Debe ser que, hace mucho tiempo, en el bosque al anochecer, las aguas plateadas del Chicamocha corrieron, atrayendo a los guanes a sus espejos flotantes. Estos indígenas eran diestros tejedores cuya arma preferida eran las flechas envenenadas. Los españoles les temían, especialmente a las abuelas, ya que no necesitaban mapas y podían predecir los lugares por los que ellos iban a pasar. Sin necesidad de estar presentes, vencían a pelotones completos nada más con enterrar púas envenenadas en los caminos. Los guanes vivían en el cañón del río, y miraban el Chicamocha desde grandes alturas.

¿Quién podría saber exactamente cuándo fue que nos volvimos hacia el material que la tierra escupe para renacer, y nos dimos cuenta de que la lava, rica en cuarzo y feldespato, se enfriaba convirtiéndose en obsidiana, ese vidrio volcánico natural?

El espejo más antiguo hecho por el hombre es de obsidiana y se encontró en una tumba de hace ocho mil años en Turquía. Es ligeramente convexo, pulido, y sus bordes filosos se limaron para que sus imágenes de brillo oscuro pudieran sostenerse en la palma de la mano.

En Mesoamérica, donde abunda la obsidiana, se pueden encontrar espejos semejantes, pero más hacia el sur del continente, en el Caribe, la gente pulía trozos de pirita y los llevaba como pendientes, al cuello. Y aún más al sur, tierra adentro en Colombia, nuestros espejos eran a veces de pirita y a veces de oro. Teníamos mucho oro.

Parece que los humanos siempre han sabido que un espejo es una suerte de ojo, y que mirarse al espejo es una manera de ver, pero también es dejarse mirar por aquello que nos mira.

En Egipto, el cobre y el bronce se pulían para hacer espejos, y luego se los perforaba para representar el ojo del dios Horus, o a veces a la luna, porque en el cielo ella era también el ojo de Horus. Los espejos se amontonaban a los pies de los dioses. Ofrendar un espejo era ofrendar luz.

Fueron los franceses, en la Edad Media, quienes descubrieron que podían cubrir el vidrio translúcido con una capa de azogue, una mezcla de mercurio y estaño, y esto producía un reflejo inmaculado.

Pero esos espejos eran difíciles de fabricar.

La fórmula de los franceses para hacer vidrio era dos partes de cenizas de madera de haya por cada parte de arena. La mezcla se calentaba, y luego el maestro vidriero soplaba a través de su caña, girándola, para formar la burbuja de un globo de vidrio. Entonces, un asistente la desprendía, y el vidrio caliente se iba apagando y aplastándose en una bandeja. Era un proceso delicado, en el que el cristal se rompía a menudo. Si resistía, se le daba una capa de azogue. El espejo más grande que podía fabricarse no era mayor que un plato.

Los vidrieros que los hacían recibían una paga exuberante, y los espejos eran prohibitivamente costosos. La realeza y la aristocracia podían darse el lujo de tenerlos. La gente del común debía resignarse a espejos de estaño o latón, en los cuales se veían como en borrones.

El reflejo perfecto era un privilegio.

El reflejo perfecto siempre ha sido un privilegio.

Yo tenía veintitantos, unos años después de haber emigrado a los Estados Unidos, cuando cedí.

Escribía a partir de mi propia vida y, cuando la gente del Norte me comentaba que eso era ficción, yo decía que tenían razón. ¿Qué iba a saber yo, una inmigrante que escribía en su segunda lengua? A lo mejor mi vida sí era de ficción.

Pero lo que escribí bajo esos parámetros me resultó repulsivo, frases que yo no quería ni tocar. Las palabras dejaron de fluir. Mientras tanto, los mismos personajes del Norte que habían clasificado mi realidad, ahora me decían que ellos se habían convertido al realismo mágico, un término que les llenaba la boca, y que enunciaban con deleite. Según me explicaban, la cosa tenía que ver con un tono narrativo, y era tan un recurso más en la caja de herramientas de escritura, en la cual lo mágico se planteaba como si fuera completamente natural.

El pensamiento colonial siempre viene con una lógica circular, un robo tautológico.

Las lecciones que había aprendido a lo largo de toda mi vida me habían enseñado que yo tenía valor solo cuando era digerible; solo cuando aceptaba que mi vida era una fantasía.

Cuando perdí la memoria, no recordaba nada de eso. No tenía nada más que las historias de las cuales provenía. Espejos inmaculados.

Si me miro en el espejo que mi madre me regaló, no el mismo espejito de afeitarse que Nono puso bajo la almohada de ella para que pudiera recordar, sino el que le regaló unos años después, veo mi cara marcada por un patrón de escamas, que son los lugares en los que el azogue del espejo se ha cuarteado y deja ver el metal gris color de pizarra que hay detrás. El baño metálico se ha desgastado con los años de uso, con el roce de nuestras cabezas moviéndose en la almohada bajo la cual lo poníamos. Este espejo debe cargar su propia memoria de lo que ha visto: Mami desde los catorce años hasta los cincuenta y uno, cuando me lo regaló, y yo, de los veintitrés hasta ahora, viéndolo.

Como tuve amnesia, lo sé:

En el principio éramos nosotros. Después fue el espejo.

Cuando Mami perdió la memoria, anheló desesperadamente tener un espejo en el momento en que sintió la mirada de asco de otros; cuando yo perdí la mía, no recordaba qué eran los espejos.

Yo sé cómo se siente existir sin saber lo que se es.

Sé que la carne del cuerpo se imagina ser aire.

Que el viento nos atraviesa, la luz sol del sol nos llega hasta la sangre, y la sangre dibuja mapas con su pulso incesante.

Alguna vez, supe exactamente todo lo que había que saber con respecto a existir.

Después, lo perdí frente a mi reflejo en una vitrina oscura en Chicago.

Según nuestros índices de significado, la amnesia equivale a la ignorancia, y este estado de conciencia pragmática que tenemos es conocimiento; pero, cuando yo no tenía memoria de lo que eran las cosas, todo era incandescente. Cuando no podía nombrar las cosas, todo era más cognoscible que nunca.

De urraca a vela encendida. De pluma de pavo real a lava. Un cuarto lleno de noche.

Así que me empieza a parecer que este estado de conciencia es ignorancia, y que aquel estado de amnesia era conocimiento.

Es útil mirar al espacio negativo, preguntarnos qué es lo que vive dentro de nosotros cuando no se lo menciona, preguntarnos qué sobrevive al libro que se autodestruye.

Solemos pensar que nuestra incapacidad para percibir algo significa que ese algo no existe. Pero nada desaparece para siempre. Todo lo que creemos que hemos perdido sigue ahí, como polvo en el aire que respiramos. Nuestro problema ha sido siempre que somos incapaces de leer el polvo.

Le he tenido demasiada reverencia al lenguaje, a nuestros índices, al poder de nombrar las cosas. Me he confundido entre mí misma y mi reflejo en el espejo; he confundido la materia de lo que soy y lo que me compone, con los fragmentos de todo eso que puedo atrapar con el lenguaje.

Más o menos un año después de que recuperé la memoria, y ya me sentía acostumbrada a ser lo que era, fui a una fiesta en uno de los cerros con vistas al puente Golden Gate en San Francisco. En ese entonces, vivía en un estado de maravilla, permanentemente fascinada con la riqueza de las historias de mi familia, que finalmente habían regresado tras haberlas aprendido de nuevo. El pertenecer que sentía no tenía precedentes. Me hacía abrirme en cuestión de instantes. Así que, cuando una mujer blanca que, por alguna razón, estaba bebiendo champaña, me preguntó a qué me dedicaba, le dije que era escritora. Le dije que quería escribir unas memorias sobre mi abuelo que podía mover las nubes.

Recuerdo que la mujer me miró parpadeando, e inclinó la cabeza hacia un lado.

—¡Ah! —exclamó con una vocecita, y me extendió su mano desocupada—. Ven, ven —me dijo en inglés.

Quería que me parara a su lado, en el borde del acantilado.

—*I'm a park ranger* —me explicó cuando vacilé, quedándome firme en el lugar en el que estaba, sospechando de lo que seguiría a su entusiasmo al revelarme que ella era guardaparques—. Deja que te explique cómo funciona el viento.

———

¿Cuál es el orden superior? ¿Es olvidar o recordar? ¿Estar más acá o más allá del lenguaje?

Cuando recuperé la conciencia de mi ser, recordé una estirpe de memoria. No solo Nono y sus antepasados, sino también Nona y sus antepasadas. Había historias que se pasaban de madre a hija por toda la línea hasta Mami, y luego hasta mí... De abuela, bisabuela, tatarabuela y más atrás en el tiempo, de los más profundos círculos de nuestro origen, nuestras tátara-tátara-tátara-tatarabuelas.

En los tiempos en los que la ropa se guardaba en baúles, una de nosotras llenó un baúl con piedras para engañar a la familia y hacerles creer que nuestras ropas estaban ahí, para que no descubrieran la huida a los brazos de un amante. Una de nosotras bailó con Simón Bolívar, a quien considerábamos feo, pero carismático: y francamente estábamos más que encantadas con el vestido prestado, cuya cola se arrastraba detrás de nosotros como la de un pájaro. Sobrevivimos masacres. Una vez, nos escondimos detrás de un cadáver. Una vez, encontramos una múcura, una olla de barro llena de esmeraldas en bruto. Nos casaron a la fuerza. No volvimos a hablar después de haber sido obligadas a hacerlo. Desaparecimos, nadie sabe dónde. Hemos sido una mujer que aparece en dos lugares al mismo tiempo. Caímos por un pozo. Perdimos la memoria. Nos internamos en una laguna y nos miramos en su espejo. Fuimos testigos cuando la memoria, que ha sido historia, mapa, espejo, regresó.

· IV ·

CENIZAS

Nos despertamos en medio de la vida, *con hambre.*

—JANE WONG

24

ESPÍRITU

"Deja que se lleven el cuerpo a cremar" dice Mami, mientras estoy de rodillas ante mi abuelo, que es una calavera ennegrecida, prendas de vestir convertidas en harapos, deseos descompuestos que tal vez Nono ha cumplido o no. Los sepultureros están esperando a que yo termine de hacer lo que sea que estoy haciendo. No sé qué es lo que estoy haciendo. Sé que algo sin palabras ha sucedido. El fémur de mi abuelo está negro de tierra, y el mío todavía es blanco resplandeciente.

Mami es un reflejo de Nono, de la misma manera que yo soy un reflejo de ella. Creí que contemplar la osamenta de Nono sería como mirar en el espejo original. Pero cuando me quedo viéndolo, no tengo una experiencia singular de mí misma. En lugar de eso, soy como un rayo refractado, lo cual tiene sentido porque situar un espejo frente a otro es crear un laberinto interminable.

No sé qué pensar, y le pregunto a Mami:

—¿Queremos ver la cremación?

A veces hago eso, le hablo a ella como si fuéramos la misma persona, y solo ella sabe claramente cómo nos sentimos. Mami niega moviendo la cabeza.

Al percibir que mi encuentro con mi abuelo ha llegado a su fin, los sepultureros se agachan despacio para tomar las esquinas de la bandeja. Me quedo arrodillada mientras ellos se enderezan y nos dicen que podemos volver por las cenizas en dos días. Volteo la cabeza para mirar hacia atrás, y observo cómo transportan a mi abuelo, loma abajo, estos hombres desconocidos con gorros de gasa y overoles azules y botas amarillas que lo cargan; la bandeja de metal en la cual reposa Nono, centelleando plateada cuando el sol le llega, como si todo fuera un extraño alunizaje.

Hay una parte de mí que es mi abuelo, erguida en mi interior, mirando cómo su propio cuerpo viaja monte abajo entre las tumbas y más allá de lo que alcanza a verse, hacia un lugar desconocido donde será transformado en ceniza. Incluso la tierra nueva es producto de reciclaje. La tierra se traga el suelo en el que pisamos y lo disuelve, y luego lo arroja de nuevo a la superficie décadas después, y lo llamamos nuevo. Pero es viejo. Siempre somos viejos.

Mami va riendo todo el camino de regreso a Bucaramanga:

—¿Se acuerdan de cuando su tío Nil fue a sacar el cuerpo de su padre, el tío abuelo Nil, de la cripta, y cuando jaló la manija del ataúd para sacarlo del nicho en la pared, ya no había ataúd, sino solo el cuerpo, que le cayó enterito encima? —empieza ella a mi lado en el asiento trasero del carro de Fabián.

No nos acordamos, ninguno de nosotros vivió ese momento, pero Mami se ríe de eso, histérica.

—¡El esqueleto! ¡El esqueleto de su padre! ¡En corbata y todo! ¡Le cayó enterito encima! —No quiero reírme, pero acabo en unas carcajadas tan intensas que me sacan lágrimas. Fabián tiene que orillarse en el camino mientras nos turnamos para sucumbir en ataques de risa, hasta que termino en el piso del carro, suplicando—: Ya, no más, ya no se rían, por favor, que me duele.

Fabián nos deja en el hotel. Le pedí a Mami que me lleve de tour por su pasado mientras estamos en Bucaramanga.

En cosa de minutos, estamos las dos ante una casa que nunca he visitado, pero Mami dice que sí, porque la vi en el sueño que tuve al principio de toda esta aventura.

—¿Te acuerdas de que Nono te tomó de la mano y te llevó por la casa hasta salir por detrás? Él señaló al río, diciéndote: "Este es el lugar". Esta es la casa. Ese río corre justo detrás.

Volvemos hacia la acera. Pero como todas las casas al final de la cuadra se ven similares, Mami no logra decidir cuál era la de ellos. Un viejo, todo arrugas y codos huesudos, aparece, y de repente se para a nuestro lado, preguntándonos qué queremos. Dudo que pueda ayudarnos, pero a pesar de todo le pregunto si recuerda a un curandero que vivía en esa cuadra en los años setenta.

—¿El médico brujo? ¡Eso era satanismo! —Y señala la casa al final de la cuadra—. Vivía allá. Pero se fue hace mucho. ¿Lo están buscando?

Mami y yo nos miramos.

—Sí.

Golpeamos en la puerta que el viejo señaló, pero nadie viene abrir. Mami saca su cámara y empieza a fotografiar flores, murmura para sí misma y luego alza la voz para decirme que no puede entender este deseo que tengo de validar las cosas.

—Viste la casa en un sueño... ¿qué más quieres?

A Mami se le ocurre una idea mejor: Valentina, una amiga suya de infancia, vive a la vuelta de la esquina, y podemos pasar y darle una sorpresa. Y es así como empiezo a perder poco a poco mi noción de realidad.

Valentina me abraza a mí primero como si ya me conociera, como si yo fuera la única que no recuerda. Su mirada se mueve arriba y abajo por mi cara con atención; y luego le da un abrazo rápido a Mami.

—Perdón —me dice desde su abrazo—, es que eres idéntica a tu madre cuando éramos jóvenes.

En la casa de Valentina, nos sentamos en la sala, y ella empieza contarme:

—Había un muchacho que no dejaba a tu madre en paz. ¿Te acuerdas, Sojaila? —Esto último lo dice sin dejar de mirarme, y yo abro la boca, como si pudiera responder.

—Antón. —Oigo que dice Mami.

—¡Antón! Sí. Siempre estaba insistiendo en que pasaras por su casa a saludar después del colegio. —Valentina apoya una mano con manicure sobre la pared desnuda—. Aquí había un cuadro. Un día tú dijiste: "Mira, Valentina", y fuiste dando pasos con los dedos por el camino que había en el cuadro. Era un caminito que llevaba a una casita. "Voy a la casa de Antón", dijiste. "Llego hasta la puerta; aquí estoy golpeando". Y golpeaste en el cuadro. Nos pasamos toda la tarde juntas, hasta que se ocultó el sol. Y al día siguiente, Antón fue y te dijo: "Sojaila, ¿por qué viniste a mi casa nada más para mirarme? ¡Te fuiste sin decir palabra!". ¿Te acuerdas?

Su convicción cuando me mira, como si yo no pudiera hacer más que recordar la historia que acaba de contar, abre espacio en mi interior para el fantasma de mi madre. Valentina se tapa la cara con las manos.

—¿Por qué te estoy hablando como si fueras tu mamá? ¡Sojaila, ven y siéntate acá, para que yo no me confunda más!

En la misma cuadra vivía un amigo de Mami que ella cree que también podemos visitar.

Le tiramos piedritas a un balcón cerrado. No sabemos si él sigue viviendo allá, pero nuestra habilidad para encantar a quien sea nos da confianza para pensar que podemos salirnos con la nuestra. Se asoma un hombre, agarrándose a la baranda, y primero se ve molesto, pero luego sonríe.

—¡Sojaila! —me dice, y luego mira mi madre—. Ya bajo, no se vayan a mover de ahí.

Nos ofrece chocolate en una bandeja. Pregunta si yo soy tan problemática como mi madre, y antes de que yo llegue a contestar, me cuenta que uno de los profesores estaba tan desesperado con ella que finalmente la obligó a dar la clase, para que ella viera lo difícil que era eso. Mami mandó a todo el mundo a la oficina del director. Se ríe un momento, y luego se voltea hacia mi madre.

—Ayúdame, Sojaila: ¿Ella es igual que tú, o es muy diferente?

—Diferente —contesta, me parece que sin estar muy segura de cómo explicarlo—. Pero igual de intensa —dice, mirándome a los ojos.

Durante todo ese día, soy el fantasma de mi madre. Vamos a otra casa en Bucaramanga donde vivió la familia, la que no queda junto al río, y allí un viejo que va caminando bajo una sombrilla hecha jirones nos detiene.

—Tú vivías aquí —me dice—. Te recuerdo.

Las trabajadoras sexuales posan juntas al final de la calle, arreglándose el escote para mostrar más, riéndose entre ellas. Percibo mi yo disolviéndose, igual que durante mis días de amnesia. Los bordes de mi ser se hacen porosos, a duras penas se mantienen. Me vacío de mí misma.

Por la noche, nos vemos con un antiguo novio de Mami. Soy demasiado para él. Es de noche, pero la calle está iluminada por la luz de los postes. Cuando me ve, se nota que algo en su interior se abre. Se le ve el dolor. Se tapa la boca con las manos. Mami y él se besan en la mejilla, y luego él y yo hacemos lo mismo. Cuando nuestra piel hace contacto, me doy cuenta de que está temblando. Trato de calmarlo preguntándole si la noche anterior se soñó algo, pero eso solo empeora las cosas. Me mira, conteniendo la respiración, con los ojos desorbitados. Mami se ríe al verlo.

—Yo solía preguntarle eso mismo todos los días.

El antiguo novio de Mami tiene cara amable y sigue enamorado de ella. Lo sé por la manera en que me mira por el espejo retrovisor cuando nos montamos al carro, sorprendido y perplejo. Vamos a un restaurante a treinta minutos de camino, en Lebrija. Enciende el motor, toma la carretera y acelera, y el aire a mi alrededor empieza a sentirse extraño, como un espacio presurizado, que se llena con una historia de la cual formo parte, pero que no recuerdo. Nos mira a mi madre y a mí como si ambas fuéramos sombras que lo visitamos desde su pasado. Y cada vez que me mira a los ojos, veo su mirada que se inclina más allá de mí, hasta un lugar que él y yo jamás compartimos, una mirada enamorada, y es tan apremiante y firme, que empiezo a sentir como si yo pudiera ser mi madre a los quince años, enamorada de él. Cuando mira a mi madre, parece desconcertado y la contempla durante largos instantes antes de decir:

—No has cambiado nada.

Mami va adelante con él.

—Es raro pensar que ha pasado tanto tiempo.

Empieza a llover y él dice:

—¿Quieres saber cómo era tu madre en esos tiempos? —Sus ojos brillan en el espejo retrovisor—. ¡Era idéntica a ti! Para viajar al pasado, basta con que mire hacia ti.

Volteamos para tomar una avenida que, por una señal de tránsito, sé que es la carrera 27. Quiere mostrarme dónde fue el lugar en el que se desarrolló la historia de amor de la cual me va a hablar. Señala siluetas oscuras de edificios a izquierda y derecha, para indicarme cuáles lomas eran las más desoladas, y qué calles eran empedradas. Mi ventana está surcada de líneas diagonales de agua, y lo único que veo con claridad es la oscura cordillera de los Andes en el horizonte. Me dice que me acerque para asomarme por entre los dos asientos delanteros y apunta a una silueta.

—Ahí fue donde conocí a tu madre: el glorioso Colegio Santander.

También fue ahí que Papi estudió, así que sé que es un bachillerato reconocido por graduar comunistas. Me recuesto en el espaldar y abro mi ventana mirando el edificio en el que se conocieron. Dejo que la lluvia me caiga sobre la cara y cubra la manija y el asiento. Parpadeo en la noche, subo el vidrio, y digo, con toda la naturalidad que puedo:

—¿Entonces, eras comunista?

Inhala de golpe, mirándome como si de repente se diera cuenta de que no me parezco a mi madre.

Mami dice:

—Esa niña es viva y le gusta la política; es casi como si no la hubiera criado yo, pero sí lo hice. Jamás le mostré un periódico; yo no sé en qué fue que me equivoqué.

Sigo mirándolo, esperando una respuesta.

—Sí. —Le sorprende haberme contestado con la verdad.

—¿Comunista radical? —pregunto rápidamente.

Se ríe nervioso, y aunque no contesta, sé que, su risa significa que bien es un miembro de una guerrilla, o lo fue, y solo me queda averiguar a qué grupo perteneció o pertenece.

No he dicho su nombre. Él nunca planeó contarme la historia de que era un guerrillero, solo la historia de estar enamorado de mi madre, pero cuando empieza a contarme una de ellas nos damos cuenta de que está intrínsecamente relacionada con la otra. Para mí, eso tiene sentido. Estar enamorado, tener acceso al espacio de la guerra, que es el espacio de la muerte, son distintas maneras de embrujo.

En el momento en que accedemos a esos espacios, la realidad queda suspendida en el aire.

Este señor me pidió que no usara su nombre, porque podría haber repercusiones por haber hablado. Después, cuando Mami y yo nos vamos de Bogotá, usaré su teléfono para intercambiar mensajes vía Internet con él. Quiero saber cómo está, saludarlo. Una noche, le pregunto por su gusto en cuanto a libros, y me dice que lee a Ernesto Sábato en momentos de depresión. Ernesto. Es un nombre tan bueno como cualquier otro para llamarle.

En el carro, Ernesto, que salió con mi madre durante dos años, hace cuarenta, dice:

—Mi amor por tu madre no conocía límites. Recuerdo todo, todo —se ríe con dulzura—. Lo que hacíamos era irnos de paseo todo el día.

—A mí nunca me daban permiso... Tenía que escaparme —dice Mami.

—No siempre. Le pedí permiso a tu padre dos veces, y dijo que sí.

—Pero dijiste que íbamos a estudiar.

—¡Pero claro! El permiso era para que vinieras a mi casa porque estábamos terminando una tarea especial que nos habían dejado.

—Siempre te entregaba mi vestido de baño desde el día anterior, ¿te acuerdas?, para que nadie lo encontrara en mi persona.

—Y después yo me lo llevaba a mi casa y lo lavaba —me dice a mí—. Te lo devolvía al día siguiente, ya limpio y seco.

Voy en silencio, escuchando. Soy el público, y soy también el fantasma.

—Siempre le tuve miedo a tu padre. Transmitía una seguridad, una calma imposible, una fiereza escondida... Era desconcertante. —Me mira, volviéndose hacia atrás—. Preguntaste si yo era un comunista radical. Sí, lo era. La policía quería matarme; me alejé de tu madre para protegerla. Otros grupos se hicieron violentos.

—Entonces pertenecías al M-19 —digo.

—¿Qué? —me mira, y luego a Mami.

—Que formabas parte del M-19.

Mami le sonríe, pícara.

—Traté de advertirte que tuvieras cuidado... No se le escapa ni una.

Sé bastante del M-19. Era un grupo armado, intelectualmente riguroso, que se militarizó en los años setenta, luego de unas elecciones que se consideraron fraudulentas. En las filas de ese movimiento había poetas, profesores, e incluso un cura. Sus acciones militares eran a veces abstractas. En 1974, por ejemplo, robaron la espada de Simón Bolívar de un museo del gobierno. Ese acto performativo era una metáfora para simbolizar una toma del poder. También estuvieron tras la toma del Palacio de Justicia en 1985, que terminó en un incendio que mató a más de cien personas, incluyendo a once magistrados de la Corte Suprema de Justicia. Hasta la fecha, nadie sabe bien qué fue lo que sucedió allá dentro.

En el restaurante, Mami entra a pedir una mesa, y Ernesto toma mi mano.

—En la violencia de esos tiempos, el recuerdo de tu madre era lo que me mantenía a flote.

—Nono la casó con ese hombre abusivo —digo.

—Lo sé, me siento tan culpable... Me aparté de ella para protegerla; y luego la perdí.

Muevo la cabeza para asentir. Percibo un pozo de dolor en él.

—Tienes tantas cosas que te acechan.

—El apartamento que yo tenía arrendado estaba lleno de armas, del suelo al techo —dice.

—¿En serio?

—Esas armas se distribuían, se mandaban al monte. Peleábamos por los que no podían pelear por sí mismos.

Mami nos hace señas de que nos acerquemos; ya consiguió mesa.

—Todavía estás enamorado de ella —le digo.

Me aprieta la mano con fuerza:

—No se lo digas... Quiero ser yo quien se lo diga.

Durante la comida, Ernesto no le dice nada a mi madre. Cuando le pido que me hable sobre qué es ser hombre en Colombia, empieza a contarme sobre la tortura. Nos explica dos técnicas que le enseñaron para poderla resistir.

Una se conoce como el ladrillo.

—Te concentras en un punto en la pared: en nuestro caso, un ladrillo. Tratas de ampliar una de las esquinas del ladrillo y de acercarla más y más a ti, hasta que sea lo único que puedes ver. Pueden golpearte, hacerte lo que sea, y permaneces al margen; estás dentro del ladrillo.

—El método blanco es peligroso, porque puede producir mucha ansiedad. En esencia, te obligas a pasar por una experiencia de desdoblamiento. Ves desde arriba tu propio cuerpo mientras lo torturan. No sientes el dolor en ese momento, pero después sí.

Asiento, sabiendo exactamente lo que quiere decir. El método blanco es lo que me sucede durante un ataque de pánico, cuando no puedo soportar el sufrimiento que me produce.

—¿Te torturaron para entrenarte? —pregunto.

—Sí.

—¿Cómo?

—Lo peor era cuando nos ponían máquinas de electrochoques en los testículos. —Tras unos momentos de silencio, agrega—: Colombia es muy difícil. El resentimiento con el que cargan los grupos armados viene de muy atrás. Es más viejo que tú o que yo.

Nos quedamos en silencio un momento, y luego Ernesto empieza contarme de un muchacho, Hernando, que tenía dieciséis años y era amigo de los dos del bachillerato, cuando estaban en décimo grado. Me doy cuenta de que todo el rato ha estado tratando de reunir el valor para contar esta historia, la razón por la cual puso distancia entre Mami y él. Un día, a la salida del colegio, había francotiradores que dispararon a la multitud de estudiantes. Ernesto oyó pasar la bala juntó a su oreja, sintió la corriente de aire que dejó y cuando se volteó, Hernando estaba cayendo de rodillas, y con un punto en medio de su frente, "su frentecita", dice, del cual salía humo. La bala iba dirigida a Ernesto, eso fue lo que le dijeron después. Decidió apartarse de todo el mundo, pues no quería que nadie más resultara lastimado.

Es la primera vez que Mami oye esto, aunque dice que en ese entonces lo sabía. Estaba allí cuando ocurrió el tiroteo. No conocía los detalles específicos, pero sí que Ernesto había escogido seguir la revolución.

—Hay cosas más grandes que el amor —dice Mami, y se siente crecer entre ellos algo tácito.

Me disculpo para ir a lavarme las manos en el baño. Cuando regreso, Mami y Ernesto se están riendo. No sé si le dijo que la ama. Las historias que contó sobre política y la violencia de los hombres eran para mí: sabe que Mami no está interesada en ellas. De esa manera me ha hecho volver a mí misma. Ya que no me siento más como el fantasma de Mami, los dejo ser. Salgo a respirar la noche.

Cuando estamos de vuelta en el hotel, le pregunto a Mami si le da tristeza que las cosas no hayan funcionado con Ernesto. Niega con la cabeza.

—Nono me dijo que no me acercara a él, que el dolor que iba a sentir si seguíamos juntos sería más de lo que podía soportar. Al oírlo hoy, veo por qué habría podido pasar eso.

Pienso en Mami y en Ernesto, y en la manera que a veces creamos nuestros propios fantasmas. Pensamos que ya terminamos con un lugar o con una persona, y nos desprendemos. Pero cuando una separación sucede en una oleada de angustia, cuando dejamos lo que todavía amamos, estamos logrando que ese fantasma de lo que no puede ser adquiera sustancia.

Una vez, un buitre negro estaba posado en un árbol. Nono decía que, con la mirada, el buitre hizo que sus sentidos se confundieran, lo hizo creer que estaba avanzando cuando no hacía más que marchar en el mismo lugar. A lo mejor hay un buitre negro para todos nosotros, algo que nos mira fijamente desde una rama, y nos echa un maleficio. Creemos que avanzamos, aunque estamos atascados, pasando frente a la misma mata una y otra vez, desgastando el suelo.

Hay muchos chulos en Bucaramanga, los buitres negros en los que se supone que las brujas se convierten cuando quieren volar. Cuando nos levantamos al siguiente día y vamos a caminar por las calles alrededor del hotel, Mami me pide expresamente que no saque fotos.

—¡No puedes venir aquí y hacer lo que se te dé la gana!

Se refiere a Bucaramanga en particular, y a Colombia en general.

—¿Cómo que no puedo?

Con ceremonia me arrodillo y aprieto el obturador, y luego paso, lenta y con petulancia, por todo el proceso de desarrollado de la Polaroid, adivinando la temperatura exterior, calculando el tiempo apropiado durante el cual la foto tiene que permanecer mezclándose con la franja que contiene emulsiones de químicos. Cuando está lista, le quito la capa protectora y espero a que la imagen emerja. Mientras la película blanca va floreciendo poco a poco con colores, ocre, amarillo siena, verde oliva, en mi mente enumero todas las cosas que permiten el acceso a otras realidades: chulos, amnesia, lagunas, cataratas, violencia, amor.

Cuando la imagen se cristaliza, la miro.

—¿Salió embrujada?

El que habla es un hombre maduro. Nos ha estado observando a Mami y a mí desde su mecedora, a unos cuantos pasos, fumándose un tabaco.

—Sí —dice Mami alejándose de mí—. Salió embrujada.

—Es una mancha de luz, sobreexposición.

No he tenido ese problema en ninguna de mis otras fotos en toda la estadía en Colombia, pero, técnicamente, eso es lo que estoy viendo.

El hombre se levanta de la mecedora, y viene hacia nosotros para verificar el nivel del maleficio que he logrado capturar en la fotografía. Le permito mirarla. Abre los ojos ampliamente para ver la foto, como si quisiera abarcarla toda de un solo vistazo. Luego, se estremece, da un paso atrás y me dice que esa foto está bien embrujada. Esta tampoco es su primera experiencia con brujas. Una vez, un chulo lo siguió cuando iba caminando por una calle, le lanzó una mirada fulminante, se fue en picada hacia él y le dio un aletazo en la cara.

—¡Un chulo, un pajarraco, me golpeó la cara! ¡Alcancé a sentir cada una de las plumas de su ala como si fueran los dedos de una mano!

Mami y yo de inmediato nos ponemos de parte de la bruja.

—Quién sabe qué le hizo usted —dice Mami.

—Debió ser algún desquite —agrego yo.

El hombre frunce los labios para hacerlos más pequeños.

—Bueno, respecto a esa foto, usted no puede andar por ahí con una imagen tan embrujada como esa. Tiene que botarla.

—¿Me está diciendo qué es lo que tengo que hacer? —Miro fijamente al hombre de mediana edad, esperando, indómita, que trate de darme más órdenes. Mami me jala alejándome a rastras—. Vas a hacer que terminemos en una pelea, y yo ya no estoy en condiciones para eso.

—Mami —digo, riéndome—, tú puedes con ese hombre, ¿o no?

Ella sonríe:

—Sí, claro, pero ¿qué irá a pensar la gente?

Me doy cuenta de que Mami también quiere que me deshaga de la imagen, por la mirada preocupada que me lanza mientras guardo la Polaroid en mi cartera, pero no me dice ni una palabra.

Es pleno día, pero Mami y yo vamos a una taberna donde el hijo mayor del tío Ariel, mi primo Gabriel, toca con un mariachi, tal como solía hacer el tío Ariel. Es como si yo fuera niña de nuevo. Nos sentamos en un reservado, y allí está toda la familia del tío Ariel. Mami está al otro lado de la mesa, junto a Mariana; yo me siento entre mis primos Gabriel y Omar. Alrededor nuestro están los hijos de Mariana, amables y carismáticos, en todo el rango desde los dieciocho hasta los treinta años. Miro a Gabriel y a Omar en la luz rojiza. Gabriel está vestido para su función. Tiene borlas plateadas que le cuelgan de los hombros, un bordado fino de plata que le cubre los brazos. Hace muchos años que no nos vemos, tal vez una década. Pedimos cerveza cuando Gabriel se levanta y se acerca a la plataforma en la que toca el mariachi. Hay tres guitarras, un violín, y dos trompetas. La música crece, Gabriel toma el micrófono y se vuelve hacia nosotros, cantándonos a Mami y a mí, diciéndonos, tal como lo hizo su padre alguna vez, mujeres divinas. "Mujeres, mujeres tan divinas, no queda otro camino que adorarlas". El tiempo colapsa, y es el tío Ariel el que planta una rodilla en el piso frente a mí.

Cuando se acaba la canción, Gabriel se reúne con nosotros en la mesa y el mariachi sigue tocando sin él; le digo que, cuando lo veo, siento que estoy con el tío Ariel. Gabriel se ríe con su cerveza, y me contesta que soy idéntica a como recuerda a Mami cuando él era niño.

Nos miramos, incómodos, hasta que digo:

—¿Sabías que todavía hay gente que deja papelitos en la tumba de Nono, para pedir milagros?

Lo pregunto en voz alta para que los demás alcancen a oírlo entre la música. Por encima de la mesa, Mami me lanza una mirada asesina. Se supone que no debo hablar de la tumba, o de lo que tal vez ya no hay dentro de ella.

—Sí, sé que muchas personas aún van allá. —Omar le da un trago a su cerveza, distraído—. La gente me cuenta todo el tiempo de milagros que pidieron y que se hicieron realidad, gracias a Nono. Mi madrina va allá todo el tiempo.

Me mira, y luego calla para leer mi expresión.

—¿Por qué? ¿Te interesa?

Digo que sí con la cabeza, y Omar deja su cerveza en la mesa.

—¿Quieres ir a verla y preguntarle? Podemos ir ya mismo. Está a cinco minutos de aquí.

Mientras recojo mis cosas, me acuerdo de que Omar siempre ha sido así, desde que éramos niños, dispuesto a cambiar nuestros juegos según mis caprichos. Nos despedimos, prometiendo volver en una hora, y me monto detrás de Omar en la motocicleta.

El nombre de la señora es Samira, y en realidad no es la madrina oficial de Omar, pero se tomó el trabajo de cuidarlo después de la muerte de su padre. De los hijos del tío Ariel, Omar era el más difícil, y siempre se estaba metiendo en problemas. Era demasiado listo para las reglas y con frecuencia las rompía. Samira le ponía atención cuando nadie más lo hacía, lo guiaba si era necesario, y le invitaba a cenar en su casa muchas veces. Cuando le cuento a ella que soy pariente de Omar, me toma de la mano y nos introduce a ambos a la sala de su casa, como si fuéramos niños que lleva mucho tiempo sin ver. Me cuenta que se acuerda perfectamente de cuando Omar era niño. Yo también me acuerdo. La familia solía llamarlo "el terror". Siempre andaba haciendo travesuras, prendiéndole fuego a algo. Pero a mí nunca me hizo ninguna maldad. Omar le dice a su madrina que yo he estado pensando en mi abuelo y que tengo una pregunta.

—Quisiera saber si alguno de los favores que le pidió se los cumplió —le explico—. Por ser su nieta, pienso en la influencia que puede haber tenido en todos los años desde su partida.

La señora junta las manos en posición de oración, y luego las extiende hacia los lados, para abarcar todo lo que tiene en su casa: la sala y la escalera de caracol (en cuya dirección me parece que oigo loros), las estanterías, las matas, el equipo de sonido.

—Todo lo que ves se lo debo a tu abuelo.

—¿Todo?

—Todo.

—¿La casa?

—Todo.

Hay amor y gratitud en la voz de Samira. Se ha ocupado de cuidar la tumba de Nono, tal como suelen hacer las personas que piden milagros. Prende velas y ofrece plegarias a cambio de esta ayuda. Es conmovedor esto de ser la nieta de alguien a quien se han confiado pequeñas y grandes emergencias de mucha gente, especialmente porque hace casi treinta años de su muerte. También sé que no es lo que él quería. Durante un tiempo, no todo el mundo sabrá que exhumamos a Nono. La tierra se volvió a meter en la tumba ese mismo día, pero resultará evidente que algo se hizo en ese lugar. Esperamos que nadie haga preguntas, al menos no hasta que podamos liberar a Nono.

Samira me ha mostrado con orgullo que mi abuelo se ocupó de ella, y a lo mejor así es, y ella se lo merece, por encargarse de su tumba y cuidar de Omar. Ni siquiera sé si creo que mi abuelo pueda conceder milagros. Así que permanezco callada, sonrío y le doy las gracias por contarme.

En el hotel, le hablo a Mami de Samira, pensando que se alegrará de que yo haya llegado al fondo del asunto de quién dejaba peticiones y rezos en la tumba de Nono, o al menos de una persona que haya tomado su tumba como algo milagroso. Pero ella me contesta tajante:

—Nono dedicó toda su vida a curar. Durante toda su vida no hizo más que tomar el dolor de otras personas para sanarlo dentro de su propio cuerpo. Me lo dijo claramente cuando supo que se iba a morir: quería que lo dejaran descansar.

Me siento culpable de no haberle dicho nada de eso a Samira. Cuando Mami está en el baño, preparándose para acostarse, repaso mis fotos Polaroid, la creciente colección de cosas que han sido tocadas de alguna manera por lo desconocido, por lo fantasmagórico. Hay una foto que me gusta especialmente. La saqué en casa de la tía Nahía, en Cúcuta, cuando ella me mostró otra de las pertenencias de Nono que se habían salvado. Es una escultura en bronce de un par de manos dispuestas formando una concavidad. Le pregunto qué ponía Nono en esas manos, y ella me mira confundida. Parpadea unas cuantas veces.

—Nada, claro.

Entonces, pensé que nuestra herencia puede parecerse a ese gesto: un par de manos abiertas, guardando nada, aunque esa nada no es un vacío, sino algo que no se puede ver. En cualquier momento Mami saldrá del baño y yo guardaré mis fotos, pero por un instante largo, examino la Polaroid del chulo que, según me dijeron, era una bruja. El chulo está en el centro de la composición, y a cada lado hay una mancha dorada. Pienso en el lenguaje, y en lo inútil que puede ser. El brillo dorado en la parte derecha de la foto se me asemeja a una ventana. Es un fantasma, una mancha de exceso de luz, una metáfora.

Las manos de Nono, llenas de nada. Cúcuta, 2012.

El buitre negro. Bucaramanga, 2012.

25

CENIZAS

"Al desenterrar un tesoro embrujado, debe trazarse un círculo en el suelo; y recitar la secuencia de la creación al derecho y al revés". Estas eran las instrucciones incompletas que Mami una vez había alcanzado a oír que Nono le daba a su sobrino, cuando iba a buscar tesoros, por primera vez, con los hombres.

Ahora, Mami tiene cincuenta y seis años y Nono no es más que cenizas blancas en un talego de plástico metido en una bolsa de terciopelo azul que la tía Perla carga en una cartera.

Nono es algo que hemos desenterrado.

Vamos caminando por el bosque en la cordillera oriental de los Andes, por una parte del camino que Nono tomaba cuando se iba de Ocaña al comienzo de su viaje anual para visitar curanderos y tribus indígenas y a sus otras mujeres.

En el mundo anterior a mí, aquí, en este lugar por donde camino ahora, Nono tiraba de su burro cargado de instrumentos de adivinación, y en Ocaña, Nona se escondía de sus hijos en la letrina, llorando hasta que reía, hasta que su risa histérica se desdibujaba y lloraba de nuevo. Un círculo es una línea recta perseguida por algo que vive en su centro, un espíritu que hace que se curve y se curve.

—A veces cuando dices dos verdades, eso quiere decir perdón —dice Mami, y me explica por qué nunca le ha guardado rencor a su padre—. Era un mal hombre con mi madre, pero un buen padre conmigo.

En el bosque, avanzamos hacia el rumor del río. Yo voy guiando el camino. En algún lugar adecuado en la orilla, vamos a liberar las cenizas de este hombre del cual provenimos todos.

Cuando miro un mapa, lo que veo es un cuadro, una imagen abstracta que puedo entender por sí misma, separada de los erráticos giros espaciales que resultan cuando volteo a la izquierda o la derecha. Entiendo que en Colombia la mayor parte de nuestras aguas se reúnen en algún lugar, y a pesar de que es la misma agua, le damos diferentes nombres. Después, miraré durante muchas horas un par de mapas, incluyendo el que veo en mi teléfono y en el cual rastreé la zona en la que caminamos, y un mapa que muestra todas las aguas de Colombia, y notaré que el gorgoteo del agua que oímos pero que aún no vemos, viene de lejos, al oriente. Veré que estamos cerca de la base de los Andes, y que esta agua se llama Sogamoso, que en chibcha quiere decir "Hogar del sol". Y más al oriente, en el lugar donde serpentea por encima de la Cordillera Oriental, se llama "Hilo de plata en la montaña en una noche de luna llena" pero en Bucaramanga, donde corre a espaldas de la segunda casa en la que Mami vivió, se convierte en Rionegro. Y más allá del Rionegro, a donde no vamos, el agua fluye por el valle entre las cordilleras para unirse a un cuerpo de agua más grande, que corre de sur a norte, y al cual muchas de nuestras aguas van a dar, y que desemboca en el Caribe. El Magdalena.

Su nombre antiguo es Guaca-hayo: "Río de las tumbas". Cuando finalmente encuentro el salto de Tequendama en el mapa, cerca de Bogotá, esa catarata en la cual una vez estuve a punto de caer, veo que al final también va a dar al Magdalena. Incluso yo, antes de ver cualquier mapa, que voy siguiendo el mismo camino que mi abuelo hizo alguna vez, encontraría el Magdalena nada más siguiendo la dirección de las corrientes de agua.

En algún momento el Guaca-hayo arrastraba los cuerpos que se le ofrecían al agua en ritos funerarios. Ahora lleva las víctimas de la guerra.

Todas las cosas que se encuentran pueden crear un vórtice. Todas las superficies de agua pueden ser espejos, un lugar lleno de cielo.

Estoy pensando en el viaje que hará Nono cuando Fabián se inclina hacia mí y me dice:

—Vas tan callada que apuesto a que andas disimulando unos gases.

Suelta un resoplido y le doy una palmada en el pecho, pero él se carcajea y se protege detrás de una palmera.

—Dejen la guachafita —grita Mami, arrugando el entrecejo; después gira y empieza a bailar. ¿No se dan cuenta de que vamos llevando a un difunto? ¿Por qué nadie en esta familia se puede tomar las cosas en serio?

Los tres observamos cómo Mami se adentra, movida por un impulso libre, en un baile de relajo, por el camino.

La tía Perla susurra:

—Me pregunto quién sería el primer chiflado en esta familia.

Fabián le contesta en un susurro a su madre:

—Tú estás tan chiflada como la tía Sojaila, ¡no te engañes! —Y luego le grita a la mía—: ¡No dejes que te amarguen la alegría, tía! A menear eso que Dios te dio, ¡eso, sin miedo!

Fabián bate palmas para hacerle música a Mami, y yo hago lo mismo. El bolso que cuelga del hombro de la tía Perla, con Nono en un talego de plástico, en una bolsa de terciopelo, se balancea cuando ella se menea. Y en un momento, todos estamos bailando al ritmo del silencio. Hay un estruendo de gorjeos que caen de la bóveda del bosque. Me acuerdo de que mi tarea es vigilar el suelo y las ramas de los árboles para asegurarme de que no haya culebras, y vuelco mi atención en la tarea, tarareando la canción con la que mi mente me puso a bailar. En un momento, estamos todos cantando: "Rosa, que linda eres, Rosa, que linda eres tú".

Las indicaciones del sueño compartido nos llevaron hasta el lugar de la exhumación. Mi sueño nos dio el río. Ahora, estamos siguiendo nuestras interpretaciones de las otras interpretaciones que ya hicimos. Vamos a echar las cenizas en un cuerpo de agua que sabemos oír y ver. El rumor del río va en aumento.

Nuestros muertos son tantos ahora, en las riberas del Magdalena, que los pescadores a menudo encuentran cadáveres enredados en sus redes. Los pueblitos a lo largo del Magdalena observan los procedimientos forenses para identificar a los muertos y enviarlos a sus seres queridos, pero adoptan aquellos cuyas huellas digitales han sido borradas por el agua. Les dan nombre y sepultura, les ofrendan velas titilantes y flores frescas. En Puerto Berrío, algo al sur de donde nos encontramos, el cementerio municipal tiene un pabellón de los olvidados, en el cual, cientos de tumbas anónimas encuentran paz en las bóvedas de adobe, y allí, los vivos llevan plumas y espigas y frutas a los desaparecidos. Lo más probable es que hayan sido víctimas de paramilitares, carteles de la droga, o guerrillas.

En Colombia, cualquiera podría desaparecer repentinamente. Adoptar a los olvidados es romper el silencio que protege a los verdugos. Es recordar.

"Rosa, tú eres la diosa, Rosa, qué linda eres tú".

Hay círculos conocidos y círculos desconocidos.

Cuando al fin llegamos a la orilla y nos estamos quitando los zapatos y sacudiéndonos los pies, de repente me llega la imagen de mí misma, demacrada por el hambre y hundiéndome en un lago en Virginia, sin ser consciente de los límites de mi cuerpo, de que no hay piedad, de que somos seres diseñados para ahogarnos. Me acordé de que me fui a pique como una piedra maciza, y el agua se cerró por encima de mí como una tumba.

Me pregunto si, a fin de cuentas, yo creo de verdad, incuestionablemente, que los sueños pueden anticipar el futuro.

Nos metemos en el río, y la fuerza creciente de la corriente embate nuestras rodillas, y lentamente avanzamos hasta tres piedras que hay en la orilla opuesta, donde podemos sentarnos. Pienso en que, antes de que yo tuviera la menor idea de que acabaríamos exhumando a Nono y trayendo sus cenizas al río, lo vi a él apuntando a estas mismas aguas que ahora centellean contra nuestras piernas, y me indicó que este era el lugar en donde algo iba a suceder.

La clarividencia es estar bajo el influjo del futuro; ver espíritus y fantasmas es estar bajo el influjo del pasado.

Una vez que cada uno de nosotros se sienta, la tía Perla saca guantes plásticos de su bolso. Los trajo para que podamos echar las cenizas al agua sin necesidad de tocarlas, me dice, después de que Mami nos dé instrucciones sobre lo que tenemos que repetir una vez empecemos.

No estoy prestando atención.

Estoy mirando fijamente la ceniza blanca en el talego de plástico que la tía Perla acaba de abrir, y que deja un momento a sus pies mientras dobla la bolsa de terciopelo para meterla en su cartera.

Antes de que pueda pensar en lo que estoy haciendo, tomo una pizca de ceniza y me la llevo a la boca. Nadie me ha visto. Me agarro la cabeza con las manos y trago.

Me asusta lo que acabo de hacer. Será cosa de la tristeza, o asunto de locura. Soy una mujer-espíritu y arena movediza, que no tiene nada más que este instante. Añoro lo que sea que pueda hablarles a mis huesos.

Mi hermana dijo:

—Lo interesante de cuando perdiste la memoria, es que incluso cuando no tenías memoria nunca dejaste de ser tú misma. La emoción de tener amnesia, eso de guardarte tu sufrimiento en secreto, son cosas tan tuyas.

Mami asintió, poniendo los ojos en blanco:

—¿Quién más podría tener un accidente y enamorarse del vacío?

La miré fijamente durante cinco segundos antes de recordarle:

—Tú. A ti te pasó lo mismo.

La tía Perla acerca el talego al agua. No lo sacude para botar las cenizas, cómo habría hecho yo, sino deja que la corriente lo llene con agua, y arrastre a Nono. Partícula por partícula, veo a mi abuelo irse. Nono no es más que cenizas reclamadas por el agua, blanco devorado por el azul. Se ve exactamente como una nube, una ráfaga que se dibuja en la corriente. Me levanto y dejo que mi mirada siga el camino que toman las cenizas... por entre las piedras, hacia el recodo del río.

En el recodo, a poca distancia, tres vacas blancas emergen del bosque. Se abren camino hasta el río, bajan la cabeza y beben de esa mancha blanca que es Nono.

—¿Sí las ven? —pregunto, preocupada al pensar que pudiera estar viendo visiones.

Mami asiente. Está rezando, y se supone que yo debería estar repitiendo lo que ella dice, tal como lo hacen Fabián y la tía Perla, pero en lugar de eso, me paro y miro a las vacas que beben, porque quiero confirmar que en realidad se están tomando a mi abuelo. Estiran los pescuezos, saciadas de Nono, y luego vuelven al bosque. Todo es hambre en la naturaleza. Vuelvo a sentarme en la piedra, aturdida, y luego repito las palabras que Mami quiere que digamos. Estamos diciendo una oración que Nono le enseñó, para despedir a los muertos. Nos sentamos, repitiendo las palabras, mirándonos unos a otros, mirando al suelo, dejando que las palabras caigan sobre nosotros, sobre las piedras, sobre todo en rededor.

En el hotel, Mami lava nuestros aretes de obsidiana con agua salada, para limpiarles todo lo que sus espejos han visto. Cuando termina, se recuesta a mi lado. Estamos cansadas. Estiro la mano y acaricio su anillo de serpiente, el que ha llevado en su pulgar izquierdo desde antes de que yo naciera. Mami sonríe y se despereza, toma el frasquito de crema que suele mantener junto a la cama y se la aplica abundantemente en el pulgar. Tiene que jalar y girar el anillo para que resbale sobre el hueso del nudillo. Me enderezo, preocupada, sin palabras. Nunca, en toda mi vida, he visto que se quite ese anillo. Es un símbolo de protección y un vínculo con su estirpe. Se supone que no debe quitárselo por nada del mundo.

—¿Qué estás haciendo? ¿Te lo puedes quitar? ¿Qué estás haciendo?

Ladea la cabeza mientras sigue jalando, y al final sostiene el círculo dorado en la palma de su mano. Alcanza mis manos, primero la derecha, después la izquierda. Introduce el círculo en mi pulgar.

Miro fijamente el anillo de oro en mi mano y, por un momento, con sus dedos morenos y finos y las uñas rojas, pienso que es la mano de mi madre. La cabeza de la serpiente reposa en mi nudillo inferior, como en una piedra.

—Amiga serpiente —digo, acariciándola, mirando el brillo de sus ojos de esmeralda, más oscuros y profundos de lo que había visto jamás.

—Ya está bien instalada en tu mano —dice Mami.

—¿Por qué me lo estás dando?

—Ya era hora.

No puedo quitarle los ojos de encima a la serpiente; abrazada a mi pulgar, la bonita cabeza romboidal con su textura martillada, las diminutas fosas nasales, los labios cerrados y largos, no amenazantes, sino imbuidos con el poder del golpe inherente, al oro cepillado en los lados; tan lleno de vida ese anillo, con la cola enroscada alrededor de mi pulgar.

Una vez Nono vio el espíritu de una serpiente que se metía a mi cuarto. La vio reptar hasta mi cuna, y cuando levantó el velo que la cubría, la serpiente estaba dormida, enrollada a mi lado. Las serpientes están hechas para soportar el viaje entre extremos: frío y caliente, el desierto de día y de noche. En nuestras historias, ellas también nacen del fuego; son las mujeres de la laguna.

Durante la amnesia, cuando sabía que yo no era más que paisaje estéril, no creí que fuera posible acurrucarse al fin del mundo. Ahora creo que es algo que sucede sin que lo intentemos.

—¿Cómo te sientes? —pregunta Mami.

Levanto la vista para encontrarme con los ojos de mi madre.

—Como si me acabaran de coronar.

Ella sostiene mi mano, sus dedos color canela sobre los míos; la serpiente asomada entre ellos.

———

Sé lo que es perder el pasado. Olvidar es una forma de morir. Recordar, un tipo de resurrección. Implica una vuelta. Cada paso que se da para recordar es una vuelta.

Caminar como un espíritu, desandar, implica seguir la curva de un círculo, y llegar al comienzo una y otra vez y otra.

Es de noche, tarde. Mami está terminando la plegaria que empezamos en el río. Necesita decirla hasta el final para que Nono tenga un buen tránsito. Yo tampoco puedo dormir. Mientras Mami reza, abro el libro que compré sobre la historia de Ocaña, en cuyas páginas metí la foto de papá Luciano. La voz de Mami es un murmullo, una brisa, palabras que no alcanzo a distinguir. En las páginas del libro hay un informe dirigido a la Corona española, redactado en 1578 por sus enviados. La carta detalla la tierra adquirida, el número y la cultura de los indígenas, y el avance de la colonización. Los hombres que elaboraron el informe dicen que el pueblo originario de Ocaña no practicaba rituales ni adoraciones; solo un culto a los muertos. "Los naturales viven en las montañas, acurrucados contra los cerros, viven en forma bárbara, sin conocer ni haber conocido un amo y señor. Sus usos y costumbres son vivir borrachos, desenterrar y cargar a sus muertos, con los cuales bailan y llevan por largas distancias para festejar. Hacen una fiesta bulliciosa para volver a sepultar a sus muertos".

En un tiempo, enterramos cosas para ofrecérselas a la tierra; ahora, enterramos cosas para ponerlas lejos del alcance de los vivos.

Cierro el libro. La verdad de una cosa está en otra parte; no en lo escrito sino en su respiración y en lo que llega a ser.

"Al desenterrar un tesoro embrujado, debe trazarse un círculo en el suelo; y recitar la secuencia de la creación al derecho y al revés".

Las palabras en boca de mi madre alguna vez estuvieron vivas en la de mi abuelo, y si yo las pronuncio ahora, en esta página, esto crea un círculo.

Había una vez un pozo vacío, una larga garganta de tierra en la cual cayó Mami, a través de la cual perdió la memoria. Como si fuera algo hereditario, yo también perdí la memoria. Cuando iba de camino a recoger un vestido negro, volé por el aire y me golpeé la cabeza contra el suelo. Mami perdió la conciencia muy adentro en el fondo de un círculo, pero yo me senté después, consciente y desmemoriada, en el piso de mi apartamento, arreglando la falda del vestido negro para que formara una órbita a mi alrededor. Nono fue un hombre que podía mover las nubes, y luego fue una nube moviéndose a través del agua, y de tres vacas blancas que se adentraban en el bosque.

El bosque se tragó a Nono y después las nubes. Un círculo de amnesia me rodeó, y Mami cayó en una garganta en la tierra. El pozo vacío se desborda ahora, nuevamente lleno de agua, como el primer espejo.

Cuando Nono vivía, temía a las mujeres de las lagunas que querían ahogarlo.

Digamos que alguna vez fui esa mujer. Digamos que tuve hambre. Pero mi único apetito desmedido ha sido lo que hay en mi interior que no se dice, lo que está en el centro.

Una cosa es sobrevivir, y otra sobrevivir al hecho de haber sobrevivido.

Es útil, entonces, preguntar qué es lo que permanece del libro que se autodestruye.

La persona que se escapa.

La mente que se olvida a sí misma.

La cultura que cree haber sido borrada.

La respuesta es todo.

Todo sobrevive.

Está amaneciendo cuando Mami termina su rezo, y aunque hemos estado despiertas toda la noche, le pido que me cuente una historia.

Me mira, y dice:

—No hay paz que perdure.

Creo que va a decir algo más, pero no lo hace.

Miro fijamente al techo.

Es la historia más perfecta que se ha contado.

Mami, Fabián, y la tía Perla preparándose para liberar las cenizas en un lugar adecuado del río, 2012.

Nono. 2012

De regreso en Cúcuta, cuando ya solo nos queda un día de estadía, Fabián nos recoge en su carro. Nos lleva a recorrer el malecón, la avenida paralela al río Pamplonita, en donde se reúnen grupos de músicos a la espera de que los contraten. Queremos llevarlos a tocar en el patio de la tía Perla; algo que no es tan costoso como uno se imaginaría. Cuando estamos decidiendo a quién queremos contratar, veo que la tía Perla usa las mismas artimañas que cuando compra aguacates al vendedor callejero.

Le pregunta a los músicos de dónde son, qué repertorio tienen; y luego parece molesta, y empieza a dudar de si lo que le dicen es cierto o no, y pide una demostración. Vamos deteniendo el carro cada tantos metros, y la tía hace exactamente las mismas preguntas, y Mami yo nos reímos tratando de que no se note en el asiento de atrás.

Por la noche, los seis músicos que contratamos tocan canciones de amor. Les llevo agua y los halago por su manera de cantar, y Mami les pregunta por su vida amorosa. Le está dando consejos a uno de ellos, cuando llega la tía

Nahía con su esposo y su hija, exigiendo que le digamos si exhumamos a Nono a sus espaldas.

—El día del entierro, metí un papelito en el ataúd de Nono pidiendo un milagro. No ha cumplido con mi encargo. Si exhumaron su cuerpo, debo saberlo, porque no es bueno. —Y tras una pausa, agrega—: No es bueno para mí.

El rostro de Mami se ensombrece con una expresión que reconozco como rabia, y miro a Fabián, que al instante me mira, y entonces, como si de repente se diera cuenta de que su asiento está demasiado caliente, se levanta de un brinco y le pide a los músicos que toquen cumbias viejas... "Cumbias buenas", las llama, son las que sabe que nos gusta bailar a Mami y a mí. Oigo a Mami que empieza a regañar a Nahía por pedirle cosas a Nono cuando él no quería que lo hicieran, mientras Fabián me está tendiendo la mano, invitándome a bailar con él. Los murciélagos vuelan por encima de nuestras cabezas, lanzándose en picada de vez en cuando. Anochece. En el patio, Fabián y yo giramos uno frente a otro, cantando, y sus pómulos, coronados de sudor, se ven opalescentes en la luz tenue, y luego todos están con nosotros. Se parece mucho a cuando éramos niños y estábamos aprendiendo que parte de la vida es una suma de cargas que hay que levantar, y una de las maneras de sobrellevar ese peso es bailar, como una ofrenda. Pero ahora somos mayores. Los músicos están fascinados con Mami, al igual que todos nosotros. La veo enrollarse como en una espiral, como algo que contiene la totalidad del tiempo. Ella es el centro natural de la música, y de nuestro baile. Cuando me voy a dormir, sigo viéndola bailar.

Pienso en sus bailes en el avión camino de regreso a mi vida. La veo zapatear cuando la serpiente plateada del Chicamocha está justo debajo de nosotros, la cordillera Oriental de los Andes, el Pacífico cerúleo.

Después, en San Francisco, agotada y sola, me quedo en la cama pensando que puedo oír la voz de mi abuelo en mí. Me quedo dormida en un túnel de tiempo, y me despierto de repente a la amnesia.

Soy un relampagueo de palpitaciones, un paisaje de sudor.

No puedo respirar.

El miedo es una plegaria sin palabras.

Empiezo a contar, comienzo en uno, sigo los números en orden como si fueran un laberinto.

Llego a cincuenta y seis.

En el cincuenta y seis, me acuerdo de mi madre.

AGRADECIMIENTOS

Quisiera agradecer a mi familia, aquí y allá, por el mundo en el que me criaron, y sus cuidados desde ahí en adelante. A mi primo Fabián y mi tía Perla, un agradecimiento especial, por siempre acogernos en su casa como si fuera la nuestra.

Estoy tan agradecida con mi brillante agente Kent D. Wolf, por ayudarme a darle forma a la historia al comienzo del proceso. A mi increíble editora Margo Schickmanter, un enorme agradecimiento por ser una luz en el complejo proceso de escribir este libro. A todo mi equipo de Doubleday, Ana Espinoza, Tricia Cave, Erin Merlo, Lorraine Hyland, Kathleen Fridella, Pei Loi Koay, Emily Mahon, muchísimas gracias desde el fondo de mi corazón.

Gracias a todos los que me compartieron sus vivencias en Ocaña. Y al historiador Luis Eduardo Páez, que amablemente me dedicó parte de su tiempo.

Nana Kwame Adjei-Brenyah, R. O. Kwon, y Lauren Markham estuvieron a mi lado en cada paso de la redacción de estas memorias en 2020, un año difícil para todos, y también estuvieron conmigo mis adoradas brujas, Tanya

Rey, Nancy Jooyoun Kim, Yalitza Ferreras, Angie Chau, Amber Butts y Meron Hadero. Gracias. Gracias a Pachel Khong, Anisse Gross, Esmé Weijun Wang, Colin Winnette, Andi Mudd, Caille Millner, y Margaret Wilkerson.

Mi gratitud para la National Association of Latino Arts and Cultures, Hedgebrook, el Programa de Djerassi Residency Artist Program, y la Camargo Foundation por el apoyo para escribir este libro.

Fue un libro duro de escribir. Le estoy eternamente agradecida a Jeremiah, que no solo comparte la vida artística conmigo y entiende sus exigencias, sino que además se encargó de que yo no me derrumbara en medio de este proceso. Gracias a mi madre, más que a nada ni a nadie, por contarme historias, pues al contármelas, me enseñó a vivir.